装备精确保障概论

Equipment Efficient Support Generality

徐 航　陈春良　编著

国防工业出版社

·北京·

内 容 简 介

本书全面系统地论述了装备精确保障及精确保障系统的概念、研究方法、建模优化以及建设内容和措施。主要内容包括装备保障发展历程和规律,装备精确保障内涵,装备精确保障系统目标体系、框架结构、层次结构以及信息结构,装备精确保障系统研究方法论,功能模型、组织模型、信息模型、资源模型以及过程模型,系统建设规划,系统信息基础及其要素建设,系统运行机制建设等。

本书可以作为总部机关、军事院校、科研单位以及部队人员学习装备精确保障理论和知识的入门书,也可作为装备保障研究及教学方面的参考书。

图书在版编目(CIP)数据

装备精确保障概论 / 徐航,陈春良编著. —北京:
国防工业出版社,2012.10
ISBN 978-7-118-08130-5

Ⅰ.①装… Ⅱ.①徐… ②陈… Ⅲ.①武器装备
—后勤保障—研究 Ⅳ.①E144

中国版本图书馆 CIP 数据核字(2012)第 119128 号

※

国防工業出版社出版发行

(北京市海淀区紫竹院南路23号 邮政编码100048)
北京奥鑫印刷厂印刷
新华书店经售

*

开本 787×1092 1/16 印张 12½ 字数 283 千字
2012 年 10 月第 1 版第 1 次印刷 印数 1—4000 册 定价 46.00 元

(本书如有印装错误,我社负责调换)

国防书店:(010)88540777　　　发行邮购:(010)88540776
发行传真:(010)88540755　　　发行业务:(010)88540717

前　言

　　随着科学技术的空前发展和世界范围内新军事变革的全面兴起,信息化战争作为战争形态的发展趋势,已经登上历史舞台并成为主导。信息化战争装备保障的模式将发生质的变革,首要目标是达成保障行动的精确化和保障资源配置的精确化。本书作者从20世纪90年代末开始,十几年如一日,坚持不懈地致力于精确保障的理论及方法研究,取得了可喜的研究成果,并将多年的心血转化为这部专著,可谓是"十年磨一剑"。

　　在深入学习贯彻主题主线重大战略思想,加快推进装备保障能力生成模式转变的重要时期,为了更好更快地形成和提高基于信息系统的体系保障能力,这部专著为我们提供了有力的理论支撑和很有价值的参考依据。

　　本书以信息化战争的特点及保障需求为出发点,回顾装备保障发展历程,归纳装备保障发展规律,论述装备精确保障发展必然;采用综合集成的系统思想,构建了一套装备精确保障的理论框架体系,提出了装备精确保障系统研究的方法论。采用理论分析与建模仿真相结合的方法,探讨了既富有特色又符合现代军队装备保障规律的保障系统的体系框架、组织模式、信息流转、运作过程,并对保障系统的优化进行了深入研究,提出了对未来装备保障系统建设十分有价值的建议。以大量篇幅对装备精确保障系统的建设进行了专题论述,清晰、系统、全面地描绘了装备精确保障系统建设的目标体系,论述了装备保障转型的建设流程、建设方法步骤,为装备保障建设提出了可行的建设路线。特别是针对转变保障能力生成模式的体制机制问题,研究了保障系统的指挥机制、协调机制、动员机制、作业机制等运行关系及其建设内容,对推动国防和军队建设科学发展、加快转变战斗力生成模式具有重要意义。

　　本书结构严谨、思路新颖、内容丰富、体系完整,可读性和实用性强,是一部学术水平高、理论与方法有重大创新的学术专著。它既可为装备机关、部队、研究院所从事装备工作的人员提供指导,也可作为院校教师、学生的学习教材或参考书目。本书的出版将为装备保障的理论研究提供方法指导,为培养新型装备保障人才提供优秀教材,对于引领未来一个时期装备保障建设具有重要指导作用。

目　录

第1章 概　述

战争的实践和时代的发展孕育了创新与变革。精确保障作为信息化战争客观需求的必然走向,源于科学技术的空前发展和世界范围的新军事变革。

20世纪80年代末,美军针对世界形势发展变化,提出了以"精确后勤"为突破口的军事后勤革命。在海湾战争中,美军虽然尝到了保障手段信息化的甜头,却一直被两大"迷雾"所困扰。一是看不清目标的"保障资源迷雾",造成了重复申请、采购、库存积压和无效运输,致使保障效率低下。如运抵战区的4万多集装箱,由于不"透明",接收单位不得不把其中2.8万个集装箱逐一打开,进行重新清点和分发,到战争结束时,还有8000多个集装箱没能打开。二是若明若暗的"保障需求迷雾",时常造成部队申请的模糊性、准备的盲目性和保障的被动性,使大量物资积压和浪费。如直至海湾战争结束,在沙特阿拉伯仍有堆积如山的美军装备物资,最终不得不雇用商船运回国内,造成了高达20亿美元的损耗。

事实表明,随着武器装备的发展和战争形态的变化,装备保障的方式方法也在发生着深刻的变革。这一变革的核心和实质就是保障行动的"精确化"和保障资源配置的"精确化",即充分运用以信息技术为核心的高技术手段,精确规划、建设和运用保障资源,在准确的时间、准确的地点为军事行动提供准确数量和高质量的物质与技术保障,使装备保障适时、适地、适量。由此可见,精确保障是历史的必然,势在必行。

精确保障是从传统的装备保障发展而来,传统的"装备保障"概念,有两层含义:一是指对装备进行保障;二是指以装备来保障军事行动。两层含义的综合才能全面地概括"装备保障"的含义,本书对"装备保障"的理解是两者的结合。

1.1　装备保障的发展历程和规律

装备保障是随着军队装备的产生与发展而逐步形成和发展起来的。它源于作战需求和战争实践,工作内容经历了从简到繁,指导理论经历了从无到有的漫长过程。在此,按照冷兵器时代、火器时代、第一次世界大战、第二次世界大战、第二次世界大战以后、第四次中东战争、海湾战争和伊拉克战争的顺序,把装备保障发展的历史划分为八个阶段,按照装备及作战特点、典型的保障原则和策略、保障体制及机构三个方面进行梳理和归纳,形成装备保障历史发展简图,如图1.1所示。

如同一切事物发展一样,装备保障的发展是有其动因的。装备保障的样式、保障的思想与科学技术和社会生产力的发展、战争形态的变化、作战样式的变化密切相关,按照时间的顺序,结合历史上的典型战例,将社会生产力的发展、战争形态的变化、历史上的典型战争、作战样式的变化、保障样式的变化、保障思想的发展六个方面的内容进行排列,得到

阶　段	装备及作战特点	典型的保障原则和策略	保障体制及机构
冷兵器时代	兵器结构简单	由使用者擦拭加固磨砺敲打	
火器时代	武器日益复杂	出现了专门的装备技术保障力量，如维修机构和技术工匠	
第一次世界大战	兵器复杂多样，技术要求高	第一次提出了"换件修理"思想和"随队保障"思想	英军建立了新的装备技术保障体制，提出一般抢修工作由操作者承担，撤销固定修理设备，强调零配件配套
第二次世界大战	坦克集群战斗，规模巨大，战损惊人	①德军提出了"少拖运现地修"的思想；②美军强调机动性，提出了"伴随保障"思想；③苏军提出了"分管分修"思想	①德军建立了师、团、营、连相配套的四级体系，在装甲师一级编有专门的装备技术保障机构；②美军维修脱离了仓库；③苏军建立了独立的装备保障系统
第二次世界大战以后	军队机械化程度进一步提高，保障速度和能力更加重要	①苏军按装备类型区分装备技术保障方法，提出了修理机构移动化、后送机构靠前配置、先易后难、分批保障的优化选择维修思想；②美军提出了随队保障和前出支援相结合、加强平时预防性检修、分类鉴定按类别修理等重要思想	苏军编有独立的装备保障指挥机构、专业修理抢救和器材补给单位
第四次中东战争	参战坦克数量多，损伤率高	①以军提出随队保障修理，分散修理原则，提高了修理机构的自我防护意识；强调节约重视回收；军民结合，共同保障；②美军把"越快越多越好"调整为"适时适地适量"的维修保障思想，并提出了维修保障"七原则"	①美军把四级维修体制改为三级；②美军保障机构调整为总部、战区、军、师、营五级
海湾战争	高速度、高强度、高科技为一体，保障难度空前巨大	美军提出：①加强战备观念，做好应对局部战争的准备；②军民结合，平战结合，提高应急机动保障能力	美军：①实行集中统一的后勤指挥；②各军兵种通用物资补给勤务实行联勤体制；③战区以下部队实行按建制保障的后勤体制；④采用自动化通信指挥管理手段确保战区后勤系统高效运转
伊拉克战争	信息化装备大量投入战场，战争形态多维立体，战损装备数量和物资器材消耗惊人	①推行"一体化全方位"维修计划，以网络为中心的维修思想；②预先筹划、保障物资与力量提前到位，全程可视、实时互动，强调即时补给的思想；③扩大和调整了与合同商的合作，快速提升战略投送能力和后勤保障能力	美中央总部所辖后勤部队规模略有缩小，但在组织结构和编成方面与海湾战争基本相同。①战区保障部队分为：军后勤保障部、师后勤保障部、师前方保障营和前方保障连；②建立战区保障基地，实行本土基地、前进基地和一线部队保障基地三级保障体制

图 1.1　装备保障历史发展简图

社会发展、战争发展、装备保障发展的对应关系，如图 1.2 所示。

可以看出，科学技术和社会生产力的发展改变了战争形态，决定了作战样式的变化，战争形态的变化和作战样式的变化对装备保障提出新的要求，进而影响保障样式、保障思

2

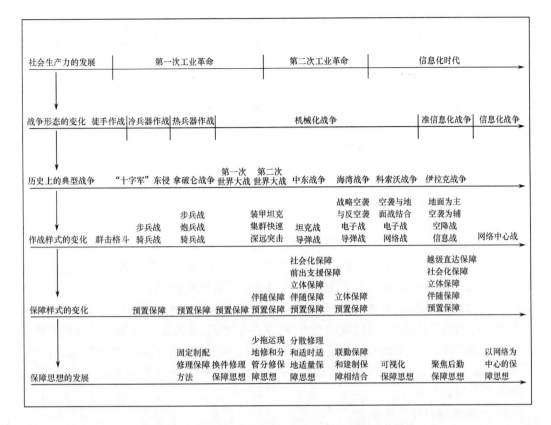

图 1.2 社会发展、战争发展、装备保障发展的对应关系

想的发展变化。

对图 1.2 进一步简化,归纳出装备保障发展的系统动力学关系,如图 1.3 所示,可以看出装备保障样式、保障思想、保障建设的发展之间是相互联系的,这些相互作用和发展决定了装备保障发展的趋势。

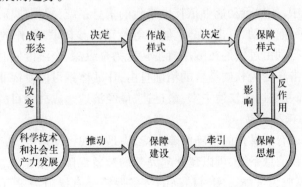

图 1.3 装备保障发展动力学关系图

(1) 战争形态和作战样式决定保障样式。保障样式逐步从单一化走向多样化,从数量规模型转向速度效益型。

(2) 保障样式的发展直接影响保障思想,保障思想又反作用于保障样式。保障思想

3

向"远程维修、精确运送、精确维修、讲究效益、综合协同运用"的方向发展。

（3）科学技术和社会生产力的发展推动保障建设,保障思想牵引保障建设。保障建设的发展趋势是由基于具体需求的保障系统向基于功能和能力的保障系统转型。

1.2 信息化战争对装备保障的影响与要求

1.2.1 信息化战争的主要特征

信息化战争的特征主要有多维一体的战场空间、一体编组的作战力量、整体联动的作战行动以及实时精确的保障行动等。

1. 多维一体的战场空间

信息化战争的战场空间向多维拓展,战场界线趋于模糊。这种多维一体的战场空间,既包括有形战场,也包括无形战场;既涵盖直接交战区域,也涉及与此紧密相连的其他领域。信息化战争在向陆、海、空、天等有形空间迅速扩展的同时,也向电磁、光、声以及意识、心理等无形空间快速渗透,彻底改变了传统战场空间相对狭小、相对分割的面貌,形成了多维一体的信息化战场。陆、海、空、天、电等多维交织,使信息化战争呈现出全维战场与多域斗争浑然一体,制权与控域复杂交错的特点。这种迥异于机械化战争的战场空间,不仅改变了敌对双方交战的环境,也改变了战场角力的重心,争夺制信息权、控制外层空间成为战争的新焦点。

2. 一体编组的作战力量

信息化战争是在信息化条件下由多军兵种作战力量参加的一体化联合作战行动。一体化联合作战力量,不再由各军兵种力量按体制编制进行规模性机械拼合,而是根据信息化战争需求,按各军兵种的作战特长和功能属性,进行作战要素组合、作战单元整合、作战体系融合等多级多层集成,形成多功能一体编组的新型联合部队。

3. 整体联动的作战行动

在信息化战争中,作战行动能够依托网络化的信息系统,根据战场态势的变化灵活组织实施,实现战场感知、机动、打击、保障、防护等行动的整体联动,作战周期大大缩减,节奏明显加快。作战行动由过去的按顺序打击转变为全纵深、全维度同时打击,由以火力概略摧毁为主的硬打击转变为软硬结合的精确打击,作战体系可以发挥非对称优势,从而在所有的时间、空间和领域达成快速主宰,最迅速、最经济地达成战争目的。

4. 实时精确的保障行动

信息化战争要求有信息化的精确保障支持,满足作战行动多维、快节奏、联动的要求。依托信息基础设施和信息系统,可以建立起完善的装备保障网络系统,使"适时、适地、适量"地实施精确保障成为可能。实时精确的装备保障具有保障需求可视化、保障指挥自动化、保障手段一体化、保障环节简捷化以及保障信息的实时可见等特点。

1.2.2 对装备保障的影响及要求

信息化战争对军队装备保障产生了广泛而深刻的影响,提出了更新、更高的要求,由此引发军队装备保障发生了一系列变革。

1. 促进装备保障战略调整

建设信息化军队，打赢信息化战争，是新时期军事战略方针。军队装备保障发展战略直接受制于军事战略，并为军事战略服务；而军事战略的发展变化，必然引起军队装备保障战略的发展变化。

以美军为例，随着信息化战略的不断实施，其装备保障战略也发生了根本变革，确立了装备保障全面信息化的战略。在装备保障思想方面，为了能更好地保障21世纪的主战装备，有效地支持未来的信息化战争，相继提出了精确化、远程化和网络化保障的思想，通过研究信息化条件下的装备保障理论、加强信息基础设施建设、优化装备保障体制、构建战场装备保障信息系统和指挥系统等措施，实现由"规模型"向"精确型"、由"数量型"向"速度型"、由"前沿存在型"向"远程投送型"、由"被动型"向"主动配送型"保障的转变。在装备保障发展战略方面，制定了作战装备与保障装备协调发展战略，把装备论证、研制、定型、生产、列装、使用、维修、退役等全寿命周期各阶段的保障活动都纳入了装备发展的总体规划，在设计、生产作战装备的同时，设计、生产与之相匹配的保障装备，并注意把相关的各种保障装备作为一个整体，进行系统论证、研制和配发，使之系列化、模块化，以发挥系统整体保障功能。在装备保障运用战略方面，确立了"速度保障"、"联合保障"和"军民一体化保障"方针。"速度保障"，是为满足信息化战争快节奏、高速度需求，在信息技术的支撑下，建立高效的"物流"体系，改变过去那种逐级前送、被动等待的装备保障模式，将所需物资器材主动配送到作战单位，使保障速度发生质的变化。"联合保障"，是为满足信息化战争联合作战需要，建立各军兵种联合的装备保障体系和运行机制，形成与信息化战争相适应的体系保障能力。"军民一体化保障"，是根据信息化时代高度社会化、商业化以及军队建设压缩规模，走精兵之路的特点，在发挥军队主体作用的同时，充分利用民间的人力资源、物质资源和科技资源，来保障部队的建设和作战需要。

2. 推动装备保障体系重构

在信息化战争中，各军兵种的界限和战略、战役、战术行动的划分将逐渐模糊，一体化联合作战、体系与体系对抗成为突出特征，对装备保障的思想、模式等方面产生了深刻影响，进而导致装备保障体制、运行机制发生重大变革。

1) 指挥管理体系结构向扁平式"网状"发展

在信息化战争条件下，传统的"烟囱"式装备保障管理体系不仅会延误装备保障速度，而且容易出现局部被破坏则整体保障能力严重受损的现象。为此，世界发达国家军队正在致力于将传统的"烟囱"式指挥管理体系转变为更加灵活的扁平式"网状"结构。这种"网状"结构不仅具有较强的生存能力，而且能使装备保障信息快速、顺畅、有序地流动，达成"信息流"导引"物质流"的效果。

2) 保障实体编制向多功能化、模块化发展

在军队保障体系的一体化重组过程中，为了提高野战保障部队的综合保障能力，世界各国纷纷按照多功能的要求，调整军、师以及团级保障部(分)队，保障部队的编制向多功能化和模块化方向变革。例如，美军已将功能单一的军、师所属保障部(分)队改编为多功能综合型编制。军级保障部下设若干个多功能型的保障大队，保障大队下设若干个多功能型的综合保障营；师级保障部下设1个基本保障营和3个前方保障营，这些保障营都是多功能型的综合保障营。

3）维修体制进一步精简

随着装备信息化程度的不断提高和战争形态的发展，装备保障体制在总体上呈现出简化的趋势。

（1）装备维修级别进一步减少。美军各军种都在积极推进维修体制的改革。陆军逐步将三级维修体制改革为两级维修体制；空、海军的新一代战机，如 F－22、F－35 等飞机已经取消了中继级维修，从三级维修变为两级维修。由于信息技术的发展，装备系统的模块化程度和可靠性水平的不断提高，以及合同商保障改革的不断深化，将在更大范围内实行两级维修。

（2）供应环节进一步精简。为满足信息化战争对物资器材快速供应的要求，美军采取了由总部保障机构超越战区和集团军等级别的保障机构，直接对参战的基本作战单元提供物资器材保障的做法，物资器材的供应环节进一步减少。

3. 牵引装备保障模式创新

装备保障模式是装备保障系统诸要素在保障过程中形成的相对稳定的作用方式，包括保障力量编组、方式方法选择、保障资源配置、装备保障组织实施程序和方法等相关内容。从近期几场带有明显信息化特征的局部战争看，美军和发达国家军队的装备保障模式已发生很大变化，主要特点是：

1）由"独立保障"向诸军兵种"联合保障"的转变

信息化战争的主要作战样式是诸军兵种高度一体化的联合作战，战争的胜利取决于强大的体系作战能力和与之相协调的保障能力，而传统的各军种"分散独立"的保障模式已难以满足联合作战要求。为适应信息化战争需要，美国国防部实施了建立一体化"分布式保障系统"计划。将各军种独立的保障机构转变为一种分布式的、联合的基础设施，建立了各军种通用的一体化保障信息系统和连接所有地方企业的信息系统，保障模式实现了由各军种"独立保障"向各军种"联合保障"的转变。

2）由"逐级保障"向"直达保障"转变

"直达保障"的基本特征是：在时空上，既包括战前有预见的预置预储等超前准备，又包括相对于伴随保障的超前投送；在对象上，既包括建制系统内部的纵向平面超越，又包括各军兵种之间的横向立体超越；在内容上，既包括装备保障专业勤务或若干物资器材保障的单项超越，又包括装备保障的维护、修理、改装、技术检查、维修器材筹措与供应等的全面超越。海湾战争中，美军首次越过战区、集团军保障，直接将物资器材从美国本土输送到前线军、师作战单位，大大提高了保障速度。伊拉克战争中，美军启动了"全球战斗保障系统"，可通过普通的计算机存取重要的装备保障数据，并为战略、战役、战术各个层次的军事行动和保障人员提供急需的紧缺资源可视化信息。

3）多点全维聚焦保障模式初步形成

信息化战争是非线式作战，多点、多向、多种样式作战并交织进行，其"动态性"特征改变了装备保障的时空观。单一空间形式的保障样式，单一时间序列的保障行动，都难以满足信息化战争装备保障要求。所谓多点全维聚焦保障，就是针对非线式作战的"动态性"特点，将多点保障、全维投送和能量聚焦等三种保障形式有机结合起来，迅速集结多点的保障资源和力量，运用多维的投送方式，准确聚焦到特定的保障地点。全维保障适应信息化作战全维打击、全维机动的需要，实现了全方向投送、多种力量并用,既可以进行地面保障、海上保障、空中保障,又可运用自身力量、其他军兵种力量,甚至民间力量进行支援保障。聚焦保障将多点全维的保障力量向一点聚集,形成强大的聚合保障力。

装备保障模式从来就是一个变化的领域,随着信息化战争实践的不断丰富和装备保障系统信息化程度的不断提高,必将有更多更新的保障模式产生。

信息化战争对装备保障的影响和要求,归根到底,最重要的是实现装备保障的精确化或精确保障。实际上,不仅是信息化战争,在我军应对各种安全威胁,完成非战争军事任务的装备保障中,精确保障同样是十分重要的。

1.3 装备精确保障的内涵

1.3.1 装备精确保障的概念

装备精确保障是在传统装备保障的基础上,继承了传统装备保障的主要功能,并与信息网络技术、资源重组技术、系统集成技术有机地结合,针对未来信息化战争保障需求发展起来的。

装备精确保障是指充分运用系统工程的理论和方法,精细而准确地规划建设和重组保障资源,充分应用信息技术,快速响应保障需求,全程共享保障信息,在准确的时间、地点为军事行动提供准确数量和高效快速的保障,能最大限度地提高保障工作的效费比。

装备精确保障系统是指由适应信息化战争装备保障需求的保障人才、保障装备、保障设施以及先进的技术手段和运行机制等要素,经过综合集成所构成的有机整体,是实现装备精确化保障的平台。

(1)装备精确保障是一种先进的理念。根据新时期军事战略方针和军队新世纪新阶段历史使命,结合装备建设发展规划,精确科学地规划、建设保障资源,实现从传统的数量规模型到质量效能型的装备保障建设思想的转变。

(2)装备精确保障具有明确的目标。不仅强调军事效益,即保证装备使用、部队作战、训练和战备需求,确保部队具有持续的战斗力,而且讲究保障工作的效率和效益,以最少的投入确保装备的战备完好和持续作战能力,体现了科学发展的要求。

(3)明确了在装备保障资源规划建设中所采用的方法为系统工程的方法。采用系统工程的方法规划建设保障资源,尤其注重信息化主导地位和系统集成,符合新时期军队建设的指导思想。

(4)指出了应用柔性管理机制等实现全域保障资源重组,这就要求对现行的管理机制进行大胆的调整与改革,解决目前保障资源重复建设、共享不到位、闲置浪费等问题。

(5)强调无论是平时还是战时,都要通过各种渠道,提供快速、全面、准确的信息,科学预测和掌握装备保障需求,科学决策并快速响应装备保障需求,对平时的装备管理和战时的装备保障决策指挥提出了更高的要求。

(6)在保障资源的运用和装备保障力量的使用方面,提出要快速、高效,对保障资源的投送能力、装备保障力量的机动能力提出了新的要求。只有强大的投送能力和快速机动能力,才能在准确的时间、准确的地点,快速投入适量的装备保障力量和保障资源并充分利用。

综上所述,装备精确保障既要充分满足信息化战争的保障需求,又要实现最大限度地优化配置和节约资源,使装备保障适时、适地、适量,以最大限度地提高保障工作的效费比,"精确"就是两者的结合点和同时满足的基本特征。

装备精确保障最主要的特征是保障信息全程共享、保障资源全域重组和保障指挥协调高效。

(1)保障信息全程共享。未来信息化战争中,精确保障将实现保障机构与保障对象、保障机构(实体)上下级及相互之间、甚至保障人员之间的信息无缝连接,信息传递快、准、灵,不仅装备保障指挥员能够洞察整个战场总体的保障态势,进行实时指挥,而且保障分队和保障人员也可以共享所有的保障信息,实时发现、实时机动、实时保障,争取保障的主动,使保障行动得以实时进行。

(2)保障资源全域重组。装备精确保障以柔性管理机制实现全域保障资源重组,可以有效解决保障资源既有闲置又有短缺的矛盾,提高保障能力。在实施资源重组之后,在充分发挥各个保障实体效能的基础上,总体保障能力得到了加强,超出了各个保障实体单独发挥作用的保障能力之和,即实现了"1＋1＞2"的思想,可以更好地满足作战部队的保障需求。

(3)保障指挥协调高效。传统的装备保障指挥系统是按照军兵种甚至业务部门建制从上到下构成的树状结构,这种高度集中的指挥方式的信息流特征是金字塔状,最高指挥员处于金字塔的顶峰,装备保障指令都按照这种纵向垂直树状模式逐级下达。这种模式的优点是集中统一,一级管一级,其缺点是信息流动速度慢、环节多、抗毁性差,一旦某环节被切断,上级指挥机构将失去指挥功能,基层部队得不到上级的指示将不知道自己的下一步保障行动。

装备精确保障系统通过精确保障信息网格,将作战指挥机关、保障指挥机关与作战部队、技术侦察力量、抢救后送力量、装备维修力量、物资器材保障力量等连接起来:一是实现装备保障指挥纵向指挥层次减少,提高指挥效率;二是横向联通使多个保障力量处于同一个信息流层,横向协同能力增强。横向联通使平级保障单位之间能直接沟通联系,甚至保障人员之间也能实时交换信息,实现保障信息流程最短化,保障信息流动实时化,增强各种保障力量之间的协同保障能力。

1.3.2　装备精确保障的实现过程

装备精确保障的实现是通过精确保障信息网格、保障信息共享、保障科学决策以及精确的保障行动来实现的。

精确保障信息网格是基于网格技术的装备精确保障系统内互连的一系列信息平台、设施设备、相关过程和人员的集合,根据保障机构、决策者和支援人员的要求收集、处理、存储、分发和管理信息,其主要特点是"即插即用,按需服务"。精确保障信息网格是网格技术应用于装备保障领域的产物,是实现精确化保障的基础平台之一。

保障信息共享是指装备保障指挥员及其保障机构通过精确保障信息网格及时、准确地获取战场空间各方面信息、分析信息并按照需求将保障行动可利用的信息进行分发、传输,是实现精确保障的必要条件。

保障科学决策是指装备保障指挥员及其部队通过信息共享,快速、准确地做出装备保障决策、确定保障资源重组方案、制定保障计划。

部队作战指挥员(机关)、装备保障指挥员(机关)以及部队通过信息网格,可在正确的时间、正确的地点,以正确的形式获取并利用正确的信息;通过高质量的共享信息和共享感知,使得部队作战指挥员(机关)、装备保障指挥员(机关)快速地掌握战场空间情况和保障需求信息。利用上述信息,快速制定出科学合理的保障方案和策略,通过各保障实体之间的协同,将分布在广阔区域内的各种保障资源、指挥中心和保障机构集成为一个统一高效的保障系统,实现全程保障信息共享、保障力量优化编组和全域保障资源重组,最终实现精确保障,其实现过程示意图如图 1.4 所示。

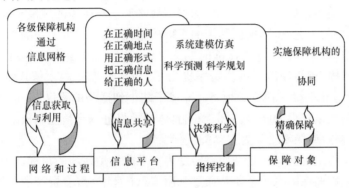

图 1.4　精确保障实现过程示意图

1.4　国内外装备保障发展现状

从 20 世纪 80 年代末期以来,以美军为代表的发达国家军队在现代战争装备保障需求牵引和现代高新技术发展的推动下,提出并发展了创新的装备保障理论和技术,如自主式保障、聚焦后勤、感知与响应保障、全寿命周期系统管理、基于性能的保障、增强型基于状态的维修等,并在实战中进行了检验。

1.4.1　美军装备保障发展情况

1. 美军的"聚焦后勤"
1) 以信息的获取和利用作为保障的核心要素

从美军正在进行的军事后勤革命可以看出,准确、可靠、实时、充分的保障信息,不仅可以显著地提高保障效率,而且可以使物资器材的储备量降低。按照美军的设想,在未来的军事保障"管道"中,大规模流动的不仅是物资器材流和保障人员流,更重要的是保障信息流,在未来的保障系统中将会出现基于网络信息技术的专门用于储存保障信息的"虚拟保障基地"。由于信息技术的发展及其在军事保障领域的广泛应用,信息对于保障的地位和作用正在被重新认识,信息正在成为保障能力的一个构成要素。

2) 将前沿存在型保障转变为投送型保障

冷战后,美军将"前沿存在"战略调整为"兵力投送"战略,这里的"前沿存在"表现为按规定数量的军事力量长期储存在某一地区。与此相适应,美军的海外基地和驻军也相应减少,从一支海外前沿部署型部队转变成为一支力量投送型部队。战场的特殊性和兵力部署的变化,要求美军必须拥有将作战部队快速投送到遥远的战场并维持其后续保障的能力。因此,投送能力成为美军实现其21世纪军事战略的最基本、最关键、最重要的条件之一。为适应这一情况,美军十分强调"兵力投送型保障"的建设,并制定了提高投送能力的战略机动计划。其目的是提高战略海运、空运能力和加强国内基地、营区、驻地及仓库的投送能力,以便更快地装载兵员和物资器材,更快地将其投送到既定战场。

3)从数量型保障转变为速度型保障

美军认为,保障的规模如果超过作战需求,势必会造成资源的浪费,保障的规模应当与作战力量的规模相适应。冷战后美军的军事战略需求对保障的规模要求是同时保障两场局部战争的需要,为此,美军根据其新的军事战略,削减了军事力量的总体规模,与此相适应,从20世纪90年代初开始对冷战时期的保障结构也开始进行大幅度的调整,从总体上压缩保障的规模,精简保障系统。美军提出了"以速度型保障系统代替数量型保障系统"的保障发展指导思想,强调"必须将保障摊子缩小到适当的程度"。因此,在21世纪,美军在加强保障质量建设的同时,对保障的总体规模将进一步精简和压缩。

4)将被动补给型保障转变为主动配送型保障

美军提出将传统的被动补给型保障转变为主动配送型保障的目标。美军设计的以物资器材配送为基础的保障系统主要是通过利用信息技术,实现全资产的可视化,并根据精确预测作战部队的需求,采取从起点直达作战部队的补给方式,通过灵活调遣物资资源,以很少的库存品和灵活的保障设施,在需要的时间和需要的地点将物资器材主动配送给作战部队。美军指出,"配送型保障"不只是增加供应链中的运输量,也不仅仅是改善供应链的运行速度,而是一种全新的保障样式。传统的补给型保障依靠的是在部队逐级实施物资器材储备,这些库存物资器材数量庞大、缺乏机动性。配送型保障将以有效管理的动态物资器材流取代固定的库存物资器材,以物流的速度取代物资数量,或者说是以配送"管道"代替了仓库。

2. 美军的"自主式保障"与"基于性能的保障"

自主式保障是美军F-35联合攻击机项目首先提出并应用的一种创新性保障方案,旨在借助现代信息技术等高新技术,将保障要素综合起来形成一种无缝的后勤保障系统,使装备以最低的费用达到规定的战备完好性,并降低保障规模。自主式保障的思想来源于人体自主式神经系统的工作原理,它是一种全新的保障理念。"自主式保障"由相应的自主式保障系统实现,这种系统是一种能自己管理其相关的军事器材、设施和人员的采购、维修和运输的军事实体和系统。自主式保障的对象,具有自动诊断能力并能预测其维修需求并将这些需求通知地面的能力,以便维修人员及时采取保障措施。

近些年来,美军为了提高装备保障效率和效果、缩减后勤规模、降低装备使用与保障费用,提出了基于性能的保障理念。美国国防部在2003年6月发布的临时指南"国防部武器系统的保障性设计与评估"中对"基于性能的保障"的定义为:"武器系统产品保障的一种策略,它将保障作为一个综合的、可承受的性能包来购买,以便优化系统的战备完好性。它通过以具有清晰的权力和责任界线的长期性能协议为基础的保障结构来实现武器系统的性能目标。"由此可见,"基于性能的保障"的本质是购买装备的性能,而不仅仅是装备和服务。

从概念上看,二者都是需求牵引及技术推动的必然要求,都是为了减少保障费用、缩小保障规模、提高装备战备完好性。现代复杂武器装备采办费用日益庞大,经济承受性作为一个不可回避的问题成为世界各国军方关注的焦点,更严重的是装备使用与保障费用尤为急剧的增长,已占到寿命周期费用的60%以上,甚至高达80%,降低使用与保障费用的需求迫在眉睫。同时,为了适应未来作战需要,必须要大幅度缩减保障规模,实现灵活、敏捷、精确的保障。

通过二者的概念辨析可以看出,"自主式保障"更注重于建立一个具备预测与健康管理(PHM)能力和决策能力的自主式保障系统;而"基于性能的保障"更像是一种注重于"用户所需要的武器装备性能"的顶层策略。

3. 美军的集约化、一体化、社会化保障体制建设

在现代战争条件下,随着武器系统的日趋复杂和高新技术在武器装备中的大量使用,保障任务极其繁重,在军队小型化趋势下单独依靠军队来进行保障变得几乎不可能。因此,美军主张通过大力鼓励利用合同商完成保障工作,建立了集约化、一体化、社会化的保障体制,以满足军事需求。

为实现集约化,美军成立国防给养局,统管遍布全球的400多个军事给养单位;为实现一体化,美军实行指挥一体、三军一体、后装一体的保障体制;为实现社会化,美军不断提高社会化保障程度,以节省军事资源。美军平时大量的装备基地级维修工作交由社会上的承包商负责,并注重充分利用民用基础设施、设备等资源。美军规定,凡利用民用设施、设备能够满足部队需要的,军队就不再另行建设。

合同商保障不仅能够提高美军现有的军事能力,扩大美军对补给品和维修服务的选择余地,还能够提供一些美军自身所不具备的能力。由合同商提供保障,使得美军能够根据作战需要,迅速及时地扩大或压缩可用的保障资源,持续地获得作战所必要的保障,同时能够降低保障费用。

4. 美军的自动化信息系统建设

为了确保在保障行动中能够及时准确地获取保障信息,保证"精确化"保障的实现,美军已建立了比较完善的自动化信息系统,典型的自动化信息系统主要包括装备保障指挥系统、用于运输补给的自动化信息系统、用于维修的自动化信息系统和故障诊断系统。其中用于运输补给的自动化信息系统包括全球战斗保障系统、库存控制点自动化信息系统、在运物资可视性系统、战区联合全资可视系统、陆军全资可视系统、21世纪战场物资补给系统、运输供应系统、运输协调员的自动化运输信息系统Ⅱ、调运跟踪系统;用于维修的自动化信息系统包括陆军装备司令部标准系统、陆军的标准基地系统、陆军标准维修系统(SAMS)、海军舰船维修与器材管理系统(3M系统)、空军的维修数据收集系统(MDC系统)、空军扩展的导弹数据分析系统(EMDAS)。

5. 美军用于"精确化"保障的关键技术

美军用于"精确化"保障的关键技术主要包括自动识别技术、远程支援技术、装备故障检测诊断技术和资产可视化技术。

自动识别技术是一套加速数据采集、集成和传输的工具,是准确、及时获取资产状态(在储、在处理、在运)信息的关键手段之一。作为一种增效技术,自动识别技术能够快速

准确地获取信息,无需或仅需少量人工干预即可自动地向自动化信息系统传送数据。因此,美军将其作为实现精确化保障的重要手段加以发展,并已在补给、运输、维修等领域广泛地应用该技术。

远程支援技术是随着高技术武器装备的大量使用和计算机网络通信技术的不断发展而产生的一种先进的装备保障手段。它通过计算机网络将前方的使用维修保障人员与后方的技术专家紧密联系起来,并为前方武器装备使用、维护、修理以及战场抢修提供及时准确的技术指导和决策支持。

装备故障检测诊断技术是提高保障效率的重要手段,为此,美军越来越重视故障检测诊断系统的研制,尤其是内置式故障自动诊断系统,如 M1 坦克的内置式自动检测设备、M1 坦克火控系统内置式检测设备、内置式车辆故障诊断系统、"布雷德利"战车故障诊断系统、嵌入式模拟诊断系统等。为了实现装备和武器系统的故障自动诊断和预测能力,美军已在传感器技术、数据处理与存储技术、数据通信技术等关键技术领域取得突破并不断推广运用。

资产可视化是指及时、准确的向用户提供部队、人员、装备和补给品等所在位置、运输情况、本身状况、特性等信息的能力,主要包括三个方面:在储资产可视化、在处理资产可视化和在运资产可视化。美军历经近些年的发展,各军种、各部门的资产可视化建设包括陆军全资产可视化、海军全资产可视化、空军全资产可视化、海军陆战队全资产可视化、战区内联合全资产可视化、国防后勤局资产可视化和医疗后勤全资产可视化,并在各军种、国防部各部门资产可视化建设基础上,在全军范围内推行全资产可视化建设,实现军种间、部门间资产信息的综合一体化,提供全军范围内的信息查询。

1.4.2　俄军装备保障发展情况

1. 俄军装备保障特点及发展趋势

1)通用、专用装备分别供应

俄军实行通用装备物资器材统一供应和专用装备物资器材分别供应相结合的体制,即全军通用装备物资器材实行统供,各军种的专用装备物资器材实行专供。俄军的通用武器装备物资器材主要有军械、弹药、坦克装甲装备、汽车牵引车装备、油料、大规模杀伤武器防护器材、通信器材和工程器材等。在国防部一级,通用武器装备物资器材的组织供应部门是总装备部。总装备部下设 2 个部(总导弹军械部和总汽车装甲坦克部)和 1 个局(发明局)。其中,2 个部又各编 5~7 个处,分别负责所管辖的通用武器装备的采购、调配、使用、保养和修理等全过程的联合保障,并负责对新型和改进型武器装备的战术技术性能提出要求;发明局主管全军的发明与合理化建议工作。各军种的专用装备物资器材由各军种分别供应,如空军的航空炸弹、航空器材、机场工程器材、航空技术器材,以及海军的鱼雷武器、反鱼雷武器等。

2)划区联合保障

划区联合保障是装备联合保障的主要保障方式,保障实体的综合性和独立性是联合保障体制的一个特色。

俄罗斯军队在前苏军多年实践的基础上,于 1993 年全面实行了划区保障体制。每个军区根据防区大小建立 2 个~4 个地区保障中心,中心由仓库、医院、维修机构及其它保障力量和设施组成,其基础为军区的独立物资保障旅、保障基地和仓库,人员由各军种、军区、集团军补充。凡驻在该地区的各军兵种部队的保障,由中心统一计划和组织实施。原来由总部和军区掌握的大部分经费和物资器材转给保障中心,以使其根据各地市场情况及时采购和灵活组织保障。地区保障中心成立后,随之实行划区保障指挥,适当分散保障指挥,保障中心的指挥部由各军种保障部门的人员组成。

在总部一级,装备保障、后勤保障、医疗保障等联合保障机构分立,而地区保障中心却是各方联合保障的共同实施机构,相对军区而言是完全独立的保障实体,通常隶属总部。保障中心指挥部根据总部和军区的指示、计划和要求,直接对各部队实施物资供应等各种保障。

3）后、技并行体制

俄军目前保障体制可称为是"后、技并行体制",国防部下属的总装备部负责全军通用装备、弹药的供应与管理工作,但其装备保障工作由实际运行中相对独立的两个系统来完成,即物资保障系统和装备技术保障系统。

俄军的装备物资供应保障与技术保障职能在体制编制上,从管理机关到分队都是分离的。其中,所有物资、器材、备件的供应保障均隶属于后勤系统,部队中的基本供应机构则是各级综合仓库。而装备"技术保障"专指武器装备的维修,不包括器材、备件等的供应,在每个建制层次上都有由副职主管、装备保障机关和独立修理分队组成的实际运行中相对独立的系统,各级维修机构均实行综合编组,能对该建制层次的武器装备实施全面的技术保障。

4）发展趋势

俄军通用、专用装备分别供应将继续保持下去,划区联合保障的模式也将进一步深化发展,而今后最主要的变化将是"后、技并行体制"的综合化。俄军武器装备管理体制中,供应与维修都分别实现了综合性的保障,但供应职能与维修保障职能在体制编制上都是分离的,所有物资、器材供应保障均属于后勤系统,由各级后勤副指挥员领导。这种多重管理的模式不符合现代管理科学的思路,并且在实践中遇到的问题越来越多,这种分离的体制肯定是不适应未来作战环境的,俄军曾多次尝试对该体制进行改进,目前这一解决过程仍在进行中。

在冷战之后,由于经济原因俄军发展受到很大制约,与美军相比,在军队信息化方面有一定差距,在适应未来信息化战争的装备保障方面,其采取的技术措施,如全资产可视化技术、远程故障诊断技术等方面尚比较薄弱。

2. 俄军装备保障理论研究

俄军在长期的装备保障理论研究与实践中,制定了各种规范、实用的装备保障条令,形成了系统完善的装备保障理论。

1）技术保障体系结构理论

论述了技术保障的实质、作用和地位,技术保障体系的结构、总体功能,以及战时和平时的技术保障勤务,并对技术勤务各部门的职责进行了规范。

2）武器装备使用管理理论

主要对武器装备的使用、维护、储存和管理组织进行了理论研究和详细的规范,并具有很强的可操作性。

3）武器装备维修组织理论

主要对武器装备维修体系的结构和功能进行了刻画,并对维修机构中维修过程的指挥做了详细的研究,包括平时条件和战时条件下进行维修的指挥方法,以及完善武器装备维修体系的方法论。

4）技术保障作战运用理论

依据俄罗斯联邦军事学说、战役法和战术原则、科学技术的最新成果、军队武器装备的现实情况、现代战争中战斗与战役准备的经验,阐述了在各种行动中对坦克与摩托化部队和兵团实施技术保障的组织原则,还包括在现代战役中对军团实施战役保障的组织原则,是面向指挥员的技术保障应用理论。

5）战损规律及维修需求理论

俄军在这方面的实战经验丰富,理论基础雄厚。根据实际战争、部队战斗训练、实验性和研究性演习的经验,总结了在主要战斗行动中,部队武器装备损失的特征,对装备的战损规律进行了深入系统的研究,对不同的作战样式、不同的作战对象、不同的作战装备,可以科学准确地预测战损量、战损程度及维修保障需求。

俄军武器装备保障理论不仅体系完整、研究论证方法严谨,还将作战理论与工程技术理论进行了有机结合,大量使用了量化分析和模型测算的方法,论证全面清晰、结论真实具体,具有很强的实用性和可操作性。俄军的武器装备一直保持着良好的技术状态和高度的战备水平,无不得益于其科学的理论支持。

1.4.3　国内装备保障研究现状

我军的装备保障,特别是陆军的装备保障,是伴随着我军成长历程和装备发展而形成并发展起来的,经过长期的理论研究和实践,形成了具有我军特色的装备保障体系。在应对多种安全威胁完成以打赢信息化条件下局部战争为核心的多样化军事任务中,装备精确保障研究正在兴起和发展。

1. 战时装备保障理论研究

战时装备保障理论是随着作战训练和高技术武器装备的发展而发展起来的,按时间大体可分为两个阶段。

(1) 建国初期至20世纪80年代末的前40年,总结提出了战时装备保障四条基本原则:集中主要力量,保障主要方向,并留有预备力量;装备保障力量纵深梯次部署,构成完备的编制体系;装备保障机构靠前配置,加强伴随保障;充分利用地方装备保障力量和物资器材。与之相配套的还有一系列战时装备保障的方式方法。这段时间形成的理论局限在战术层次,主要是为大规模战争中的线式作战服务的。

(2) 20世纪90年代至今近20年,构建了战略、战役和战术战时装备保障理论。提出了具有高技术局部战争特点的新理论,即以"综合、靠前、伴随"为核心的战术装备保障理论。这一理论改变了以往按单一兵种和专业划分的保障体制,把综合保障作为适合高技术条件下军队一体化作战的指导思想。从装备保障力量的编组、任务、指挥体制和组织实施等方面,区分了装备保障与后勤保障的不同点,解决了伴随保障的方式、方法和手段等问题。在战术装备保障理论的基础上,形成了"整体筹划,突出重点,稳动结合,及时可靠"的战役装备保障理论。在战略层次装备保障的理论研究也取得了丰硕的成果,主要是以新时期军事战略方针为统揽,紧紧围绕中央军委战略意图和作战部署,立足高技术条件下作战,立足现有装备作战,立足复杂背景作战等条件下的装备保障,形成了"整体筹划,充分准备,军民结合,保障重点,积极主动,密切协调"的战略装备保障理论。

通过战时装备保障理论建设的长期实践,得出了"三个结合"的宝贵经验:一是战时装备保障研究必须与作战理论研究紧密结合;二是战时装备保障研究必须与装备保障实践紧密结合;三是战时装备保障研究必须与装备发展紧密结合。

2. 装备保障体制、制度、方式的变化

1990年以后,我军二代、三代装备开始列装,但仍沿用一代装备的保障体制,制约了新装备战斗力的快速形成。为此,我军积极探索新装备形成装备保障能力的基本途径。

在保障体制上,由过去的条块分割、归口管理向一体化、综合化过渡;在维修制度上,由过去的"定期预防性计划维修"向"状态监控、视情维修及定期维修相结合"过渡;在维修保障方式上,战术级由定点维修向伴随维修过渡,战役级由固定式维修向移动式与固定式相结合的维修过渡,同时增加了由师以上保障力量实施的"项修"、"巡修";在物资器材供给上,由逐级申领,逐级下发的方式向直供、投送过渡。

逐步实现培训基地化、管理信息化、维修专业化、供应多元化、配套规范化、指挥自动化,推动了装备保障由保障一代装备的"粗放型"向保障二代、三代装备的"精确型"转变;初步构建了以高效率的方法、高效能的保障机构、高素质的保障人才、高技术的保障装备为基本特征的新的装备保障模式。

特别是我军开展的成建制成系统形成作战能力和保障能力建设,即"两成两力"建设,是依据部队体制编制,按照武器装备体系和装备保障系统,逐级成建制配套、按专业成系统建设,使装备形成和保持作战能力和保障能力,是推进中国特色军事变革的基础工作之一,对提高部队整体作战能力,打赢信息化条件下的局部战争具有重要意义。"两成两力"建设的核心是按照建设信息化军队、打赢信息化战争的战略目标,建成结构合理、功能完善、系统配套、适应一体化联合作战和武器装备发展需要的装备保障体系,形成信息化条件下作战装备作战能力和保障能力。

"两成两力"建设,经历了打牢"两成两力"建设基础、巩固"两成两力"建设成果、推进"两成两力"建设深化拓展三个阶段,取得了很好的实效。

在打牢"两成两力"建设基础阶段,主要开展了新装备部署初期保障理论和建设模式研究,推出了"系统、配套、规范、实用"的建设思想,形成了"法规、设施、设备、器材、教材、人才、保障装备"七项配套建设标准,规范了建设任务,解决了新装备形成保障能力建设模式问题。

在巩固"两成两力"建设成果阶段,主要组织了保障法理论研究和关键技术攻关,其成果已形成制度和供应标准,成系列配发部队,形成了装备保障准备标准,开展了任务部队作战装备、保障装备、维修器材、战备基数和野战保障手段五配套达标建设,进行了战役和战略准备,规划调整储备布局,指导完成配套建设,组织应急保障分队野战保障训练和战略抽组力量保障行动演练,解决了应急作战装备保障的制约性问题。

在推进"两成两力"建设深化拓展阶段,按照"建设向上集约,保障向下聚焦"的建设思想,探索了以提高平、战时"敏捷反应、快速机动、实时控制、综合保障"能力为核心的由"基于型号"向"基于能力"转型建设的新思路;形成了以维修保障改革牵引器材保障、装备管理和保障训练改革,通装保障按"四合四统"集成建设的新模式,全面推进了装备保障能力增长方式的转变。

3. 保障装备、保障手段及保障人才的建设

在理论研究的牵引下,我军保障装备的发展也取得了长足的进步。20世纪90年代以前,以轮式保障装备为主,以跟进或递进的方式实施定点修理,以满足线式作战的需要。20世纪90年代推出的"五轮五履"保障装备,为实现战术级"综合、靠前、伴随"的装备保障模式,提供了装备和技术支撑,初步具备了保障二代装备的能力。

近几年又推出了一系列技术更加先进的保障装备,如战时保障指挥车组、战场技术管理方舱、远程技术支援车组、巡回维修车组、器材补给车组,研制开发了多种不同级别的信息管理系统、检测诊断系统以及战场抢修工具,这些新型保障装备和保障手段的广泛使用,使得向实现二代、三代装备的"精确保障"迈出了很大的一步。

在人才培养方面,经过长期的建设和发展,已形成了院校教育、军区训练机构与部队自训的技术教育训练体系,培养了大批既懂技术,又懂军事的骨干力量。可以说,我军目前已经拥有一支总体上基本适应新装备保障要求的人才队伍,但这支队伍人员数量不足,专业知识和结构仍需进一步优化和更新。

4. 装备保障存在的问题

虽然我军装备保障从无到有,从弱到强,已经建立了比较完备的战略、战役、战术装备保障体系,有力地保障了我军作战和训练任务的完成。但是从目前状况看,我军装备保障力量总体上仍以传统的数量规模型为主,保障理论以立足机械化战争为主,保障手段以机械化和半机械化为主,人员构成以体能和单一技能型为主,体制编制以多层次树型结构为主等,与信息化战争精确保障的要求存在很大差距,在装备保障的建设中还有一些误区,这些问题主要表现在以下几个方面。

(1) 从保障理论研究上对信息化条件下一体化联合作战装备保障的特点、规律、方法、措施研究不够系统深入,与打赢信息化条件下局部战争的要求不相适应。

(2) 保障建设管理体制存在着多口管理、分段管理、统筹规划不够等问题,造成系统规划不足,重复建设现象严重,集约化、模块化程度低,与建设信息化军队要求不相适应。

(3) 保障模式仍以数量规模型保障为主体,采用定时预防性维修、事后恢复性维修、基于库存标准的足量储备供应方式,投入高,效益低,与精确化保障要求不相适应。

(4) 部队装备人才建设与装备发展相比滞后,已经成为制约新型装备快速形成作战能力和保障能力的"瓶颈"问题,与装备快速发展不相适应。

(5) 保障能力存在着新装备保障能力、野战机动保障能力、战略战役支援保障能力不足等问题,与应对多种安全威胁、完成多样化军事任务要求不相适应。

因此,必须深入研究并着力解决这些深层次问题,才能在新的起点上推进装备保障建设又好又快发展,实现装备的精确化保障。

第2章 装备精确保障系统

前已述及装备精确保障系统是指由适应信息化战争装备保障需求的保障人才、保障装备、保障设施以及先进的技术手段和运行机制等要素,经过综合集成所构成的有机整体。它具有明确的任务目的性、层次结构性以及外部环境适应性。为了适应复杂多变的军事任务环境,其系统结构要具有可变性、灵活性以及完成任务的主动性,具有完善的功能以及相应的能力,才能保持装备的战备完好和持续作战能力。

2.1 装备精确保障系统目标体系

2.1.1 目标与目标体系

目标既是一种"愿望",也是一种"要求",它既为组织或个人规定了努力的方向,也作为衡量工作成就、评价工作方案的标准。因此,正确、有效的目标应具有"内容具体、可以衡量、有时间规定、只强调结果不强调过程、既切实可行又具有挑战性"等主要特征。

意义明确的目标通常可以表示为一个递阶结构,如图 2.1 所示。

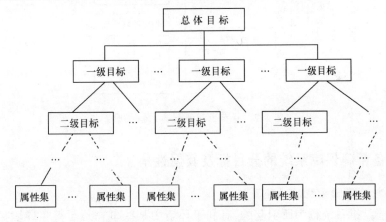

图 2.1　目标体系的递阶结构

这个结构的最高层是总体目标,是促使人们努力工作的原动力。但这个目标常常表达得比较含糊、笼统,不便于具体实施。在递阶结构中,下层的目标比上层目标更加具体明确和便于实施,它们可作为达到上层目标的某种手段。如果有一种实际的方法可以评估这个目标体系被达到的程度,则目标体系应该是可以量化运算的。为此,对递阶结构的最下层的每个子目标都要设定属性集。

属性是可测定的量,它反映了特定目标(即该属性所对应的目标)可以达到的具体程度。可能有的目标(特别是比较抽象的目标,如技术水平、思想道德等)并没有一个或若干个明显的属性能够直接测量它所达到的程度,但仍然可能存在一个或若干个属性既便于测量又能间接反映目标达到的程度,这种属性称为代用属性。每个目标的属性必须满足两个性质:可理解性和可测量性。如果一个属性集的值足以标定相应目标所达到的程度,则它是可理解的;如果对给定的方案能够对某种属性赋值,则该属性是可测量的。

对于装备精确保障系统,自然应该按照上述的思路建立目标体系。

2.1.2　装备精确保障系统目标

精确保障是信息化战争对装备精确保障系统的客观要求。装备精确保障系统的运行,要依托国家经济建设基础和战争动员机制,充分运用以信息技术为核心的高技术手段以及规模适度、结构合理、运行高效、训练有素的装备保障力量,才能在装备保障的具体实践活动中适时、适地、高效地完成装备保障任务。依据装备精确保障系统的任务,提出装备精确保障系统的目标,包括功能目标和能力目标两大部分,其一级目标和二级目标构成如图 2.2 所示。

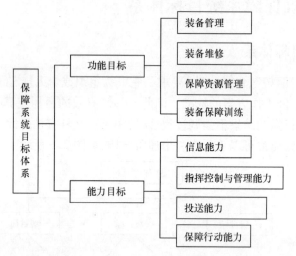

图 2.2　保障系统目标体系框架图

2.1.3　装备精确保障系统的分目标及其属性集

1. 装备精确保障系统的功能目标

系统功能是指系统行为所引起的、有利于环境中某些事物乃至整个环境存续与发展的作用或所做的贡献。功能目标是指能够适应信息化战争保障需求的保障系统必须具备的基本功能,包括装备管理功能、装备维修功能、保障资源管理功能、保障训练功能等,如图 2.3 所示。

1)装备管理功能

装备管理功能包括装备调配管理、装备动用管理、装备技术状况监控及实力评估等基本功能。

装备调配管理是指保障系统为完成装备调配所做出的计划、部署以及对装备的调整、储备、补充等工作。未来信息化战争,战场情况复杂多变,装备损伤率大,需要不断地调

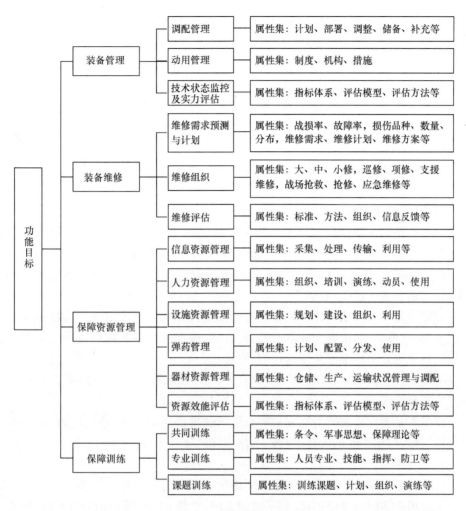

图 2.3　保障系统功能目标

整、补充装备,要求装备精确保障系统具备高效的调配管理功能,才能保证各项军事行动的顺利完成。一是要根据平时装备的消耗规律,结合平时任务需求,依据装备调整计划或通知,进行组织计划、装备准备、接装培训、交接验收、监交协调、装载运输等工作,以保持装备完好率、配套率和战备水平;二是要根据不同地点、不同作战对象、不同作战模式、规模的装备消耗规律,结合战时任务需求,解决装备在储存、运输、调拨供应、调整中的问题,以保持部队装备持续战斗力的水平。

装备动用管理是指保障系统为规范、合理、正确地使用装备,所做的制定科学合理的规章制度、建立相应的组织机构、采取有效的管理措施等工作。随着大批高新技术装备列装部队,装备结构发生了明显变化,科技含量明显提高,对装备动用管理提出了更高的要求。一是要结合装备的动用原则,科学制定装备动用计划,严格落实装备动用管理权限,提高装备动用管理效益;二是要根据装备的结构特点、故障规律和在作战中担负的作战任务,合理确定装备使用、储备标准,随时收集和掌握参战装备的种类、数量、位置及使用情况,提高装备动用管理的科学性和时效性。

装备技术状况监控是指通过装备的机内测试(BIT)以及各种外部监测装置,实现对装备技术状况的实时收集和状态预测功能。装备实力评估是指保障系统为了准确掌握系统的综合实力所做的工作,包括建立评估指标体系、构建评估模型、运用科学的评估方法进行综合实力评估等。应以装备技术状况监控信息化为核心,按照全系统、全寿命的要求,建立完善的装备技术状况监控系统,及时、准确地确定及预测装备的技术状况,按照科学的装备技术状况评价指标体系进行装备实力的评估,为指挥员的指挥决策提供依据。

2) 装备维修功能

装备维修功能包括维修需求预测与计划、维修组织、维修评估三个基本功能。

维修需求预测与计划是指保障系统为实现平时或战时的精确维修所做的工作,通过准确预计维修需求,可以科学制定保障计划,合理配置保障资源,以最小的代价获得最大的保障效能,实现精确保障。

平时维修是指保障部(分)队在一定的维修制度、体制、机制等约束条件下,对装备进行的预防性维修。通过掌握平时装备的年度使用计划,各类装备的大、中、小修间隔期,确定平时各类装备大、中、小修的数量,根据平时各级维修机构任务划分,准确预计平时各级维修机构维修装备的种类、数量。

战时维修是指对损伤和故障装备进行的修复性维修。通过快速、准确地掌握各类装备的战损率、故障率,确定损伤装备的种类、数量,根据战时各级维修机构任务划分,准确预计战时各级维修机构维修装备的种类、数量。

在对维修任务需求预计的基础上,结合各类保障资源在维修中使用、消耗情况,预计各项保障资源需求。

维修组织是指保障系统为完成平时或战时的维修保障任务,进行的各级修理工作和抢救抢修工作,包括平时的大修、中修、小修、巡修、项修、支援维修,以及战时的野战抢救、抢修、应急维修等。

维修评估是指保障系统为保证维修的精确性所做的对维修效果进行反馈、评估等工作。一是要根据不同的维修活动,如平时的大修、中修、小修,战时的野战抢救、抢修、应急维修等,建立相应的评估指标,制定合理的评估标准,运用先进的评估方法对维修质量进行评估;二是要建立信息反馈机制,应用先进的信息手段进行及时、准确的信息反馈,找出影响维修质量的薄弱环节,不断提高系统的维修效能。

3) 保障资源管理功能

保障资源管理功能包括信息资源管理、人力资源管理、设施设备资源管理、弹药管理、器材资源管理、资源效能评估六个基本功能。

信息资源管理是指保障系统为实现快速响应保障需求、科学决策、全程共享信息资源所做的工作,包括对信息的采集、处理、传输、利用等。

人力资源管理是指保障系统为充分挖掘人力资源的潜力,发挥人员与装备相结合的整体效能所做的工作,包括对人员进行优化合理的编组,进行系统、全面、有效的人员培训,合理组织演练,以及做好体制外人员(尤其指军队外部的技术专家)的动员与使用等工作。

设施资源管理是指保障系统为实现精确保障提供充足的物质基础所做的工作,包括对设施资源的统一规划、合理建设、周密组织、充分利用等。

弹药管理是指保障系统为实现充分且精确的弹药保障所做的各种工作,包括对弹药封存、仓储、生产及运输状况的管理,以及高效、快捷、合理的弹药分发、配置等工作。

器材资源管理是指保障系统为实现精确的器材资源(含维修备件、油、液气等消耗品)保障所做的各种工作,包括对器材资源仓储、生产及运输状况的管理,以及高效、快捷、合理的器材资源调配等工作。

资源效能评估是指保障系统为最大限度的发挥保障资源的效能所进行的评估工作,包括建立评估指标体系、构建评估模型、运用科学的评估方法进行资源效能评估等。

4)保障训练功能

装备保障训练功能包括共同训练、专业训练、课题训练三个基本功能。

共同训练是对受训者进行基本军事素质的训练。各类装备保障人员的岗位职责不同,对其基本军事素质的要求不同,共同训练的内容也不尽相同。装备保障士兵共同训练内容主要由共同条令、军人战术技术基础、军事体育训练和战备基础等部分构成;装备保障军官共同训练内容主要由军事思想、装备保障基本理论知识与基本技能、外军研究以及体能训练等部分构成;装备机关人员共同训练内容,除装备保障军官训练内容外,还应包括装备机关的职责、任务、工作制度、工作关系、工作技能等。

专业训练是对装备保障部(分)队及人员进行的以专业理论知识和技能为主要内容的训练。装备保障部(分)队专业训练的内容主要包括:装备保障力量的部署及其协同、装备保障有关专业知识和技能的训练、装备保障指挥训练、防卫训练等;个人专业训练内容主要包括:装备的使用维护、技术状态监测、故障排除、抢修自救等方面的训练。

课题训练是一种装备保障部(分)队的综合训练,包含了以上各种保障训练内容。装备保障部(分)队进行的课题训练主要是参与上级编成内的课题训练,必要时也可自行组织课题训练。课题训练主要有:联合登陆战役装备保障、联合火力打击装备保障、战备等级转进、应急机动保障等。

2. 装备精确保障系统的能力目标

能力目标是指能够适应信息化战争保障需求的保障系统必须具备的基本能力,包括信息能力、指挥控制与管理能力、快速投送(补给)能力和保障行动能力,如图2.4所示。

1)信息能力

信息能力是指保障系统通过各种手段获取各种相应信息,并进行信息处理、分发和传输的能力,直接影响到保障的反应时间和决策准确性。信息化条件下的军事行动中保障行动的精确性,要求保障系统必须能够实时感知各种信息。一是及时了解战场敌我态势和战场环境;二是准确把握保障需求,及时获取弹药、器材、油料等消耗情况和保障对象的技术状况、损伤状况及保障资源状况;三是充分运用信息化手段,对感知的信息进行筛选、融合、分析处理;四是实时掌控装备保障机构的状态控制、保障资源的可视管理等保障态势。

信息采集。信息采集是信息能力得以实现和发挥的基础,通常通过获取信息的种类、数量等进行评价。

信息处理和分发。信息处理和分发是信息能力得以实现和发挥的主要手段之一,主要包括信息的内容、格式以及信息分发传送的容量、速度和信息利用的共享程度等。

信息传输。信息传输是信息能力得以实现和发挥的关键环节,主要通过软、硬件平台、共享机制、信息安全等方面对信息传输能力进行评价。

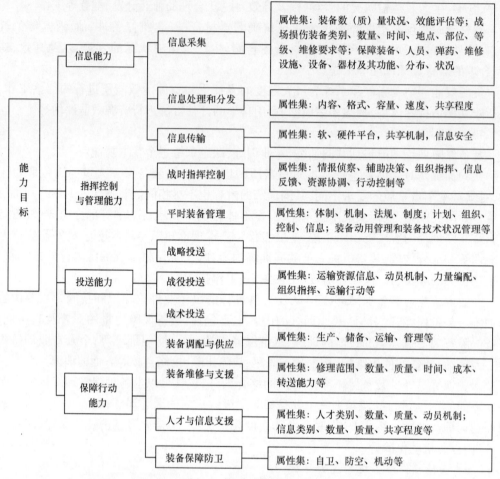

图 2.4　保障系统能力目标

2）指挥控制与管理能力

指挥控制与管理能力是指保障系统为实现精确保障所必须具备的指挥、决策、协调、控制等能力与装备管理能力的总称,包括战时指挥控制能力和平时装备管理能力。

战时指挥控制能力是指保障系统中情报与决策支持机构和指挥控制机构必须具备的情报侦察、辅助决策、组织指挥、信息反馈、资源协调、行动控制等能力。信息化条件下的军事行动依托一体化联合作战指挥平台,使装备保障指挥的周期缩短,信息量剧增,要求保障系统具有相应的指挥控制能力。一是要实时了解保障需求,准确掌控保障态势,利用高效的信息处理和智能化辅助决策手段,及时高效地指挥控制保障行动;二是要简化内部协调关系,合理编组保障力量,适时调控各类保障要素,实现装备保障在时间、空间、数量、质量上的精确化,最大限度地提高装备保障的效率和效能,实施不间断的一体化保障指挥。

平时装备管理能力是指保障系统中资源管理机构和指挥控制机构必须具备的对装备、人员、保障资源的使用与管理的能力,通过体制、机制、法规、制度的建设以及计划、组织、控制、协调等多个方面进行度量。信息技术的应用,使装备管理实现网络化、可视化成为可能,充分依托装备信息管理平台,保障系统可以具有很强的精确管理能力。一是以条令条例为依据,按照现代装备管理理论与方法,科学筹划装备管理业务内容,综合采用手段高效、业务规范、机制健全的信息化和规范化的管理措施,对装备实施有效管理;二是按照"科学化、制度化、经常化"管理的总体要求,围绕装备技术状况的精确管控,依靠规范的日常管理、装备战备、装备训练和机关业务工作秩序,提高装备战备和训练的完好率,保证装备始终处于良好的技术状态。

3)投送能力

投送能力是指保障系统为实现及时、快速、准确、高效的保障资源供应,而必须具备的人员输送、保障资源运输、弹药补给及分配的能力,可以划分为战略投送能力、战役投送能力和战术投送能力。未来战场情况复杂多变,作战强度大,任务多,节奏快,保障资源消耗大,客观要求保障资源的投送要适时、精确。一是要合理布局,实现各级相互交融,利用信息化手段,建立网络化、一体化的保障资源储备供应系统,合理、适度地规划保障资源储备的规模、种类和数量;二是采取从起点直达作战部队的补给方式,明确需投送的保障资源信息,采取主动补给方式,利用立体投送手段,提高保障资源投送的时效性,确保适时、适地、适量地将保障资源提供给保障对象。

投送能力通过快速、准确掌握运输资源信息、建立并充分发挥动员机制、投送力量优化编配、组织指挥以及快捷的运输行动等多个方面进行度量。信息化条件下作战地域广、正面宽、纵深大的特点,一是要求保障力量应具有与作战力量相匹配的机动能力,保障机构中应该编配与作战装备机动性能相当的保障装备,以保证伴随保障的切实可行;二是要求保障力量应具备陆地、空中和海上的快速立体投送能力,使保障力量能够及时地到达预定地点,保证装备保障行动顺利实施。

4)保障行动能力

保障行动能力是指保障系统为实现精确保障所需具备的装备调配、弹药补给、器材供应、维修与支援、保障防卫等行动能力的总称。保障行动能力包括装备调配与供应能力、装备维修与支援能力、人才与信息支援能力、保障防卫能力等几个方面。

装备调配与供应能力。装备调配能力是指对装备进行分配、调整、调拨,并及时掌握装备数量、生产、消耗等情况,制定消耗限额标准,审批年度使用计划,调控装备计划使用和均衡修理的能力。装备供应能力是指战时对作战部队所需要的装备和弹药进行及时、准确、快速补充的能力。

装备维修与支援能力。装备维修能力是指保障行动人员必须具备的通过采取一系列技术手段或措施保持或恢复装备完好技术状态的能力,具体体现在修理范围、数量、质量、时间、维修成本、转送能力等方面。支援能力指的是对完成维修任务所需的人员、信息、技术、器材等保障资源,进行现地或远程的支持与援助的能力。网络技术使得战场态势多维感知,战场透明度大幅提高,战场严酷度成倍增加,面临的精确打击概率增大,因此,未来战场所造成的装备硬战损和软杀伤非以往战争所能比拟,对维修时效性广泛性提出了更高要求,装备维修任务将更加复杂繁重,而且带来软件修复的新任务。一是要按照适应信息化要求的装备维修体制和模式,依托智能化、信息化维修手段和方法,完成装备的平时维护、检测和修理任务,确保装备技术状态的完好性;二是要充分运用装备战损评估、辅助决策、远程支援、综合检测和网络化、可视化技术,提高战场上对战损装备的抢救抢修效率,准确高效地恢复战损系统和部件,从而实施实时、精确的技术保障,确保武器装备不间断地遂行作战任务。

人才与信息支援能力。人才与信息支援能力是指为给部队提供及时、快速、高效的保障，保障系统所应该具备的对完成保障任务所需的相关人才（包括军队建制内外的技术专家）和信息进行现地或远程支援的能力。人才方面包括人才的类别、数量、质量和动员机制等；信息方面包括信息的类别、数量、质量以及各种信息的共享程度等。

保障防卫能力。保障防卫能力是指保障系统在遂行保障任务过程中，为防止敌人袭击、破坏、封锁和恶劣自然条件对保障行动的影响，运用各种技术和战术手段，进行防护及防御性作战的能力。保障防卫主要包括自卫、自救、伪装、防空、机动等方面。未来战场环境敌侦察手段多样、侦察技术先进，"硬打击"的精确度高、威力大、杀伤覆盖面广，使装备保障机构在整个作战的全时空无绝对的"安全界"，加之电磁环境复杂，对装备保障提出了更高的防卫要求。一是要增强保障人员适应能力，提高保障人员作战素质和能力，以及身体和心理的适应能力；二是要具备战场防护抗毁能力，加强隐蔽、防卫及抗敌电子干扰措施，组织顺畅的装备保障通信联络，及时消除敌袭击破坏后果，迅速恢复装备保障能力，提高保障机构的生存能力。

2.2 装备精确保障系统基本结构

2.2.1 装备精确保障系统框架结构

信息化战争呈现出快速、精确、联合、全域、非线性、非接触等许多鲜明的时代特征。随着武器装备高度信息化，科技含量迅猛增加，更新换代呈加速趋势，仅靠建制内的保障力量，已经越来越难以完成保障任务。因此，必须依托现代信息技术和日益发达的交通运输能力，依托国家科技、教育和工业基础，依托各类高技术民营企业基础，按照装备保障需求，动态、全域、精确地重组体制内和体制外的各种保障资源，构建精确保障系统，以达成对未来具体战争行动的精确保障。

精确保障系统的主导特征是"快速响应、全域重组、动态开放、柔性组合、并行工作、精确高效"。

快速响应保障需求。信息化战争具有速战速决的特征，要求装备保障要根据战争准备和战争过程中复杂万变的保障需求和环境约束，快速做出反应。如实时地收集相关的情报信息，制定合理的保障计划，快速决策并重组保障资源，并行开展各项保障行动等。

全域重组保障资源。资源重组是有效发挥系统整体保障潜力，实现精确保障的关键环节。资源重组的实质是系统集成，集成的基础是信息的共享和高效合理的指挥控制。在现行体制下，保障资源具有异地分布性、配置不合理性、信息不确定性、管理非集约性等基本特征。因此，进行资源重组，首先要求在资源建设上要有信息互通机制、资源共享机制；在资源利用上要全域协同、优化组合。

动态开放的综合保障机制。通过全域信息网络和信息共享机制，动态编组和部署分布式"虚拟"保障机构，并根据保障任务变化，实时调整保障力量编组，从而增强保障实体对保障对象的针对性、适应性和快速响应性。

精确高效地运用保障资源。通过柔性组合、并行工作等运行模式，消除一切不精确的冗余过程、活动和资源流动。在保障实体和保障对象之间,建立最直接的信息和资源链路;在任务相关的保障实体之间,形成合理高效的协同工作机制,彻底解决条块分割、力量分散、重复建设、指挥协调困难等制约精确保障的瓶颈问题。

全程信息共享、全域资源重组和柔性管理机制,是达成上述保障思想、实现精确保障系统目标的核心要素。为此,提出一种基于资源快速重组和多智能体(Agent)的精确保障系统(Efficient Support System,ESS)结构框架,如图 2.5 所示。

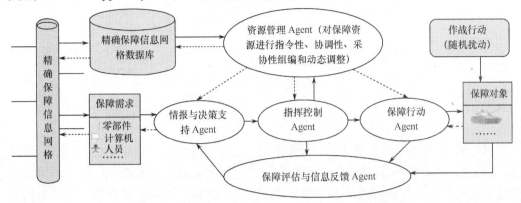

图 2.5 基于智能体的精确保障系统结构

可以看出:基于智能体(Agent)的装备精确保障系统由情报与决策支持智能体(Agent)、指挥控制智能体(Agent)、资源管理智能体(Agent)、保障行动智能体(Agent)和保障评估与信息反馈智能体(Agent)5 个基本智能体(Agent)构成,还有精确保障信息网格等,其运行关系描述如下:

(1)情报与决策支持智能体(Agent)。通过精确保障信息网格获取装备信息、战场损伤信息、保障资源信息、战场情报等与保障相关的信息,同时制定初步的保障计划和资源重组计划。

(2)资源管理智能体(Agent)。调用与精确保障信息网格相连的精确保障信息网格数据库,检索和查找所需资源的各种状态信息,同时向资源所属的有关单位的资源管理智能体(Agent)发出资源筹措请求,提出资源筹措计划。

(3)指挥控制智能体(Agent)。接到来自资源管理智能体(Agent)的资源信息、资源筹措计划和保障机构组成方案,科学运筹、迅速确定资源重组方案,确定保障机构编组,制定保障方案,向保障行动智能体(Agent)发出保障指示。

(4)保障行动智能体(Agent)。在组织成员的合作和帮助下,快速、异地、同步完成保障任务。

(5)保障评估与信息反馈智能体(Agent)。对保障行动智能体(Agent)和保障对象进行跟踪,将保障实施过程中的作战行动情况和实时保障情况、保障结束后的保障评估结果反馈到情报与决策支持智能体(Agent)。

各个智能体(Agent)是具有自适应能力的智能体,由相应的保障单元或保障机构编组构成,在保障系统运行中能够与其他智能体(Agent)以及系统环境主动地进行交互,在持续不断地交互作用中不断地"学习"和"积累经验",并能根据学到的经验改进和完善自身结构和行为方式。各个智能体(Agent)在功能上有所不同,但在结构上都是类似的,一般由通信器、执行器、数据库、知识库、交互接口五个部分组成,典型的智能体(Agent)内部工作原理如图2.6所示。

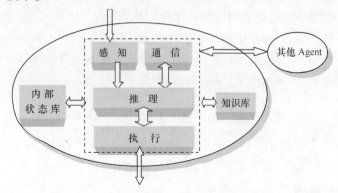

图2.6　智能体(Agent)内部工作原理示意图

显然,装备精确保障系统中的各个智能体(Agent)是一种具有自主性、交互性、反应性、主动性的高度自治的实体,每个智能体(Agent)都可以独立完成各自的工作,并通过它们之间的相互通信与协调达成系统整体的目标,实现装备的精确化保障。利用智能体(Agent)建立的装备精确保障系统具有分布、开放、智能等一系列特性,在局部自治的基础上能够实现全局优化。显然,使每个智能体都能围绕全局和各自的目标高度主动地运行是达成精确保障的关键。

2.2.2　装备精确保障系统层次结构

装备保障系统具有层次性,一般分为战略、战役、战术三个基本层次。信息化战争规律和作战样式的变化,使三个层次的划分有所趋同。现行的装备保障系统仍是传统的"金字塔"式递阶控制结构,信息传递和指挥关系往往只发生在各自的纵向分支内,缺乏必要的横向沟通,造成了资源重复建设和配置,经常发生的信息流动和物质资源流动效率低,信息失真甚至信息遮断,对保障需求响应迟钝,导致了一系列"不精确"的保障效果。为此,人们提出用"扁平化"的组织结构取代"金字塔"式的递阶结构,以加强信息沟通和资源优化配置利用。

事实上,"扁平化"在带来局部效率提高的同时也造成了全局秩序上的紊乱,在保证全局优化方面也存在着不稳定问题,有时扁平式结构控制下的系统行为是不可预测的。同时,作战指挥体系的递阶控制结构也决定了装备保障系统层次结构的"扁平化"只能是一种层次结构与扁平结构相结合的分形递阶控制结构。

考虑上述原因,根据信息化战争条件下精确保障的目标要求和我军装备保障体制的现状,提出了一种分形递阶控制的装备精确保障系统层次结构,如图2.7所示。

这种控制结构既保留了一部分递阶控制的特点,同时又具备了部分分形与自治的特点,既强调各级组织单元之间的互相协作,又具有较强的分布控制与自适应能力。分形递阶控制结构具有以下优点。

(1)模块化结构易于保障力量重组。结构相似的ESS具有相对独立性和自治性,对外表现出不同的功能和特色(模块化),既能独立完成相应的保障任务,又可以方便地进

26

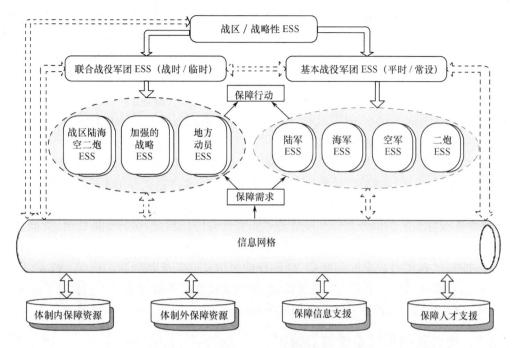

图 2.7　装备精确保障系统 ESS 层次结构图

行重组,以适应不同种类和规模联合战役装备保障的需求。

(2)网格化关系易于资源集结。在分形递阶控制 ESS 中,任务和计划自上而下分解,保障资源自下而上集结,同级的各个保障实体之间可以适当淡化编制体制界限,灵活地调配保障资源,进行全域资源重组,本级无法解决的问题才反馈给上一级在更高一层协调解决,提高了资源配置和利用的效率。

(3)体现了集中控制与分布式控制的统一。在确保层次指挥关系权威性的同时,强调装备保障实体之间的横向协调与协作,各个保障实体在职权允许的范围内,最大限度的进行交互,实现保障信息、保障资源、保障力量的共享,共同完成保障任务。

在装备精确保障系统(ESS)的 5 个智能体(Agent)结构中,通常指挥控制智能体(Agent)、保障行动智能体(Agent)和保障评估与信息反馈智能体(Agent)主要是围绕完成本层次系统内部的保障任务开展活动,为体现分布式控制的原则,在更大的 ESS 中不对其进行集中的控制和管理;而 ESS 的重组一般发生在情报与决策支持智能体(Agent)和资源管理智能体(Agent)两个模块上。

在战区或战略层,精确保障系统的保障力量是指遂行战略装备保障的人员、装备、资源和设施等方面的总和,按照保障内容可分为通用装备保障力量、专用装备保障力量;按照服役形式可分为现役装备保障力量、预备役装备保障力量和地方支援的保障力量。战略级精确保障系统的主要功能是:分析和预测保障需求,制定整个 ESS 的装备保障计划,建设与重组 ESS 并进行能力评估,对下级 ESS 进行任务及能力的分配和协调,对建制外ESS 进行动员、任务与资源分配以及动态协调管理,组织本级保障行动智能体对下级开展支援保障。

在战役军团层,精确保障系统的保障力量是指从事战役装备保障活动的人员和用于战役装备保障的装备、设施及物资器材等基本要素的有机组合。平时常设的战役级精确保障系统包括陆军精确保障系统、海军精确保障系统、空军精确保障系统、第二炮兵精确保障系统;战时构建的战役级精确保障系统由战区陆、海、空、二炮联合精确保障系统、加强的保障力量和地方支援的保障力量构成。战役级精确保障系统的主要功能是:根据上级任务和本级需求编制本级保障计划,向相关的下级 ESS 进行任务与能力的分配,对体制外 ESS 及体制内 ESS 在不同阶段的保障行动和资源配置进行协调和管理,向战区战略层反馈本级任务变化和系统运行状况。

在军种战术兵团层,精确保障系统的保障力量是指可以直接用于战术装备保障各种力量的总和,是实现战术层次精确保障的主体要素。战术级精确保障系统的主要功能是:根据战役军团 ESS 下达的任务和本级需求,编制本级保障计划,分配本级保障任务和资源,进行本级各 ESS 之间及其内部模块的工作调度与协作控制,执行保障任务,并向战役军团层反馈本级任务与协作控制状况、资源与系统运行状况。

各级 ESS 在平时建设和运行中,要保持情报信息的共享和资源的协调有序发展;在战时根据最高层 ESS 的统筹进行情报信息、决策支持和资源管理意义上的优化重组和动态编组,以达成局部自治和整体优化的和谐与统一。

2.2.3　装备精确保障系统信息结构

精确保障信息网格是基于网格技术的装备精确保障系统的信息平台,这里提出精确保障信息网格的构建方案以及精确保障信息网格数据库的设想。

1. 精确保障信息网格构建方案

1 信息网格体系结构的模型有层次协议结构模型、开放网格服务体系结构(OGSA)、组件模型、计算池模型、CPU 模型、神经网络模型、节点模型、Web Service 资源服务框架(WSRF)等。

当前,信息网格的体系结构还不统一,实践应用也并不完善和成熟。为了简单说明问题,选取比较基本的、普遍比较认可的层次协议结构模型构建精确保障信息网格。

层次协议结构具有一般性的网格体系结构,是以协议为中心的"协议结构",强调协议在网格资源共享和互操作中的地位。根据层次协议结构中各组成部分与共享资源的距离,对共享资源进行操作、管理和使用的功能分散在五个不同的层次,分别是构造层(Fabric)、连接层(Connectivity)、资源层(Resource)、汇聚层(Collective)和应用层(Application)。基于五层协议的网格体系结构使得不同的网格应用可以在统一的网格体系结构框架下使用相同的底层协议。

按照层次协议结构模型,构建精确保障信息网格系统,其结构如图 2.8 所示。

构造层:提供一套对局部资源(注:这里的资源是指与保障任务相关的信息、数据,下同)控制的工具和接口。其主要功能是对所控制的共享资源进行局部管辖和调度、实现各种资源本身的一些控制管理机制。

连接层:定义了信息网络中作战部门与保障部门之间、各保障部门(组织)之间、保障部门(组织)内部的基于 Internet 事务处理的协议,以及通信和验证协议。

资源层:定义了一些对单个资源共享的操作协议,以实现远程统一的访问和共享操作资源,如交换、调配、借用、监视、控制等。

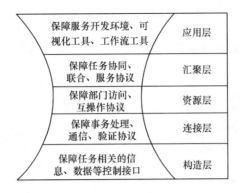

保障服务开发环境、可视化工具、工作流工具	应用层
保障任务协同、联合、服务协议	汇聚层
保障部门访问、互操作协议	资源层
保障事务处理、通信、验证协议	连接层
保障任务相关的信息、数据等控制接口	构造层

图 2.8　精确保障信息网格结构层次

汇聚层：提供多个资源协同工作的协议，包括不同保障单位联合资源调度和预约、保障信息服务、保障数据服务、保障单位授权信息服务和协作服务等。

应用层：提供信息网格的系统开发和应用开发工具、环境，包括可视化工具、保障信息和数据的发布及预定工具、保障任务工作流管理工具等。

信息网格提供一个当前（基线）的和一个未来的可动态更新的、标准化的信息集，提供相关信息交换，并具有以下特性。

（1）动态、可重用、可扩展、可执行，即该网络系统是可延伸、可扩展的，能够像因特网那样不受约束的增加用户，而且该网是可重构的，可满足保障任务变化并迅速插入新技术的要求。

（2）涵盖了所有保障单位的任务、角色、功能以及相应作战部队的实时动态信息。

（3）支持保障信息优势和决策优势的要求。

（4）提供与作战单位、政工单位、后勤单位以及地方支援力量的接口。

2. 精确保障信息网格数据库设想

精确保障信息网格数据库是利用计算机多媒体、数据库、网络及超文本等技术，把保障资源信息、典型保障方案、历史保障行动信息、技术资料及主要装备维修技术信息等集合在数据库里，能够对精确保障相关信息进行收集、更新，提供信息查询、下载等功能的信息系统（站）。

精确保障信息网格数据库是装备精确保障系统实现全程信息共享、全域资源重组以及快速科学决策的基础之一，其在精确保障信息网格中的位置和作用如图 2.9 所示。

精确保障信息网格数据库的主要功能是提供保障资源信息、电子版技术资料、有关故障查找与维修方面的技术信息、基本作战样式典型保障方案、保障行动历史信息。

在柔性的管理机制下，各级各类保障机构的保障资源就成为了全域的保障资源，保障资源可以相互共享，灵活编组，实现全域保障资源重组。维修人员通过查询维修技术信息，可以快速诊断故障，准确确定维修方案与所需资源，将维修工作中人为因素的影响降到最低程度。情报与决策支持智能体可以快速获取准确的保障信息，制定更为科学、合理的保障预案。

精确保障信息网格数据库通过精确保障信息网格实现全域联网，各级各类保障机构都能够通过访问数据库，查询所需的各类保障信息。在其建设过程中应做好顶层规划和统一设计，规范信息接口、功能接口，统一信息格式标准，并加强保密措施，针对不同的访

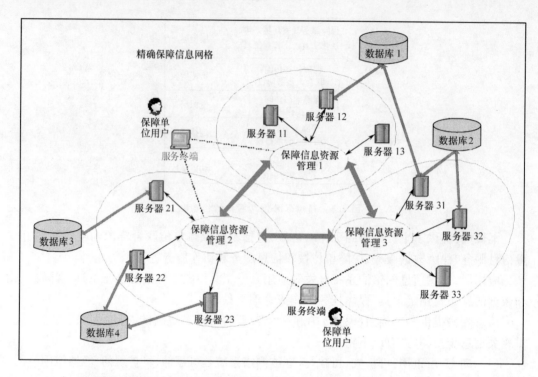

图 2.9　精确保障信息网格数据库在信息网格中的位置

问者设定不同的访问权限。

　　在精确保障信息网格数据库的使用过程中,应结合柔性管理机制,通过保障资源信息的共享,实现保障资源的共享与保障资源全域重组;通过基本保障方案、保障行动历史信息库和电子技术手册实现快速制定保障计划,科学确定维修方案与维修资源。

第3章　装备精确保障系统方法论

装备精确保障系统是一个复杂的人工系统,对其展开研究和构建需要科学的方法论作为指导,为此,本章针对系统研究的原则、系统研究的传统方法及现代方法进行论述,以期对后续的装备精确保障系统研究进行指导。

3.1　系统的基本概念

系统是系统方法的核心概念。在古希腊哲学家德谟克利特所著《世界大系统》中对系统的定义是"部分组成的整体"。在《系统科学》中现代系统研究开创者贝塔朗菲对系统的定义是"系统是相互作用的多元素的复合体"。在《系统论》中美国著名学者阿柯夫对系统的定义是"系统是由两个或两个以上相互联系的任何种类的要素所构成的集合"。在美国《韦氏大辞典》中对系统的定义是"有组织的或被组织化的整体;结合着的整体所形成的各种概念和原理的综合;由有规则的相互作用、相互依存的形式组成的诸要素集合"。在日本的《JIS标准》中对系统的定义是"许多组成要素保持有机的秩序,向同一目标行动的集合体"。在中国人民大学出版社出版的《控制论信息论系统论与哲学》中对系统的定义是"所谓系统(Systems)是具有特定功能的、相互间具有有机联系的许多要素(Element)所构成的一个整体"。我国著名科学家钱学森在1978年写的《组织管理的技术—系统工程》中指出:"把极其复杂的研制对象称为系统,即由相互作用和相互依赖的若干组成部分结合的具有特定功能的有机整体,而且这个系统本身又是它所从属的一个更大系统的组成部分。"

这些定义从不同侧面揭示了系统的特征:集合性、整体性、层次性、关联性、目的性、适应性等。

(1)集合性。集合的概念就是把具有某种属性的一些对象看成一个整体,从而形成一个集合。集合里的各个对象叫做集合的要素(子集)。系统的集合性表明,系统是由两个或两个以上的可以互相区别的要素所组成的。这些要素可以是具体的物质,也可以是抽象的或非物质的软件、组织等。

(2)整体性。系统不是各部分要素杂乱无序的偶然堆积,而是由各部分组成的有机整体。系统是一个客观统一体,只有当物体作为某一个整体从一定的环境中分离出来的时候,才可能被看作是系统。系统的环境是指一个系统之外的与之相关联的事物构成的集合,它的改变将影响所考察系统的状态、特性和功能。环境复杂性是造成系统复杂性的重要根源,研究系统必须研究它的环境及其与环境的相互作用。

(3)层次性。系统作为一个相互作用的诸要素的总体,可以分解为一系列的子系统,并存在一定的层次结构,系统越复杂层次就越多。在系统层次结构中表述了在不同层次子系统之间的从属关系或相互作用的关系。在不同的层次结构中的子系统存在着动态的信息流与物质流,它们一起构成了系统的整体运动特性,为深入研究复杂系统的结构与功能和有效地进行控制与调节提供了条件。一个系统有从属于自己的子系统,而本身又从属于另一个更大的系统。

(4)关联性。组成系统的要素是相互联系、相互作用的,相互联系说明系统要素之间的特定关系和演变,各子系统之间具有密切的关系,相互影响、相互制约、相互作用,牵一发而动全身。要求系统内的各个子系统根据整体目标,尽量避免系统的"内耗",提高系统整体运行的效果。有了系统要素的相互作用和联系,系统才能产生反馈、调节、控制、优化、组织性、适应性等一系列性能。

(5)目的性。系统都具有某种目的。为达到既定的目的,系统都具有一定的功能。系统的目的一般用更具体的目标来体现,比较复杂的系统都具有不止一个目标,需要用一个指标体系来描述系统的目标。为了实现目的,系统必须具有控制、调节和管理的功能,管理的过程也就是系统的有序化过程,使它进入与系统目的相适应的状态。

(6)适应性。任何一个系统都存在于一定的物质环境之中,因此,它必然也要与外界环境产生物质的、能量的和信息的交换,外界环境的变化必然会引起系统内部各要素之间的变化。系统可以在运行实践中,通过观察和类比进行学习,从而改善自己的功能系统,以适应外部环境的变化。不能适应环境变化的系统是没有持续生命力的,只有能够经常与外界环境保持最优适应状态的系统,才是具有不断发展势头的理想系统。

以上六条特征是相互渗透、密不可分的。

系统分类具有多样性。目前对系统进行了大量的分类,分类的多样化一方面是因为客观上存在很多系统,另一方面,是因为只要根据为数不多的特征就可以对系统进行分类。选择分类的特征具有主观性,它取决于系统研究的目的和方向。通常可将系统分为两大类:自然系统和人工系统。自然系统是由自然物(矿物、植物、动物、海洋等)形成的系统,它的特点是自然形成的,如海洋系统、矿藏系统等。人工系统是根据特定的目标,通过人的主观努力所建成的系统,如维修保障系统、指挥管理系统等。

人工系统与自然系统有着很大的区别,其中之一就是明显表现在人工系统的针对性和它们的存在具有严格的因果关系。建立人工系统是为了完成一定的任务和达到一定目的。任何人工系统都能自我完善,人工系统达到目的的过程可以自动实现,即具有自主性。如果在系统中分离出控制系统工作和促进系统完善的组成部分,自我完善的过程可以相当迅速,实现目标的效能也会急剧提高。

存在指挥管理是人工系统区别于自然系统的重要特征。根据管理部分的发展程度可以将人工系统分为简单人工系统、复杂人工系统和巨型人工系统。

简单人工系统是解决有限任务的系统。这种系统的组成部分之间的联系显而易见。对这类系统进行管理是通过专门的组成部分来实现,这种组成部分的一个基本功能就是与上级系统保持联系。在系统所有解决的任务层面,简单人工系统的组成部分自身可能不是系统,这些部分的组成和彼此之间的联系是相对稳定的。

复杂人工系统包括一系列简单人工系统,并且具有解决一系列任务的目标,简单人工系统是复杂人工系统的组成部分。因此,一些任务的解决,要求改变系统组成部分和子系统的组合,从这个意义上讲,复杂人工系统更加富有动态性和活动性。与简单人工系统中的过程相比,复杂人工系统中过程的稳定性更取决于系统管理职能,因此,复杂人工系统中具有简单系统形式的管理子系统。

巨型人工系统通过解决有利于总体目标或者一些目标组的任务来协调达到全局目标。这样的系统具有发达子系统,这些子系统本身就是复杂系统。

应该指出,简单系统、复杂系统和巨型系统之间的界线并不是一成不变的,这些界线往往是由对系统分析的深度和系统分析的目的决定的。

3.2 系统研究的原则及程序

依据研究对象的系统特性确定系统研究的原则。由于系统特性包括集合性、整体性、层次性、关联性、目的性、适应性等,故开展系统研究应该遵循以下原则。

系统研究的第一个原则是必须集中关注系统的整体而不是系统的个别组成部分,这也反映了系统作为整体对象的性质,关于被研究对象的整体性观念是所有系统研究的出发点。

系统研究的第二个原则是必须研究对象的动态、对象的工作,以及过程或者达到目标的总体过程。系统中的过程应该看作是系统与外界环境相互作用的反应,特别要注意建立达到系统目标的某种过程模式,模式必须反映系统的稳定作用。

系统研究的第三个原则是对研究对象进行结构分析,也就是揭示系统的组织结构。系统组成部分的数量、名称和复杂性,以及组成部分的层次分布,各组成部分之间联系的性质和特征,系统外部联系的性质,隶属组成部分的数量和功能,所有这些就组成了系统的组织结构模式。

系统研究方法综合了多种专业学科的内容,如数学逻辑、控制论、博弈理论等,严格根据上述原则并综合使用这些方法将取得理想的结果。

系统运行出现问题是因为系统工作的结果与预定的系统目标不太一致,这种情况常常归结为系统工作条件的复杂性和不稳定性。系统工作的结果与预期的目标绝对相符合未必就是现代复杂系统的合理要求。在资源有限的条件下,总是要使所取得的结果与目标之间的偏差最小化,这也是完善系统的主要促进因素。系统研究的任务就在于保证这个问题的快速和高效解决,确定系统完善的措施或者建立新系统解决新问题的系统研究程序如图3.1所示。

首先是揭示和确定系统的最终目标。该阶段是对实际的结果(系统发挥作用的结果)与系统目标(预期的结果)进行比较,找出存在的问题,并对系统工作过程进行分析,根据系统发挥作用的原理和方法,研究系统结构以及确定系统的薄弱环节,进一步明确问题。这一步骤之所以复杂是因为所研究的系统要解决庞大的总体任务。有时最明显的任务往往被错误地认为是主要任务,这样就使后续工作的难度加大了。一般地,系统的任务结构只有经过几个反复的步骤才能建立,这些步骤包括建立系统的功能结构模式和组织结构模式等过渡方案。

其次是通过系统构建和分析过程模式,建立组织结构和功能结构模式图,揭示问题的实质,找出形成这些问题的根本原因。过程模式最终的方案也是对许多中间方案多次分析后的结果,同时,它们在一定程度上反映了系统发挥的作用,决定着系统的整个分析结

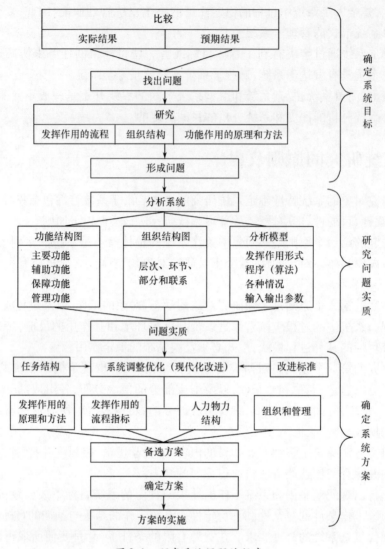

图 3.1　研究系统问题的程序

论。对过程模式与现实过程的接近程度的评价方法有很多,其中最主要的方法是专家评价方法。

第三是通过以上几个步骤的系统研究,得到系统的目标和子系统的任务,然后通过系统调整优化,形成系统备选方案并且最终形成改进系统的建议。

因此,研究系统问题的程序就是通过研究系统的所有组成部分以及它们之间的联系,采取不断优化的几个步骤,找出改进完善系统途径的一系列研究和分析的方法。

3.3　精确保障系统研究方法体系

装备精确保障系统是指由适应信息化战争装备保障需求的军事人才、保障资源、技术手段和管理体制,经过综合集成所构成的有机整体,涉及人员、装备、技术、体制编制、保障对象、保障空间、保障方法等诸多要素。本书将凡是以实现装备精确保障为目标、用系统观点来认识和处理问题的方法,都称作精确保障系统研究方法。

精确保障系统研究方法的主要特点是以保障系统为研究对象,以实现装备精确保障为目标,强调还原论和整体论相结合、定量描述和定性描述相结合、局部描述和整体描述相结合,并充分借鉴综合集成方法、系统工程方法、并行工程方法以及系统建模方法。

3.3.1 还原论与整体论相结合方法

古代科学的方法论本质上是整体论,强调整体地把握对象。近几个世纪以来的西方科学遵循的方法论主要是还原论,主张把整体分解为部分去研究。古代的整体论是朴素的、直观的,没有把对整体的把握建立在对部分的精细了解之上。随着以还原论作为方法论基础的现代科学的兴起,这种方法论曾一度成为人们进行科学研究的主要方法。

还原论的一个基本信念是相信客观世界是既定的,存在一个由所谓"系统之砖"构成的基本层次,只要把研究对象还原到那个层次,搞清楚最小组分即"系统之砖"的性质,一切高层次的问题就迎刃而解了。由此强调,为了认识整体必须认识部分,只有把部分弄清楚才可能真正把握整体。在这个意义上,还原论方法也是一种把握整体的方法,即所谓分析重构方法,但居主导地位的是分析、分解、还原,即首先把系统从环境中分离出来,孤立起来进行研究;然后把系统分解为部分,把高层次还原到低层次,用部分说明整体,用低层次说明高层次。

整体论是通过揭露和克服还原论的片面性和局限性而发展起来的。古代朴素整体论没有也不可能产生现代科学方法,但包含着还原论所缺乏的从整体上认识和处理问题的方法论思想。理论研究表明,随着科学越来越深入,人们对物质系统的认识越来越精细,但对整体的认识反而越来越模糊。现代科学表明,许多复杂巨系统的奥秘来源于整体的涌现性,还原论无法揭示这类奥秘,因为真正的整体涌现性在整体被分解为部分时已不复存在。装备精确保障系统是典型的复杂巨系统,对其进行的信息化建设,其结构越来越复杂,特别是一系列宏观问题(如信息化建设所带来的体制编制调整等)的形成,也突出强调要从整体上认识和处理问题。

总之,研究装备精确保障不要还原论不行,只要还原论也不行;不要整体论不行,只要整体论也不行。不还原到保障要素层次,不了解局部的精细结构,对系统整体的认识只能是直观的、猜测性的、笼统的,缺乏科学性。没有整体观点,对事物的认识只能是零碎的,"只见树木,不见森林",不能从整体和全局上把握事物、解决问题。按照钱学森的说法,就是"系统论是还原论和整体论的辩证统一",为此,研究装备精确保障的科学态度应该是把还原论与整体论结合起来。

3.3.2 定性分析与定量分析相结合方法

任何系统都有定性特性和定量特性两方面,装备精确保障系统也不例外。定性特性决定定量特性,定量特性表现定性特性。只有定性分析,对保障系统行为特性的把握难以深入准确。但定性分析是定量分析的基础,定性分析不正确,不论定量分析多么精确,都没有用,甚至会把认识引向歧途。定量分析是为定性分析服务的,借助定量分析能使定性分析深刻化、精确化。定性分析与定量分析相结合是装备精确保障系统研究方法的基本原则之一。

自牛顿成功地用数学公式描述物体运动规律以来,定量分析方法越来越受到重视,获得了极大发展;定性分析方法被当作科学性较差的、在未找到定量分析方法之前的一种权宜方法。但随着系统研究的对象越来越复杂,定量分析的困难越来越严重了。对复杂系统的科学研究要求重新评价定性分析方法,反对片面地追求精确化、数量化的呼声越来越强烈。就是说,那种不能反映对象真实特性的定量分析不是科学的方法,必须抛弃。

研究装备精确保障是研究保障系统的演化和发展问题,关心的是系统未来的可能走向,而不是具体的数值。所以,研究装备精确保障首先要对系统的定性特性有个基本的认识,然后才能正确地确定怎样用定量特性把它们表示出来。要建立定量分析体系,关键之一是在获得正确的定性认识基础上如何选择基本变量。动力学方程、拓扑学、系统建模等定性与定量相结合的方法等都是可用的工具。

3.3.3 确定性描述与不确定性描述相结合方法

装备精确保障系统的不确定性有很多种类,如随机性、模糊性、信息不完全性、歧义性等。本书关于保障系统研究的内容只考虑随机不确定性,不涉及模糊性等不确定性。

从牛顿以来,科学逐步发展了两种并行的描述框架。一种是以牛顿力学为代表的确定论描述,另一种是由统计力学和量子力学发展起来的概率论描述。在系统理论的早期发展中两种方法都有大量应用,但总体看是要么只使用确定论描述,要么只使用概率论描述,没有把两者结合起来。采取确定论描述的有一般系统论、动力学等,而采用概率论描述的有香农信息论等。在控制理论、运筹学等学科中,两种描述都使用。

装备精确保障系统中对某些保障资源等参数的计算多是基于确定论描述的,而对于战损需求、修理工时等参数的预测性研究多是基于概率论描述的,所以对装备精确保障的研究要求把两种描述框架结合起来,形成统一的新框架,尤其需要把确定论框架同概率论框架结合起来。

3.3.4 系统工程方法

系统工程是20世纪40年代,由美国贝尔电话公司在设计电话通信网络时提出来的。半个多世纪以来,系统工程得到了迅速发展和广泛应用。其发展包括两个方面:一方面是它的应用范围不断扩大,不仅用于工程系统,也用到了其它系统中去;另一方面是系统工程方法的发展,可以用来处理更加复杂的系统。这两方面也是相互促进的。

系统工程是从总体上改造客观世界的工程技术实践,是组织管理系统的技术,是系统科学体系的工程应用层次。系统工程所研究的领域是自然科学、社会科学与工程技术相互交叉与综合的研究与应用领域,其核心问题是组织管理与决策。

系统工程的应用既强调系统分解,又强调在分解研究的基础上,再综合集成到系统整体,实现"1+1>2"的飞跃,达到从整体上研究和解决问题的目的;系统工程强调人机结合,根据研究问题涉及的学科和专业范围,组成一个知识结构合理的专家体系,通过机器体系、信息体系、模型体系、指标体系、评价体系、方法体系以及支持这些体系的软件工具的集成,实现系统的建模、仿真、分析与优化。

一般情况下,系统包含"硬件"单元,也包含"软件"要素,尤其是人的行为。因此,要有独特的思考问题和处理问题的方法,要用多种技术方案进行求解。系统工程方法论除一般的数学描述方法和逻辑推理方法外,还有工程技术的规范和社会科学的艺术等。描述性、逻辑性、规范性、艺术性这些特点交织在一起,构成了系统工程独特的思想方法、理论基础、基本程序和方法步骤。系统工程方法论的基本特点是:研究方法强调整体性,技术应用强调综合性,管理决策强调科学性。

在系统工程的研究和应用中,人们逐渐的探索、积累和总结出多种科学的工作方法和程序。具有一定代表性的主要有霍尔的"三维结构"模式和切克兰德的"调查学习"模式。

1. 霍尔三维结构

1969 年美国工程师霍尔提出"三维结构",对系统工程的一般过程做了比较清楚的说明,它将系统的整个管理过程分为前后紧密相联的 6 个阶段和 7 个步骤,并同时考虑到为完成这些阶段和步骤的工作所需的各种专业管理技术知识。三维结构由时间维、逻辑维和知识维组成,如图 3.2 所示。

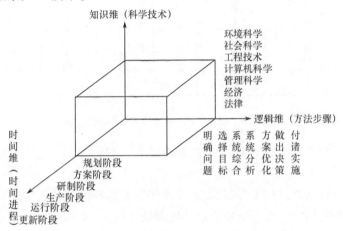

图 3.2 系统工程的霍尔三维结构

在霍尔三维结构中,时间维表示从规划到更新,按照时间顺序排列的系统工程全过程,分为 6 个阶段:规划阶段、方案阶段、研制阶段、生产阶段、运行阶段、更新阶段。

逻辑维是指每个阶段所要进行的工作步骤,这是运用系统工程方法进行思考、分析和解决问题时应遵循的一般程序,主要包括 7 个步骤:明确问题、选择目标、系统综合、系统分析、方案优化、做出决策、付诸实施。

知识维是指完成上述各个步骤所需要的各种专业知识和管理知识,包括科学理论、工程技术、数学、管理学、军事学、运筹学、法律、信息技术、计算机技术等方面的知识。

霍尔三维结构指出了系统工程中的每一个阶段都有自己的管理内容和管理目标,每一步骤都有自己的管理手段和管理方法,彼此相互联系,再加上具体的管理对象,组成了一个有机整体。应用系统工程方法,可以减少决策上的失误和计划实施过程中的困难。霍尔三维结构方法论不仅适用于工程系统,也同样适用于军事系统和社会系统。

2. 切克兰德的"调查学习"模式

系统工程常常把所研究的系统分为良性结构系统和不良结构系统两类。所谓良性结构系统是指偏重工程、机理明显的物理型的硬系统,它可以用较明确的数学模型描述,有较现成的定量方法可以计算出系统的行为和最佳结构。解决这类系统工程问题所用的方法通常称为"硬方法",霍尔三维结构主要适用于解决良性结构的硬系统。所谓不良结构系统是指偏重社会、机理尚不清楚的生物型软系统,它较难用数学模型描述,往往只能用半定量、半定性或者只能用定性的方法来处理问题。解决这类系统工程问题所用的方法,通常称为"软方法"。"软"的主要原因是它加入了人的判断和直觉,因此,解决问题时不像硬方法可以求出最佳的定量结果,而是所求出的结果一般是可行的满意解。

有很多解决不良结构的软系统方法,如专家调查法、情景分析法、冲突分析法等。20世纪70年代英国的切克兰德提出的"调查学习"模式属于这类"软方法",从系统工程方法论角度看,切克兰德的"调查学习"模式具有更高的概括性。

切克兰德的"调查学习"软方法的核心不是寻求最优解,而是"调查、比较"或者说是"学习",从模型和现状比较中,学习改善现存系统的途径,其方法步骤如图3.3所示。

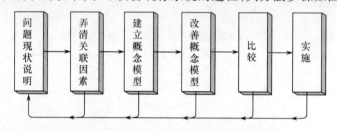

图 3.3　切克兰德"调查学习"方法流程图

（1）不良结构系统现状说明。通过调查分析,对现存的不良结构系统的现状进行说明。

（2）弄清关联因素。初步弄清、改善与现状有关的各种因素及其相互关系。

（3）建立概念模型。在不能建立数学模型的情况下,用结构模型或语言模型来描述系统的现状。

（4）改善概念模型。随着分析的不断深入和"学习"的加深,进一步用更合适的模型或方法改进上述概念模型。

（5）比较。将概念模型与现状进行比较,找出符合决策者意图而且可行的改革途径或方法。

（6）实施。提出的途径或方案的具体实施。

在精确保障系统的研究、建设和实现过程中,应该充分运用系统工程方法。在精确保障系统的研究过程中,应用系统工程方法,应强调系统的整体性;在精确保障关键技术开发与应用过程中,应用系统工程方法,应强调综合性;在保障资源建设和发展规划过程中,借鉴霍尔"三维结构"方法,以减少决策中的失误和计划实施过程中的困难;在精确保障组织管理过程中,应用切克兰德"调查学习"模式等"软方法",可以改进和完善运行机制和管理模式;在精确保障指挥决策过程中,应用系统工程方法,可以提高决策的科学性。

3.3.5　并行工程方法

并行工程（Concurrent Engineering，CE）是美国在20世纪80年代末提出的,在计算机集成制造系统（CIMS）和系统工程中发展起来的工程技术,也是美国国防部在20世纪90年代乃至21世纪发展武器装备系统的基本管理模式。其核心内容是:强调用户需求,并把用户需求转化为完整的产品要求;交互作用、互相协调的并行研制过程,以便将产品的设计与产品的制造过程和保障过程用系统工程的方法综合在一起,从而在产品的整个研制过程中综合考虑其性能、可靠性、维修性、保障性和生产性;建立多学科(多专业)的综合产品研制机制及计算机辅助工程环境。并行工程作为系统工程在制造领域的应用,主要用于工程系统问题,但并行工程的思想哲理在以计算机和网络系统为支持环境的组织管理乃至整个社会系统中仍有很大的应用前景。

温纳(R. Winner)等人对并行工程的定义是:并行工程是对产品及相关过程,包括制造过程和支持过程,进行并行、一体化设计的一种系统化方法,这种方法力图使产品开发者从一开始就考虑到产品全寿命周期从概念形成到产品报废的所有因素,包括质量、成本、进度和用户需求。

并行工程把产品开发的各个活动看成一个整体、集成的过程,并从全局优化的角度出发,对集成过程进行管理与控制。并行产品开发过程与串行产品开发过程在信息流动关系上的对比如图3.4所示。

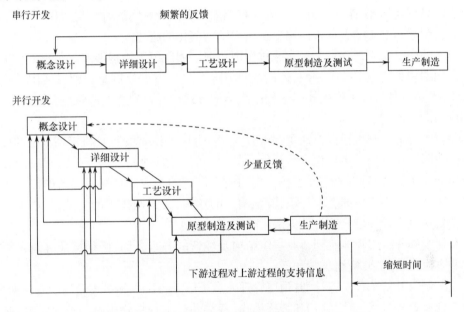

图 3.4　串、并行开发过程的对比

并行工程是一种新的开发模式。并行有两层含义,即并发和协同。并发是指开发活动的并发进行,协同则是指多学科开发活动的协作。并行工程所体现的主要思想有:

(1) 约束信息的并行性。设计时同时考虑产品全寿命周期的所有因素,作为设计结果,同时产生产品设计规格(或 CAD 文件)和相应的制造和支持过程计划。

(2) 功能的并行性。产品寿命周期所涉及的各功能领域工程活动并行交叉进行。

(3) 集成性。要求实现产品及其过程的一体化并行设计,根本在于研究开发、产品设计、过程设计、制造装配和市场的全面集成。

(4) 协同性。综合产品组(IPT)协同工作,即产品全寿命周期中各阶段不同领域技术人员(包括顾客和供应商)的全面参与和协同工作。

(5) 科学性。并行工程采用了迄今最为先进的开发工具、方法和技术,如全面质量管理、系统工程方法、质量工程方法、计算机辅助系统等。

加速产品开发周期、提高产品质量、降低成本、提供优质服务,是并行工程强调的四大要素。并行工程实际上是系统工程原理的深化和应用,也可以说是一种更为广义的优化设计,更加着重于集成性、协同性、并行性。

传统组织管理理论中的一个基本概念是将工作划分成各种专业化的任务,然后根据这些专业化的任务组成不同的部门。一般地,在组织中存在两种类型的专业分工:①以组织的等级结构为代表的垂直方向的专业化分工;②以部门为代表的水平方向的专业化分工。

并行工程过程要求的信息集成化,将使企业内各组织单位之间的相互关系更加紧密,以致会打乱和冲破传统部门之间的界限划分。因此,信息集成化往往会引起企业内部信息交流渠道的再构造。一方面可以通过企业组织结构的重组来实现,另一方面还可以通过利用先进的计算机和通信技术来加强。这样与并行工程过程相应的组织结构应该是一种协作组织结构,有利于促进组织间包括垂直和水平两个方向的通信。垂直方向的集成缩短了信息传递途径,而水平方向的集成则能加强不同领域间的融合与协作。因此,并行工程对组织结构的影响表现为向扁平型组织结构演化的趋势。

产品综合工作组是并行工程实施过程中普遍采用的组织结构形式。小组成员来自产品寿命周期相关的主要技术领域,他们共同负责产品从需求分析直到交付使用过程中的所有工作,是一种群体工作模式。这种组织结构形式已经得到普遍的认可,并已在实践中得到成功的应用。

并行工程的实施可根据自动化程度分为三类:小组化方法、计算机辅助方法和计算机支持的协同工作方法。小组化方法是以人为中心的方法,他们根据工作过程决定什么时候使用什么工具,通过人的交互工作实现功能和信息的集成。计算机支持的协同工作方法提供了一个全面集成的企业环境,既强调人的作用,又强调技术的支持,是小组化方法和计算机集成支持环境相结合的方法。

企业实施并行工程涉及到企业组织结构及经营的各个方面,必须按照并行工程管理技术和方法组织实施,实施步骤如下:

(1)制定并行工程实施计划:顶层管理人员了解并行工程和过程管理的有关概念,分析企业现有业务流程、组织结构和管理模式,考察并行工程将要影响的所有方面,制定实施纲要。初步确定导入并行工程的试验项目,根据项目涉及的功能领域,组织产品综合工作组。

(2)确定明确的开发目标。

(3)并行工程培训和基础设施准备。

(4)分析现有过程。

(5)按照重组原则改进现有的过程模型。

(6)实施新过程。

(7)评价过程并改进。

在精确保障系统建设和实现过程中,充分借鉴和应用并行工程哲理和并行组织管理模式,对于保障资源(保障装备、器材备件、设施设备)的研制、生产以及发展规划,具有极大的促进作用;对于精确保障系统运行机制的调整与改革,对于保障指挥机制的纵向集成向"扁平化"趋势发展,对于加强横向协调与协同机制,打破传统的编制体制界限、地域界限,实现信息共享、资源共享和优化重组,都具有积极的影响。

3.3.6 综合集成方法

20世纪80年代末,钱学森把还原论方法和整体论方法结合起来,提出了"从定性到定量综合集成方法",1992年又提出了"从定性到定量综合集成研讨厅体系"的思想,逐步形成了综合集成方法的方法论。综合集成方法的实质是把专家体系、数据和信息体系以及计算机体系结合起来,构成一个高度智能化的人机结合系统,并发挥这个系统的综合优势、整体优势和智能优势,以获得对复杂事物的整体认识。

综合集成方法广义上是一种认识复杂系统、解决复杂系统问题的方法论,狭义上是一种系统工程技术,是一种具体的集成过程。广义上的综合集成方法是系统科学思想的本质体现,是一种从整体上研究、指导并解决复杂系统问题的方法和策略,对人类解决复杂系统问题的各种活动具有普遍适应性;狭义上的综合集成方法是利用信息和信息技术的渗透性、共享性、连通性、融合性,将原本没有联系或联系较弱的分散系统,集成为一个联系紧密、结构优良、机能协调、整体效能最佳的大系统的过程。

因此,通俗意义上认识综合集成方法的内涵需要把握五点。

(1)综合集成是处理复杂系统的科学方法。

(2)综合集成是解决复杂技术问题的重要手段和途径。

(3)综合集成是以计算机为核心的高度智能化的人机结合体系。

(4)综合集成是对各类分系统的有机整合。

(5)综合集成目的是发挥综合系统的整体优势。

综合集成方法概括起来具有以下主要特点。

(1)定性与定量相结合。

(2)科学理论与经验知识相结合。

(3)多种学科相综合。

(4)宏观与微观相结合。

(5)各类专家与多种计算机智能系统相结合。

综合集成方法应用广泛,在社会系统、经济系统、军事系统、人体等复杂系统的研究上尤为突出,从具体的综合集成内容上可以归纳为以下方面。

(1)方法综合集成。

(2)技术综合集成。

(3)模型综合集成。

(4)仿真综合集成。

(5)运算结果综合集成。

(6)定量定性综合集成。

(7)评价综合集成。

(8)数据综合集成。

(9)意见综合集成。

(10)信息综合集成。

（11）知识综合集成。

（12）智慧综合集成。

综合集成过程复杂，不同要素、不同内容综合集成的目的、目标、约束条件、结构、流程、方法、评价等也各不相同，侧重点也不一样，针对具体的复杂问题，可以采用不同的方式进行集成。

综合集成方法指出了解决复杂巨系统和复杂性问题的过程性以及过程的方向性和反复性。这个过程是从提出问题和形成经验性假设开始的，是专家体系所具有的有关科学理论、经验知识和专家判断力、智慧相结合并通过讨论班的研讨方式而形成的。这样的经验性假设（猜想、判断、方案、思路等）之所以是经验性的，是因为还没有经过精密的严格论证，并不是科学结论。从思维科学角度来看，这一步是以形成形象思维和社会思维为主。在研讨过程中，要充分发扬学术民主，畅所欲言，相互启发，大胆争论，把专家的创造性充分激发起来。精密的严格论证是通过人机结合、人机交互、反复对比、逐次逼近，对经验性假设做出明确结论，如果肯定了经验性假设是对的，这样的结论就是现阶段对客观事物认识的科学结论。如果经验性假设被否定，就需要对经验性假设进行修正，提出新的经验性假设，再重复上述过程。从思维科学角度来说，这一过程是以逻辑思维和辩证思维为主。在这个过程中，要充分应用数学科学、系统科学、控制科学、人工智能、以计算机为主的各种信息技术所提供的各种有效方法和手段，如系统建模、仿真、分析、优化等。

精确保障系统的综合集成不仅是一项技术集成工程，更是保障力量、保障机制、保障体系、保障能力等多个方面的综合集成工程。

精确保障活动涉及响应保障需求、分析决策、制定计划、资源投送、诊断故障、抢救抢修、组织指挥、协调控制、评估反馈等不同过程，是一项以人员、信息、资源和能量为主的复杂行为活动。为实现精确保障，无论是平时对精确保障系统要素的规划、建设和发展，还是战时对精确保障系统各要素的灵活编组、优化使用、高效指挥和动态控制，都应充分应用综合集成方法，构建具有纵深层次、横向分布、交互作用的精确保障系统。精确保障系统综合集成方法应用示意图如图3.5所示。

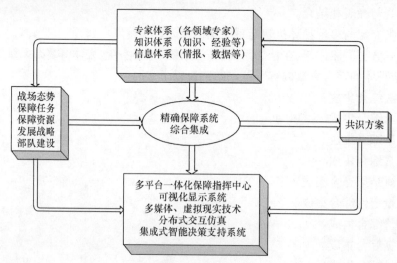

图3.5　精确保障系统综合集成方法应用示意图

应用综合集成方法,对精确保障理论、保障方法、保障模型、保障技术、保障机制等进行研究,对保障资源、保障装备以及保障平台建设进行研究和规划,建立模型库、信息库、知识库、数据库和案例库,开展装备保障各要素和信息化基础建设。

根据确定的理论、模型、方法、信息、数据及备选方案,由决策部门和各方面专家对战场态势、保障任务及要求、保障资源信息、方案等诸项内容进行研讨,并在软硬件系统的支持下,为决策者定下决心以及具体计划和规划提供决策方案、措施和咨询。

通过仿真系统与训练演习中心对研讨的项目和确定的内容,进行仿真分析、提供实验环境,同时根据精确保障的任务需求与要求,通过精确保障模拟、交互仿真演习,对保障执行人员和各个层次的保障指挥人员进行有效的训练。

3.3.7　精确保障系统建模方法

模型是实际事物、实际系统的抽象,是针对所需要了解和解决的问题,抽取其主要因素和主要矛盾,忽略一些不影响基本性质的次要因素,形成对实际系统的表示方法。模型的表示形式多种多样,可以是数学表达式、物理模型或图形文字描述等。总之,只要能回答所需研究问题的实际事物或系统的抽象表达形式,都可以称为模型。

在装备精确保障系统的研究中,由于装备保障实际问题的复杂性、不确定性和人的因素、主观因素的存在,更多应用的是图形模型和文字描述模型。装备精确保障系统模型是人们了解装备保障而经过抽象得到的对于装备精确保障系统某个或者某些方面进行的描述。由于装备精确保障系统是非常复杂的系统,不可能用一个模型描述清楚,因此,装备精确保障系统模型的一个显著特点是由一组模型组成的,每个子模型完成装备精确保障系统某一个局部特性的描述,按照一定的约束和连接关系将所有的子模型组成在一起,构成整个装备精确保障系统模型。装备精确保障系统模型的另外一个显著特点是装备保障的多视图特性,即需要采用多个视图从不同的侧面描述装备精确保障系统,每个视图从一个侧面描述装备保障的一部分特性,不同的视图之间相互补充,共同完成对装备保障的描述任务。

装备保障建模是根据关于装备保障建模的知识、以前的模型、参考模型,领域的本体论和模型表达语言来完成建立全部或部分装备保障系统模型(过程模型、组织模型、资源模型等)的一个过程。它通过一系列步骤和采用一定的方法,对装备保障对象进行分析和简化,在去掉对建模目的影响不大的许多细节后,得到一个抽象的模型。为了能够方便快速地构建装备保障系统模型,在装备保障建模方法中一般都定义了一组模型构件作为建模的基本组件,一个建模构件是建模语言的一个基本的单元,它的语法和语义有精确的定义。

在本书提出的集成化多视图精确保障系统模型体系结构中,包括了功能模型、组织模型、信息模型、资源模型、过程模型五种模型,其模型体系拓扑结构如图3.6所示。

功能模型是从功能活动的角度对装备精确保障系统及各组成部分功能进行的描述,它不仅有助于管理保障系统,还有助于改进保障系统现状、促进保障系统演化。系统的集成更离不开功能模型的建立,功能模型描述了装备精确保障系统各功能模块之间的关系,为其他几种模型提供建模的依据。

组织模型是利用抽象的模型和元素,构造出一系列关系,用于表达保障系统组织机构

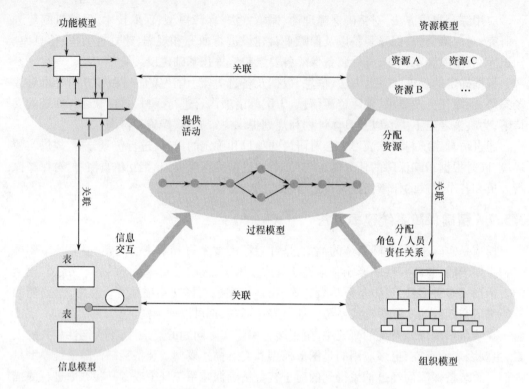

图 3.6 装备精确保障系统模型体系拓扑结构图

中组织实体及组织实体间的关系、组织实体与其他视图模型中实体间的关系、组织实体的职责与权限,以及组织视图与其他视图的一致性问题。

信息模型是从信息的角度对保障系统进行的描述。装备保障信息系统用于存储、维护、处理与装备保障相关的所有信息,而信息是集成的基础,是联系各个功能元素的纽带,因此建立装备保障信息模型是非常重要的,它为信息共享提供了帮助,是实现装备保障信息化的基础。

资源模型描述装备保障的各种资源实体、资源类型、资源池、资源分类树、资源活动等,资源建模是通过定义资源实体及其相互间的关系来描述装备保障资源结构、资源构成与属性,为实现"资源共享、资源优化"提供基础。

过程模型是装备保障过程分析与过程重组的重要基础,是通过定义其组成活动,以及活动之间的逻辑关系来描述设计保障过程。它用计算机可以理解和处理的形式化定义准确地描述装备保障的运行过程,供流程分析和优化使用。根据优化的过程模型设计相应的保障系统及其运行模式,可以使保障系统按过程而不是按传统的部门或功能划分结构实现横向集成,从而满足信息化条件下装备精确保障高效、敏捷的核心要求。过程模型还是记录和保存装备保障过程信息的一种有效途径,不同的组织或信息系统可以根据不同的需求访问过程模型,实现装备保障过程信息的共享。可以说装备保障过程模型是整个模型体系的核心,模型体系最终通过过程模型进行仿真运行、分析优化,才能实现装备的精确化保障。

第4章　保障功能建模

本章对 IDEF0 功能建模方法进行简要介绍,在第 2 章对装备精确保障系统的目标体系、功能特点以及框架结构的研究基础上,给出基于 IDEF0 的装备精确保障系统功能模型。

4.1　保障功能模型概述

装备保障功能模型的作用主要有两个方面:一方面是以功能活动为视角对现有装备保障系统进行描述,可以有助于对装备保障系统的管理和控制;另一方面是对理想的装备保障系统各部门的功能以及相互关系进行描述,为装备保障系统的改进优化提供功能方面的目标。为了实现装备精确保障"信息感知实时化、保障指挥网络化、装备管理一体化、抢救维修快捷化、储供运输可视化、战场机动立体化、战场防护多元化、力量编组模块化"的总体要求,将装备精确保障系统功能划分为五部分:情报与决策支持模块、资源管理模块、指挥控制模块、保障行动模块和保障评估与信息反馈模块。

装备精确保障系统功能模型就是实现装备精确保障的总目标要求,即"在准确的时间、准确的地点为军事行动提供准确数量和高效快速的保障,使装备保障适时、适地、适量,以最大的限度提高保障工作的效费比"。

4.2　IDEF0 功能建模方法

IDEF 是计算机辅助制造(ICAM)定义方法的缩写。IDEF0 则是其功能建模的缩写。20 世纪 90 年代初,IDEF0 在国际上得到了广泛的应用,主要涉及软件工程、计算机辅助制造、智能系统等方面。90 年代末传入我国后,IDEF0 逐渐在制造自动化、管理科学与工程、现代集成制造等领域内得到了比较广泛的应用,而且在军事领域内的应用也已开展。该方法的科学性、准确性和可操作性得到了广泛的认可。

4.2.1　IDEF0 特点

IDEF0 方法具有五个基本特点,对这五个特点的准确把握,可以将建模过程转变成一种思维规则,适用于从计划阶段到设计阶段的各种工作。

1. 能够全面地描述系统,并能通过模型准确理解系统

通常认为一个系统是由对象物体(用数据表示)和活动(由人、机器和软件来执行)以及它们之间的联系组成的,这至多只反映了一个侧面,很难说明系统的全貌。IDEF0 能同时表达系统的活动(用盒子表示)和数据流(用箭头表示)以及它们之间的联系,所以

IDEF0 模型能使人们全面地描述系统。

对于新系统,IDEF0 能够描述新系统的功能及需求,进而表达一个能符合需求、能完成功能的实现;对于已有系统,IDEF0 能分析系统的工作目的、完成的功能以及记录实现的机制。这两种情况都可以通过建立一种 IDEF0 模型来体现。对于复杂的对象或系统,由于用自然语言无法精确而又无二义性地表示分析及设计结果,可以采用一种图形语言来表示 IDEF 模型,这种图形语言实现以下目标。

(1) 逐步地控制展开细节。

(2) 精确性及准确性。

(3) 注意模型的接口。

(4) 提供一套强有力的分析和设计词汇。

一个 IDEF0 模型由图形、文字说明、词汇表及相互的交叉引用表组成,其中图形是主要成分。图形中同时考虑活动、信息及接口条件,把方盒作为活动,用箭头表示数据及接口。因此,在表示一种当前的操作、功能说明或设计时,总是由一个活动模型、一个信息模型及一个用户接口模型组成。

采用 IDEF0 方法的目的,在于科学地进行复杂系统的分析和设计。一般把系统开发过程划分为几个阶段:分析,确定系统将做什么;设计,定义子系统及其接口;实现,独立地创建子系统;集成,把子系统联接成一个整体;测试,证明系统能工作;安装,使系统能运行;运行,使用系统。

2. 具有明确的目的与观点(Purpose and Viewpoint)

模型是一个书面说明,像一切技术文件一样,每一个模型都有一个目的与一个观点。目的是指建模的意义,为什么要建立模型。观点是指从哪个角度去反映问题或者站在什么人的立场上来分析问题。功能模型是为了要进一步做好需求分析,并实现预定的技术要求(不论是对已有系统的改造还是新建系统),它是针对功能活动进行的分析(逐步分解),而不是对组织机构的分解。一个活动可能由某个职能部门来完成,但功能活动不等于组织,因此,必须避免画成组织模型的分解过程。模型描述的内容反映各种用户的需求,但不可能要求所有用户有同等重要而且相同的需求。IDEF0 要求在画出整个系统的功能模型时,具有明确的目的与观点。对装备保障系统,必须有明确的站在保障机关(指挥员)的位置上建模的观点,所有不同层次的作者都要以全局的观点来进行建模工作,或者说就是为保障机关(指挥员)建模,这样才能保证是从整个保障系统的高度来揭示各部分之间的相互联系和相互制约的关系。

3. 区别"是什么"(What)和"如何做"(How)

"是什么"是指一个系统必须完成"什么功能","如何做"是指系统为完成指定功能而应"如何建立",一个模型应该能够明确地区别出功能与实现间的差别。

IDEF0 首先建立功能模型,把表示"这个问题是什么"的分析阶段,与"这个问题是如何处理与实现"的设计阶段区别开来。这样在决定功能的细节之前,保证能够完整而清晰地理解问题,这是系统成功开发的关键所在。

在设计阶段,要逐渐识别各种能够用来实现所需功能的机制,识别选择适当机制的依据是设计经验及对性能约束的知识。根据不同模型,机制可以是抽象的,也可以是具体的。重要的是机制指出了"什么"是"如何"实现的。IDEF0 提供了一种记号,来表示在功能模型中如何提供一个机制来实现一个功能,以及单个机制如何能在功能模型的几个不同地方完成有关功能。有时机制相当复杂,以致机制本身需要进行功能分解。

4. 自顶向下分解

用严格的自顶向下地逐层分解的方式来构造模型,主要功能在顶层说明,通过分解得到逐层明确范围的细节表示,每个模型具有完全一致的内核。IDEF0 建模时,先定义系统的内外关系、来龙去脉,用一个盒子及其接口箭头来表示,确定系统范围,如图 4.1 所示。

顶层的单个方盒代表了整个系统,写在方盒中的说明性短语比较一般、抽象。同样,接口箭头代表了整个系统对外界的全部接口,写在箭头旁边的标记也是比较一般、抽象。把这个系统当作单一模块的盒子分解成另一张图形,这张图形上有用箭头连接的几个盒子,这就是单个父模块对应的各个子模块。这些分解得到的子模块,也由盒子表示,其边界由接口箭头来确定。依此方法,每一个子模块可以进一步细分得到更详细的细节,如图4.2 所示。

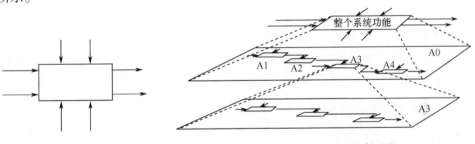

图 4.1　盒子及其接口箭头　　　　图 4.2　IDEF0 递阶分解结构

IDEF0 提供的规则,保证了如何通过分解得到人们所需要的具体信息。一个模块在向下分解时,分解成不少于 3 个、不多于 6 个的子模块。上界为 6 保证了采用递阶层次来描述复杂事物时,同一层次中的模块数不会太多,比较符合人的认识规律;下界为 3 保证了分解对于模型有实质的意义。

模型中一个图形与其他图形间的精确关系,则用互相连接的箭头来表示。当一个模块被分解成几个子模块时,用箭头表示各子模块之间的接口。每个子模块的名字加上带标签的接口,确定了一个范围,规定了子模块细节的内容。

所有情况下子模块确切地代表父模块,以既不增加也不减少的方式反映着各自父模块所包含的信息。

5. 有明确严格的人员关系、评审手续及文档管理办法

人员:IDEF0 适合于研究分析一个大而复杂的系统,因此要求有一个技术上熟练、而且能够相互协调的集体来一起工作。这个集体应该由各方面的人员组成,通常包括以下几类人员。

(1) 作者(authors):研究需求及限制条件,分析系统功能,建立 IDEF0 模型。

(2) 评审员(commenter):也可以是其它图的作者,主要是进行复审,并写出对其他人所作工作的书面意见,是广义的读者。

(3) 读者(reader):读 IDEF0 图,口头上提出意见。没有提书面意见的义务,读图的目的主要是为了互相了解,互相协调。

(4) 专家(expert):作者对专家进行访问,了解需求、限制条件等专门信息。

（5）技术委员会(technical committee)：对每个主要分解阶段进行复查，并对项目管理作技术决策，仲裁作者和读者间不能协商一致的分歧。

（6）项目资料员(project librarian)：维护文件，复制分配材料及记录。

（7）项目负责人(project manager)：负有分析及设计系统的技术责任，也是技术委员会的主席。

评审手续：建模活动每前进一步，IDEF0方法都要求这个集体成员交换见解，用以互相检查工作的结果，其作者/读者循环就体现了这个工作程序。

作者访问专家，画出系统的IDEF0图。由资料员编成文件存档，分发给评审员及读者。评审员把加上意见的材料退还给作者，同时由资料员存档。作者根据意见修改图形，反复循环，直至这一层问题全部解决，再送给作者准备下一步的分解。第一个作者可以是下一层的某个作者或较低层的评审员。最后由技术委员会来解决必要的技术问题及技术分歧。

文档：无论是作者的模型，还是评审员的评论，都要以书面的形式反映出来。每次修改意见都要保存，一面工作，一面把文档建立起来。

以上几个方面构成了IDEF0方法的基础，它们相互补充，失去其中任一个都会降低IDEF0方法的效用。

4.2.2　IDEF0图形的意义

1. 活动图形

模型由一系列图形组成，它把一个复杂事物分解成一个个部分、成分。初始图形最一般或最抽象地描述了整个系统，它把每个主要成分表示成一个盒子。每个成分经过分解再用一个图形来显示它的细节，这个图形把它的组成成分也用盒子来表示，此盒子又能分解成更多的图形，直到系统描述得足够细致为止。

每个详细图是较抽象图中一个盒子的分解图，每一步中把抽象图称为详细图的父图，把详细图称为抽象图的子图。用这种图形来描述的一个系统称为模型。每个模型必须说明一组特定的需求，包括：

（1）描述系统完成的是什么功能。

（2）说明系统是如何设计的及如何构造的。

（3）解释如何使用及维护一个系统。

图形中的盒子代表系统功能(活动)，箭头代表数据(信息或对象)。一个上层图中的盒子由下层图中一系列盒子及箭头来说明。离开上层图中盒子的箭头与进入下层图中的箭头完全一致，它们代表系统的同一部分。

结构化分析的原则之一，是图形中盒子不多于6个，因此，活动图形具有抽象性。高层图形包含了相当多的信息，在高层图中盒子及箭头所附带的文字标签必然是抽象的，它描写的是一般概念；而下层图中信息逐步增加，使用更为专门的术语。

2. 盒子

图形中的盒子代表活动，用主动的动词短语来描述，在盒子的内部写上描述盒子的短语，在盒子的右下角写上编号，从1编到6。连到盒子上的箭头，表示由活动产生的、或活动所需要的信息或真实对象。用一个名词短语作标签，写在箭头旁边。"数据"可以是信息、对象或用名词或短语描述的任何东西。箭头限制盒子间的关系,而不是表示活动的顺序,它们分别是输入、输出、控制与机制,如图4.3所示。

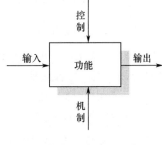

图4.3 盒子

输入是为完成此次活动所需要的数据,输出表示执行活动时产生的数据,输入与输出的关系就是功能,是将输入转变为输出的一种活动。控制说明了控制变换的条件或环境,或者说是约束。输入与控制二者的作用是不同的,有时输入与控制无法区分时可看作控制,一个活动可以没有输入,但不能没有控制。机制是指完成活动的人或设备。

3. 箭头

在活动图上,箭头代表数据约束而不是顺序或流。活动图上没有明确的时间及顺序,但可以清楚的表示反馈、迭代、连续处理及时间上的重叠等情况。箭头可以有汇合、分流,如图4.4所示。

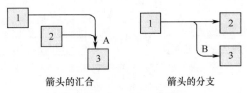

图4.4 箭头的汇合与分支

4. 通道箭头

把一个箭头在盒子的连接端加上括号,则此箭头将不出现在子图的边界箭头中。这个括号表示该箭头将通到模型的未定义部分,与下一个子图无关。或者是众所周知,或有共同理解的可省略的内容,在子图中为简化图面而省略了。这些箭头,使人们在分解中能推迟表示它们所代表的信息,在某一层次信息不必出现时,可以不列入,直至需要说明时,才表现出来,称为"通道箭头",如图4.5所示。

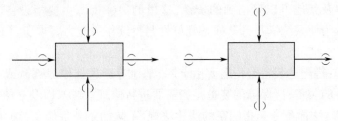

图4.5 通道箭头

5. 双向箭头

在图形中互为输入或互为控制的两个盒子,可用双向箭头连接,如图4.6所示。

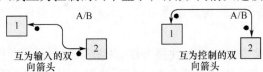

图4.6 双向箭头

4.3 装备精确保障系统功能模型

按照装备精确保障系统的框架结构,其功能模块主要有五个。在战略级、战役级装备精确保障系统中,情报与决策支持、指挥控制、保障行动、资源管理及保障评估与信息反馈模块(智能体)各自都是一个复杂的分系统,每个分系统内部又存在若干子功能模块,并且存在复杂的指挥、协调、反馈等关系。在战术级装备精确保障系统中,上述五个功能模块(智能体)相对比较单一。以下对功能模块的阐述,主要是针对战略、战役一级的装备精确保障系统。按照IDEF0建模方法,建立装备精确保障系统的功能模型,其整体功能主要是描述装备精确保障系统的边界及环境,如图4.7所示。

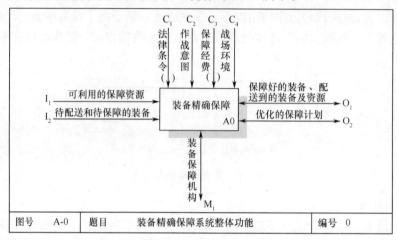

图4.7 装备精确保障系统整体功能

关于图A-0说明如下:

(1)A-0I1:可利用的保障资源是指原有库存资源、上级和友邻单位支援的资源、地方支援的资源以及其他可以筹措到的资源,这里的保障资源主要指设备、工具、备件、弹药、油料、资料等为使系统满足部队战备完好性与持续作战能力要求所需的全部物资器材及相关人员。

(2)A-0I2:待配送装备是指需要由仓库、基地等运送到作战部队或其他指定地方,满足战备完好性的装备;待保障的装备是指需要进行修理、维护,以及充填加挂的装备。

(3)A-0C1:法律条令是指国家的法律法规、军队的条令条例及各种规章制度等。

(4)A-0C2:作战指挥员的作战意图。

(5)A-0C3:用于装备保障的经费限制。

(6)A-0C4:装备保障活动所处的战场环境。

(7)A-0M1:装备保障机构是各级、各类、各种形式装备保障组织的统称,是组织实施装备保障的主体。

将图4.7展开,得到整体功能模块展开图,如图4.8所示。关于A0图说明如下:

(1)A0I1:装备信息是指装备的种类、数量、战损状况、战备完好性等信息,这里的装备主要包括本级单位的装备、上级和友邻单位支援的装备及从其他渠道可调用的装备。

50

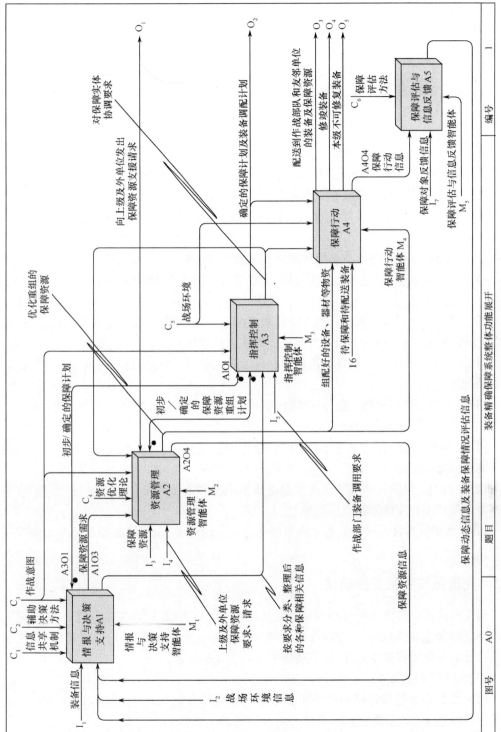

图 4.8 整体功能模块展开图

（2）A0I3：保障资源主要指设备、工具、备件、弹药、油料、资料等为使系统满足战备完好性与持续作战能力要求所需的全部物资器材及相关人员。

（3）A0I6：待保障装备是指需要进行修理、维护及充填加挂的装备；待配送装备是指需要由仓库、基地等运送到作战部队或其他指定地方，满足战备完好性的装备。

（4）A1O1 和 A3O1：初步确定的保障计划，是指对保障工作做出的安排，包括保障资源重组、配送计划、维修计划、协同计划、通信计划、防卫计划及地方力量使用计划。

（5）A1O3：按要求分类、整理后的各种保障相关信息，包括装备信息、战场环境信息、保障资源信息等。

（6）A2O2：优化重组的保障资源是指按照保障计划和资源重组计划组配的保障物资，以及执行保障任务的保障机构（即保障行动智能体）。这里既有向本单位各智能体投送的保障资源也有向外单位支援的保障资源。保障行动智能体由本级部队保障力量，运输分队，战时上级加强的保障力量、作战部门加强的防卫力量及相应智能计算机系统组成。

（7）A2O4：保障资源信息是指保障资源的种类、数量、位置、状态等信息。

（8）A4O4：保障行动信息包括保障行动完成情况和保障行动对保障资源的需求信息。

（9）A0M1：情报与决策支持智能体由机关战技部门参谋，各保障专业部门的参谋、助理，情报分析与决策支持专家及相应智能计算机系统组成。

（10）A0M2：资源管理智能体由保障仓库所属人员、机关相应分管人员及相应智能计算机系统组成。

（11）A0M3：指挥控制智能体由本级部队军事指挥员、装备保障指挥员、相关参谋人员及相应智能计算机系统组成。

（12）A0M4：保障行动智能体由具体实施保障行动的维修、资源配送、防卫人员及相应智能计算机系统组成。

（13）A0M5：保障评估与信息反馈智能体由机关和下属各单位相关参谋、助理，有关评估专家及相应智能计算机系统组成。

（14）A0O5：本级不可修装备是指本级无法维修的装备，包括报废装备和向上级后送装备。

4.3.1 情报与决策支持模块

情报与决策支持模块通过精确保障信息网格获取装备信息、战场环境信息、保障资源信息及保障动态等保障信息，根据精确保障的具体任务进行决策，提出保障需求、初步保障行动计划与保障资源重组计划，其功能模块如图4.9所示。

关于 A1 图说明如下：

（1）A11：信息处理是指按照精确保障信息处理要求对与本级部队保障工作相关的信息进行收集、综合、分类、计算、存储与更新等处理工作。

（2）A1M11：信息处理子智能体是情报与决策支持智能体中负责信息处理的人员与相应智能计算机系统模块。

（3）A1M12：保障计划决策支持子智能体是情报与决策支持智能体中负责保障计划

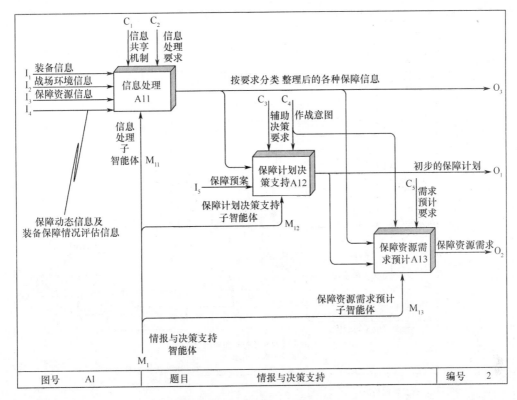

| 图号 | A1 | 题目 | 情报与决策支持 | 编号 | 2 |

图 4.9   情报与决策支持功能模块图

决策支持的人员与相应智能计算机系统模块。

（4）A1M13：保障资源需求预计子智能体是情报与决策支持智能体中负责保障资源需求预计的人员与相应智能计算机系统模块。

（5）A1O2：保障资源需求是保障行动中所需的保障资源的种类、品种、数量，以及保障资源到位的时间地点方式等要求。

4.3.2 资源管理模块

资源管理模块是有效发挥系统整体保障潜力，实现满足信息化战争保障需求的关键环节。它运用信息技术和信息共享机制，调用与精确保障信息网格相连的保障资源信息网格数据库，检索和查找所需资源的各种状态信息，研究提出初步的资源重组方案，并按照指挥控制模块认可的资源重组方案实施装备、物资器材和设施设备的组配工作，其内部功能如图 4.10 所示。

关于 A2 图说明如下：

（1）A21：保障资源信息处理主要是对各种保障资源信息进行分类、储存、更新、维护，并可以对资源信息完成检索、查找。

（2）A2O2/A2C6：初步保障资源重组计划输出到指挥控制智能体，然后返回确定的保障资源重组计划。

（3）A2M11：资源信息处理子智能体是资源管理智能体中负责资源信息处理的人员与相应智能计算机系统模块。

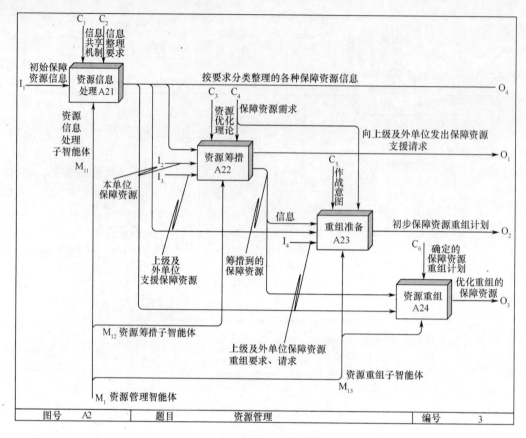

图 4.10 资源管理功能模块图

（4）A2M12:资源筹措子智能体是资源管理智能体中负责资源筹措的人员与相应智能计算机系统模块。

（5）A2M13:资源重组子智能体是资源管理智能体中负责重组准备和保障资源重组的人员与相应智能计算机系统模块。

对于图 4.10 中资源筹措子模块又可分为对内比较资源、对外寻找资源、收发资源请求和资源筹措调用四个模块,如图 4.11 所示。

4.3.3 指挥控制模块

指挥控制模块是核心功能模块,主要是根据保障任务需求、保障信息、初步保障计划和资源重组方案,科学决策、迅速确定保障计划、确定保障资源编组,向保障行动智能体发出保障指示,其内部功能如图 4.12 所示。

关于 A3 图说明如下:

（1）A32:组织指挥是指根据战场环境和确定的保障计划、资源重组计划、装备调用计划对各个智能体明确其主要工作内容,进行工作指导,确保其工作高效有序。

（2）A33:检查协调是指根据指挥控制智能体对各个智能体的工作要求,检查其他智能体工作完成情况,协调各个智能体,尤其是保障实体的工作关系,保证其协调一致的工作。

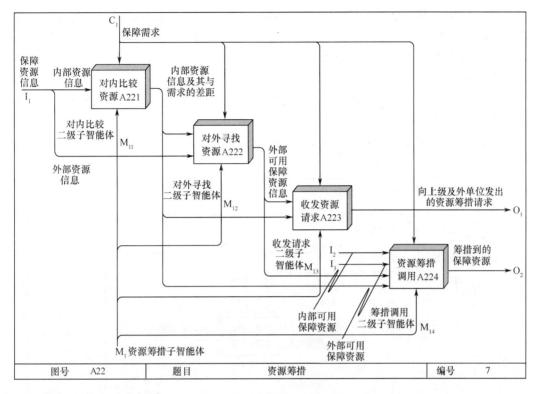

图 4.11　资源筹措子模块

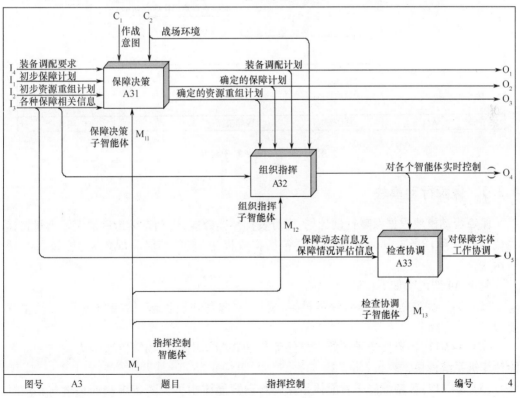

图 4.12　指挥控制功能模块图

（3）A3M11：保障决策子智能体是指挥控制智能体中负责保障决策的人员与相应智能计算机系统模块。

（4）A3M12：组织指挥子智能体是指挥控制智能体中负责组织指挥的人员与相应智能计算机系统模块。

（5）A3M13：检查协调子智能体是指挥控制智能体中负责检查协调工作的人员与相应智能计算机系统模块。

对于图 4.12 中保障决策子模块又可分解为装备调配决策、保障计划决策和资源重组决策三个模块，其功能如图 4.13 所示。

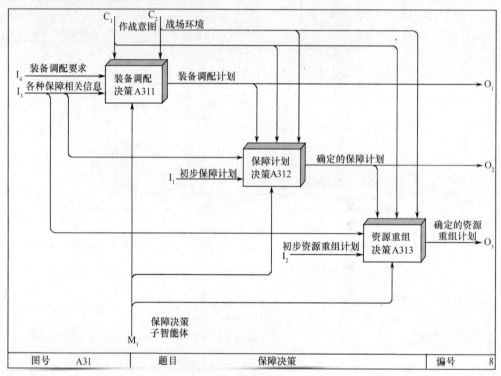

图 4.13　保障决策子模块

4.3.4　保障行动模块

保障行动模块根据保障行动计划，充分发挥整体效能，由动态编组后的保障力量快速完成精确保障任务。其内部功能主要包括物资投送、装备维修和保障防卫，如图 4.14 所示。

关于 A4 图说明如下：

（1）A43：保障防卫是指对保障机构、资源、对象等进行隐蔽、伪装和防卫，提高生存能力。

（2）A4M11：物资投送子智能体是保障行动智能体中负责物资投送的力量与相应智能计算机系统模块。

（3）A4M12：装备维修子智能体是保障行动智能体中负责装备维修的力量与相应智能计算机系统模块。

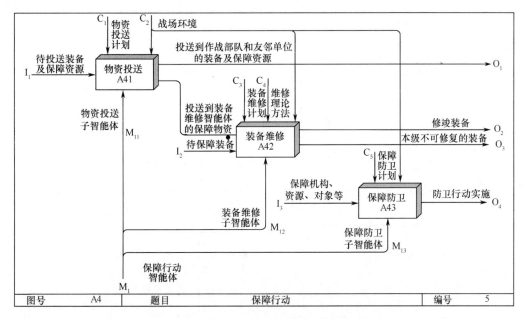

图 4.14　保障行动功能模块图

（4）A4M13：保障防卫子智能体是保障行动智能体中负责保障防卫的力量与相应智能计算机系统模块。

（5）A4O3：本级不可修复的装备包括报废装备和向上级后送的装备。

维修是装备保障的主要内容，是对保障对象进行科学、快速、高效的技术侦察、抢救后送、修理、维护保养等活动，使保障对象及时维持和恢复战斗能力，其功能模块分解如图4.15所示。

关于 A42 图说明如下：

（1）A42I1：保障物资是指保障资源中除人员以外的设备、设施、器材等其他资源。

（2）A42O2：本级不可修复的装备是指在本级修理机构无法修理的装备，包括直接报废的装备和向上级维修机构送修的装备。

（3）A42M11：技术侦察二级子智能体是装备维修子智能体中负责技术侦察的力量与相应智能计算机系统模块。

（4）A42M12：抢救后送二级子智能体是装备维修子智能体中负责对装备抢救后送的力量与相应智能计算机系统模块。

（5）A42M13：修理二级子智能体是装备维修子智能体中负责装备修理的力量与相应智能计算机系统模块。

4.3.5　保障评估与信息反馈模块

保障评估与信息反馈模块对保障行动和保障对象进行跟踪，将保障实施过程中的作战行动情况和实时保障情况、保障结束后的保障评估结果反馈到情报与决策支持模块，落实装备保障中的监督、评价机制，其内部功能如图4.16所示。

关于 A5 图说明如下：

（1）A51：跟踪检查是指实施跟踪、收集、整理、检查保障行动智能体的保障情况和保

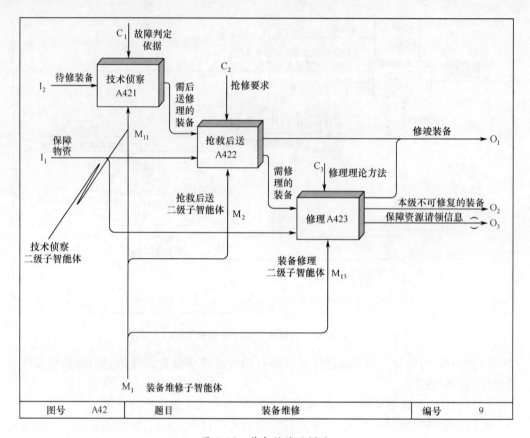

图 4.15 装备维修子模块

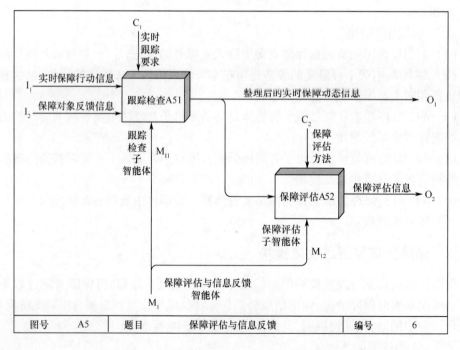

图 4.16 保障评估与信息反馈功能模块图

58

障对象反映的情况。

（2）A5M11:跟踪检查子智能体是保障评估与信息反馈智能体中负责跟踪检查的人员与相应智能计算机系统模块。

（3）A5M12:保障评估子智能体是保障评估与信息反馈智能体中负责保障评估的人员与相应智能计算机系统模块。

通过构建装备精确保障系统的情报与决策支持模块、资源管理模块、指挥控制模块、保障行动模块和保障评估与信息反馈模块的功能模型，为未来保障系统的建设提供了启示和思路。

（1）应该加强信息化基础及手段建设，真正实现装备保障系统的情报与决策支持功能。

（2）应该加强资源共享机制及资源管理手段建设，实现全域资源重组功能。加强资源共享机制研究并采取试点实验，同时加强保障资源全程监控和实时调配方面的手段建设，使保障系统具备对所调用保障资源的全资产实时跟踪能力和实时调整资源配置计划、实时调配保障资源的能力。

（3）应该加强决策指挥及组织协调能力建设，提高指挥决策的科学性及效率。按照精确保障要求，决策指挥功能模块应当能够迅速对初步的保障计划、资源编组计划、保障力量编组计划进行选择和调整，这就需要建设一套完整的保障方案评估与决策系统以帮助指挥员进行分析判断。

装备精确保障系统的运行，要求各个功能模块既独立又统一，独立是指各功能模块根据战场态势实时进行局部动态调整，统一是指各功能模块在指挥控制模块的统一指挥下分工明确，任务清晰，这就需要指挥控制模块既给予各功能模块一定的自主权，又具有对全局的实时协调组织能力。

（4）应该加强装备保障作业手段建设，实现保障行动的敏捷高效。对于战场技术侦察，需要准确地对战损装备进行评估判定，以确定修理策略、修理级别等，这既涉及装备本身的维修性、测试性问题，又涉及战场检测诊断手段的设计开发问题，在建设中需要同步统筹考虑。保障作业手段是确保保障行动敏捷高效的关键，必需随着科学技术的发展加强建设和及时更新。

（5）应该加强装备保障的效能评估机制建设，实现装备保障的全程跟踪反馈。精确保障不仅要实现精确维修和配送功能，还要对保障对象情况进行实时跟踪，对保障效果进行检查评估，为此，应该建立这方面的规范，完善相应的运行机制，确保装备保障的效能评估机制落到实处。

第5章　保障组织建模

5.1　保障组织模型概述

5.1.1　组织模型概念

1. 组织的定义

对于装备保障而言,组织是为了实施装备保障活动而建立的装备保障人员的集合,这个集合具有一定的内部层次和隶属结构,具有一定的职能和责任,并需要在规定的时间内完成指定的任务。组织成员具有一定的职责、权限范围和技能,组织成员之间根据一定的方式产生某种连接关系,其中包括一个最高任务决策机构或人员。

2. 组织模型的概念与特点

组织模型利用抽象的模型和元素,构造出一系列关系,用于表达组织机构中组织实体及组织实体间的关系、组织实体与其他视图模型中实体间的关系、组织实体的职责与权限,以及组织视图与其他视图的一致性问题。它是对过程模型、功能模型、信息模型和资源模型的重要补充,也是其他模型的重要基础。

组织模型的特点主要有:

(1)组织的层次性。组织内有子组织,子组织内又可能有子组织。

(2)组织的分散性。组织内部各子组织在地理位置上具有分散性。

(3)组织的自主性。表现在组织内部各子组织的相对独立上,各子组织有权决定和处理只与本子组织有关的事务。

(4)组织的整体协调性。组成大规模组织的多个子组织之间也有相互联系,具有整体性。

3. 组织模型的内容

组织模型是用于描述组织结构树、人员、能力、角色和权限及其组织单元之间关系的模型,涉及对系统组织结构、基本组织单元、组织内部人员的描述。组织模型通常包括以下几方面的描述。

(1)组织结构的描述。

(2)组织单元/基本组织单元的描述。

(3)职责与权限的描述。

(4)角色与人员的描述。

通过描述组织结构,可以为实现机构重组,提高机构对外的柔性和敏捷性提供支持;通过描述组织的属性,可以为机构的管理方针、分析、优化提供支持,实现组织与人员的优化配置。

5.1.2 组织模型的描述方法

装备保障组织一般由静态结构和动态结构组成,静态结构相对稳定,动态结构随着任务的需要进行重构或重组。组织领导、职能机构和基本组织单元构成了装备保障系统的静态组织。考虑到组织模型在整个模型体系结构中的作用和地位,采用如下描述方法,如图 5.1 所示。

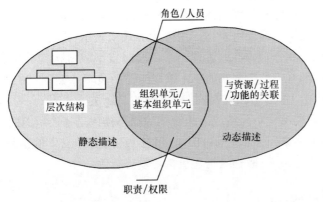

图 5.1 组织模型的描述方法

组织模型的基本描述要素包括基本组织单元、组织单元、人员与角色、职责与权限等。

基本组织单元(Basic Organization Unit,BOU)是构成组织单元和组织结构的基础(基本对象),在编制上是不可再分的最小组织单元,如一个人、一台保障装备(设备)。描述的是一个在给定层次结构中能够完成给定功能的最小任务组织,其作用是在其职责范围内采取适当的行动以解决问题或完成一定的任务。基本组织单元从属于不同的组织单元,对其描述可通过定义其职责、权限、所管辖的资源、人员、角色等方面的属性进行描述。

组织单元(Organization Unit,OU)是具有一定功能和职责的组织实体,是多个基本组织单元或(和)多个下级组织单元的聚集,其内部结构是一个自上而下逐步分解的树状结构,描述的是组织结构中的某一个范围,定义了在一个职责范围内处理问题的职责和权利。不同组织单元之间的关系有上级、下级、平级和无直接关系四种。

团队(Team)是由不同部门(组织单元)的人员和不同角色组成的临时性组织实体,具有和组织单元相似的属性,但其没有下级单位,可能有上级单位,随着装备保障组织工作的需要创建和解体。团队内的组织成员在所属的组织单元保持原有的信息。

角色(Role):反映一定的组织单元或其内部所从事某一工作的职位,是能够完成某项专职任务的组织人员的总称。角色的概念可大可小,可以是一个组织单元在整个组织结构中的角色,也可以是在每一个组织单元中为了完成一定功能而应具备的具体角色。它描述的是组织的职责和权限,构成了组织模型和过程模型的联系。

角色组是由多个角色组成的集合,属性包括名称、描述和角色列表等。

人员(Person):指组织单元或基本组织单元中包含的、处于不同角色和位置、处理不同事务的具体人员。人员对象包含人的基本资料和属性,一个人员只能属于一个组织单元,但却可以属于多个团队。人员之间级别有高低,人员之间的工作任务和能力的差别主要通过所扮演的角色来体现。

职责:赋予基本组织单元和组织单元在其权限范围内进行决策和执行任务的权力和能力。

权限:对基本组织单元和组织单元决策范围的确定。

需要注意的是,职责/权限与基本组织单元和组织单元紧密相关,因此可以作为属性附加在其上;而角色/人员虽然也受基本组织单元和组织单元的限制,但由于其具有相对的灵活性,与其他模型关系比较紧密,故独立出来。

通过上述基本描述元素可以描述组织结构的静态信息和动态信息。组织层次结构描述是描述组织静态结构。静态组织结构用树状形式来表示,是用部门或下级机构对应于组织的静态结构划分和分工协作的管理体系。部门或下级机构构成层次性的树状结构,每一个部门或机构都有一个主要负责人(和其他辅助负责人)。这种描述反映组织内部特征以及组织结构中不同层次(级别)组织单元的隶属关系以及每一层次对上对下的职责与权限,由一系列层次化单元组成。组织结构动态描述是描述组织的动态信息,如组织与组织、组织与其他要素(过程、资源、功能、信息)之间实时发生的信息传递和横向沟通关系,或因突发的任务需求,而临时组建机构等动态行为。

5.2 UML 建模方法

5.2.1 UML 建模方法特点

统一建模语言(UML)建模方法是一种广泛应用的经过充分验证的技术,具有非常强大的功能,能够很好地定义活动单元,描述过程逻辑,分析保障过程,进行更精细的建模,将通常难以清晰表达的活动和逻辑可视化地表现出来。

UML 不仅可以描述保障系统的静态系统结构,还可以描述动态系统行为,UML 提供了多种结构建模和行为建模的方法,它从不同的角度为系统架构建模,并形成系统的不同视图,每个视图显示系统的一个特定方面,所有的视图结合在一起组成了系统的完整画面,因而成为建模的主流语言之一。

首先,UML 合并了许多面向对象方法中被普遍接受的概念,对每一种概念 UML 都给出了清晰的定义、表示法和有关术语;其次,UML 扩展了现有方法的应用范围,其最大的优点是帮助分析者、设计者及使用者清楚地表述抽象概念、互相交流和通信;第三,UML 是一个通用的标准建模语言,不但可以对任何具有静态结构和动态行为的系统进行建模,而且适用于以面向对象技术来描述任何类型的系统以及系统建设的不同阶段,从需求描述直至系统建设完成后的验证。

UML 建模方法与真实世界概念的抽象思维方式相对应,按照问题领域的基本事物实现自然分割,按人们通常的思维方式建立问题领域的模型。UML 建模方法强调的是可操纵的对象(对应于现实中的独立实体)而不是过程,将现实世界中的事物直接映射为模型中的对象,用对象这一相对稳定的东西作为构成系统的单元,通过不同对象间的相互作用的动态联系,可以构造出满足不同需求的系统,使模型具有良好的柔性和可扩展性。

UML 建模方法以对象作为基本的逻辑结构,用类(对应于现实中的抽象)来描述具有相同特征的一组对象,这些共同特征包括一组对象共同的属性和操作,并且用继承性来共

62

享类中的属性和操作,用封装性将对象的界面和实现相分离,使对象实现的改变不影响客户对象对它的访问。这样,从问题空间到求解空间就形成了一种自然的映射,相互间有着直接的对应关系。因此,它是一种更直观、更自然、更易于理解的概念模型化方法。

5.2.2 UML 的基本描述

UML 用模型来描述系统的结构或静态特征以及行为或动态特征,而这些模型是通过不同的视图从不同的视角对所研究的系统进行刻画的。

UML 的视图包括:

用例视图(use case view),强调从用户的角度看到的或需要的系统功能,这种视图也叫做用户模型视图(user model view)。

逻辑视图(logical view),展现系统的静态或结构组成及特征,也称为结构模型视图(structural model view)或静态视图(static view)。

并发视图(concurrent view),体现了系统的动态或行为特征,也称为行为模型视图(behavioral model view)、过程视图(process view)、协作视图(collaborative view)、动态视图(dynamic view)。

组件视图(component view),体现了系统实现的结构和行为特征,也称为实现模型视图(implementation model view)。

展开视图(deployment view),体现了系统实现环境的结构和行为特征,也称为物理视图(physical view)。

视图由多个图构成,图是模型元素的简化。在 UML 元模型中定义了很多模型元素,如用例(Use Case)、对象类(Class)、接口(Interface)、组件(Component)等,为了模型的可视化,UML 为每个模型元素规定了特定的图形符号,下面给出部分模型元素的图形符号。

(1) 活动者(Actor):

活动者名

活动者是作用于系统的一个角色或者说是一个外部用户。活动者可以是一个人,也可以是使用本系统的外部系统。

(2) 用例(Use Case):

用例名

用例就是对活动者使用系统的一项功能的交互过程的陈述。如维修人员进行故障维修的用例图可以表示为

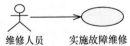

维修人员　　　　实施故障维修

(3) 对象类(Class):

对象类(类)是具有相同属性和相同操作的对象的集合。

① 属性(Attribute):

| 可视性 属性名 [多重性]:类型 = 初始值 |

② 操作(Operation):

| 可视性 操作名 (参数列表):返回列表 |

如用户类:

(4) 接口(Interface):

接口是一种抽象类,它对外提供一组操作,但自己没有属性和方法,是在没有给出对象实现的情况下对对象行为的描述。接口使用对象类的图形表示方法,接口名前面加构造型《interface》。

(5) 包(Package):

包也是一种模型元素,可以把语义相近的模型元素组织在一个包里,增加对模型元素的可维护性。

(6) 关联(Association):

关联就是类或对象之间链接的描述。

(7) 组合(Composition):

组合关系用于表示对象之间部分和整体关系,关系很紧密。

(8) 聚合(Aggregation):

聚合关系也用于表示对象之间部分和整体关系,但关系比较松散。

(9) 泛化(Generalization):

泛化用于表示对象之间一般和特殊的结构关系。

(10) 依赖(Dependency):

依赖表示两个或多个模型元素之间语义上的关系。

64

5.3 保障组织建模应用示例

5.3.1 保障组织结构建模

这里以装甲师装备保障系统为例进行组织的示例构架。装甲师装备保障系统组织结构是一种多级层次的管理方式,组织的核心是以师领导为中心的领导层,其关键业务角色有师长、副师长、装备部长、技术人员等;中间管理层组织单元有战技科、军械科、装甲科、直工科、工化科、轮式车辆科以及装甲团、炮兵团、高炮团、运输营、器材仓库等,中层管理机构以团领导为核心配置各种相应的专职岗位;基层任务作业层有修理连、坦克运输排等,主要以相应基层领导为核心,配置相应的任务作业角色。

图 5.2 是装备保障任务相关的涉及描述,包括保障系统所有任务涉及者,如运输营、修理营等。图 5.3 是装甲师装备保障系统基本组织结构的 UML 描述。

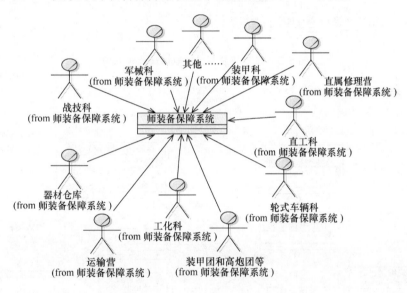

图 5.2　保障任务相关涉及者结构

5.3.2 保障系统的组织元模型

保障系统的组织结构包含组织单元、任务工作组、任务团队、组织成员、工作职位和角色等多个概念,它们之间存在错综复杂的联系。图 5.4 是保障系统组织机构的 UML 类图描述,称为组织元模型,其构成元素的含义描述如下。

（1）成员类（Member,RegMember 和 TempMember），是一些描述保障组织系统成员的类。其中,超类 Member 定义了组织成员具有的一些基本属性,如成员代号、姓名、性别、头衔等,可以有多个子类,每个子类代表一类成员,并定义了一些特殊属性,例如正式编制人员类 RegMember 具有编号等属性,而临时组成的人员类 TempMember 具有临时编号属性。

（2）组织类（Organization,OrganizationUnit,Group 和 Team 类），是一些描述保障系统

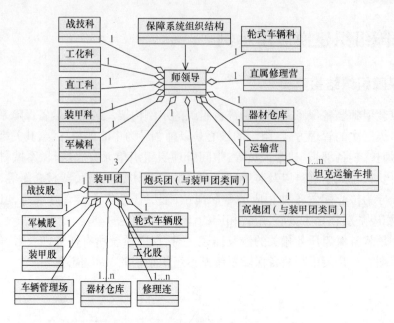

图 5.3　装甲师装备保障组织结构示意图

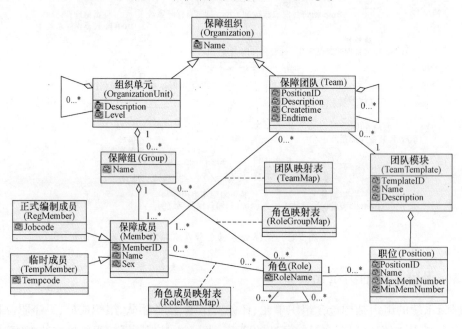

图 5.4　组织元模型的 UML 描述

组织结构的类。其中,超类 Organization 定义有唯一的名称属性。

保障系统的组织结构主要有两种表现形式。

① 一种是职能型组织结构,例如部门、中心、修理所等,其特点:一是呈"金字塔"型,层次较多;二是相对静态、很少变动。

职能型组织在图 5.4 中对应组织单元子类(Organization Unit)。组织单元具有明显的层次性,比如保障系统具有多个部门,而部门又包含多个科、股等,OrganizationUnit 类的自聚合关联也表达了这种特性,一个子 OrganizationUnit 对象最多对应一个父 Organization-Unit 对象,而一个父 OrganizationUnit 对象则可以拥有多个子 OrganizationUnit 对象。另外 OrganizationUnit 对象和 Group 对象之间也存在聚合关联,这样一个大的 OrganizationUnit 对象可以由多个子 OrganizationUnit 对象和多个 Group 对象构成。组类(Group)是代表一类成员的集合,比如修理人员组、器材供应组、弹药保障组等,因此 Group 类和 Member 类之间存在聚合关联,即 Group 对象由多个 Member 成员对象构成。

② 另一种是矩阵型组织结构,它是一种组织活动任务与职能双重组合结构,比如保障任务实施团队、保障决策团队等,其特点:一是呈扁平型,层次较少;二是经常动态变化。

矩阵型组织在图 5.4 中对应团队子类(Team),每一个 Team 对象都拥有唯一的 ID 号、成立日期(CreateTime)和解散时期(EndTime)等属性。Team 对象也可以具有层次性,比如一个大任务组又细分为多个小任务组等,通过 Team 类的自聚合关联可以表达这种联系。

Team 类和 Member 类之间存在关联,由于保障任务实施团队的动态性,一个 Member 成员可以属于多个不同的 Team 对象,而一个 Team 对象也可以拥有多个 Member 成员,这种多对多的联系可以通过团队映射表 TeamMap 来表示。

(3) 角色类(Role 和 RoleMap 类)。"角色"是一个描述保障人员在组织中所处地位和所承担任务与职责的概念,在图 5.4 中用 Role 类表示,它可以动态地映射成不同的 Member 对象或者 Group 对象,表明此时这些成员或者组中的所有成员将充当这种角色。

Role 对象和 Member 对象之间多对多关联用角色成员映射表类 RoleMemMap 表示,而 Role 对象和 Group 对象之间的多对多关联用角色映射表类 RoleGroupMap 表示,角色映射表具有动态的特点,人员和组的招募组合、解散离职和调动都会改变它的配置。

另外,角色还可以理解为多个成员构成的集合,不同子角色之间通过交、并、差运算可以组成新的有意义的父角色;Role 类的自关联形成了角色树,父子联系反映了层次职责上的领导与被领导关系,如坦修班班长角色管理坦修班成员角色。

(4) 任务团队模板类(TeamTemplate 类和 Position 类)。装备保障系统按编制的不同可能有许多个任务团队,尽管任务团队的规模上差异很大,但大部分团队的内部结构上还是存在很大的相似性,比如面向不同保障任务的保障组,其包含的职位大体相同。

将团队的基本结构抽取出来,用一个 TeamTemplate 类表示,不同的 TeamTemplate 对象代表不同的任务团队类型,比如面向器材供应的保障组、面向抢救维修的保障组等。TeamTemplate 类定义有 TemplateID、名称和描述等基本属性,并拥有多个职位。

职位用 Position 类表示,Position 对象具有唯一的 PositionID 属性,它和 Role 类之间存在多对一的映射关系,即一个 Position 对象对应唯一一个 Role 对象;而一个 Role 对象,可以和不同 TeamTemplate 中的 Position 对象对应,即同一个角色可以在不同类型保障任务团队中承担不同的职责。

5.3.3 组织模型与过程的关联描述

按照组织行为学的观点,组织的概念包括组织结构和组织行为两部分。组织结构通过组织元模型来描述,而组织行为体现为不同的组织成员进行不同的保障活动。因此,需要将装备保障组织模型与过程进行关联,图 5.5 是该关联的 UML 类图描述,虚线左边是

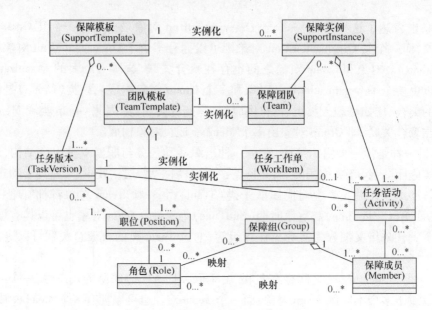

图 5.5　组织模型与过程的关联描述

任务决策阶段的相关类,虚线右边是任务执行阶段的相关类,它们之间通过各种"实例化"和"映射"建立关联,具体的关联说明如下。

(1) 保障模板(SupportTemplate)对象代表一种类型的保障任务过程模板,它由多个保障任务版本(TaskVersion)构成,模板的多次运行形成不同的保障实例 SupportInstance,两者之间的一对多关联表明同一个装备保障模板可以拥有多个运行实例,它们之间不会互相干扰。

(2) 保障模板(SupportTemplate)对象与团队模板(TeamTemplate)对象对应,构成每一个保障任务版本分别与任务团队模板(TeamTemplate)中一个职位(Position 对象)对应,体现了"保障任务团队成员各负其责"的原则。

(3) 启动保障任务实例后,一个保障实例(SupportInstance)对象就和一个保障团队(Team)对象建立关联,该团队(Team)对象是团队模板的实例;运行期间,按照保障过程的逻辑次序,每个保障任务版本依次实例化成多个任务工作单(WorkItem 对象),任务工作单对应待处理保障任务,正在执行的保障任务版本称为活动(Activity 对象),装备保障引擎能为每个保障任务版本的参与者(通过角色映射获得)生成保障任务工作单,并由保障人员自己选择是否执行该任务,所以并不是所有的保障任务工作单都会被激活而成为具体的活动。

图 5.6 是以流程图的形式详细说明了这种关联过程,具体说明如下。

在定义阶段,保障任务规划决策者要依次定义保障任务过程模板与任务版本、定义保障团队模板及包含的职位、定义保障团队模板约束条件、指定保障团队模板给装备保障模板,并定义权限约束规则。

在执行阶段,装备保障任务执行者首先要创建保障任务实例,根据模板组建执行保障团队并检查团队的可行性,然后按照过程逻辑定义在装备保障引擎的驱动下依次执行任务版本,每个任务版本的执行过程都要经历角色辨识、保障成员授权、保障任务工作单生成等阶段,最终由授权成员完成该保障活动的执行。

68

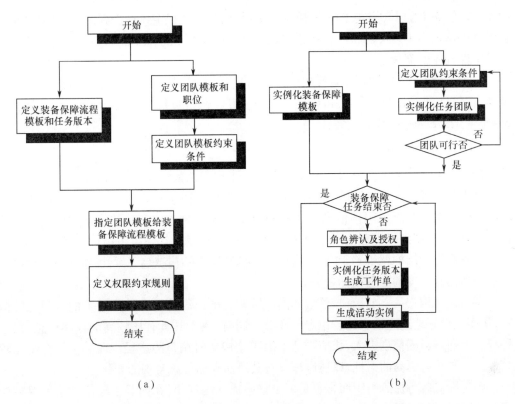

图 5.6 关联过程

(a)装备保障过程与组织的定义流程；(b)装备保障实例的执行流程。

5.4 基于 UML 装备保障组织结构的柔性分析

组织结构柔性是组织系统在结构上适应新情况、新环境、新任务的能力,由此来增强组织的决策反应能力、受控能力。组织结构的柔性是由适应组织结构、决策过程和沟通过程的各种能力所组成,其不仅取决于系统本身的性质,而且也取决于系统的组织结构、人员和时间等基本组成元素的紧密关联性。

对组织结构是否具有柔性的衡量没有简单的标准和尺度,但对柔性的把握应该关注以下几点。

(1) 结构的柔性必须要有比照的对象,即考虑到如果环境变化,使某一组织结构性能的变化比同样条件下的其他组织结构形式的变化更理性,那么这一组织结构才更具柔性。

(2) 反过来,组织结构柔性的增加必须是使其更倾向于在一个更具不确定的环境下运行,否则柔性将失去存在的定义。

(3) 在一定意义上可以认为信息传递的效率是组织结构是否具有柔性的一个标准(柔性越高,信息传递越快),但不是唯一的标准。

5.4.1 组织结构的熵

在信息论中,信息量是度量组织结构系统获得信息多少的重要标志,而获得信息数量的多少是组织消除不确定性的关键所在。所以,信息是认识主体接受到的、可以消除对事物或事件认识不确定性的新内容和新知识。熵是系统的无序状态的度量,是随机事件的不确定性程序的度量。

一个系统有序程度越高,熵就越小,所含的信息量就越大;反之,无序程度越高,则熵就越大,信息量就越小。信息和熵是互补的,信息就是负熵。此时的熵称为信息熵或Shannon熵。Shannon熵的定义:

$$H(x) = \sum p(x_i)h(x_i) = -\sum p(x_i)\log_2 p(x_i)$$

其中:$h(x_i) = -\log_2 p(x_i)$ 表示某一时刻系统 x_i 不确定性数量或所含的信息量。

组织是否具有灵活快速的应变能力与信息传递有序度有直接的关系,组织结构有序度的高低直接反映出组织内信息传递效率以及组织应对各种变化的快速响应能力。因此,把熵理论应用到组织理论研究中来,组织结构的有序度就是组织结构化程度的大小,有序度越高组织结构就越趋于刚性,有序度越低则组织结构越趋于柔性,这样熵就可以作为组织结构有序度的度量指标之一。

在组织结构中,一个具有较低熵和高度结构化的组织能够存储比较大的专门化的信息,从而能较好地适应一个比较稳定的环境。同时,由于其具有比较高的存储信息,在某种程度上妨碍新的信息进入,相应降低了组织结构适时调整的途径。而一个具有熵比较高的组织则具有更高的柔性,以适应环境对其所需存储信息类别的变化。

熵过程对装备保障组织而言也是一个普遍成立的规律,在向装备输出一系列保障性服务的同时,保障组织可以从环境中获得比提供这些服务所消耗的更多的资源,因此保障组织可以通过储存这些资源来获得新的发展,组织系统也因此而获得了负熵。比如保障组织在对部队高新技术装备提供技术保障的过程中,获取到了许多先进的检测技术、维修技术等,这些技术的积累正是保障组织从其环境中获取的宝贵资源,是实现保障能力提升的重要基础。

5.4.2 组织结构的有序度

对于装备保障组织而言,管理信息具有逐层流动的典型特征,一般较少存在越层(越级)流动的现象,稳定高效的信息交流是组织功能得以实现的保证。因此,组织结构的效率一定程度上体现为信息流通是否高效。信息流通中两个主要的指标是信息传输的时效性和准确性。如果组织管理层越多,那么上下流动的信息中转的次数越多,流动的时效性会降低,同时信息交叉点增多,准确性也会受到影响。

由于管理层数和每层管理跨度是影响组织内信息流通的重要因素,所以可以从信息流通的时效性和准确性两个方面综合评价组织的有序度。用时效来表示组织结构传递信息的有效性,用质量来表示组织结构在信息流通准确性方面的有序性,二者的综合评价组织结构传递信息的时效性与准确性。

定义:组织结构的有序度即是信息在传输过程中综合考虑时效和质量时的系统的确定性度量,即时效质量熵,用 R 表示,有

$$R = \alpha E + \beta M \tag{5.1}$$

其中:E 表示时效;M 表示质量;α、β 为时效和质量的权重系数。

1. 组织的时效度量

信息在组织中各元素之间的传递过程中,迅捷程度的大小成为组织结构的时效,采用信息熵来度量信息在组织中或元素间流通时效性的不确定性数值。

组织结构中,元素与元素之间的信息流通称为联系;两元素之间经过的联系数称之为两元素(i 和 j)的联系长度,用 L_{ij} 表示。联系长度为组织结构中该两个元素间的最短(最有效)路径,直接联系时用 $L_{ij}=1$,每中转一次则长度增加1。

在某一时间从某一角度考察组织时,可能的途径称为状态微观态数,用 A_s 表示。A_s 越大,则组织最终处于这种状态的可能性就越大。

各联系的时效微观态实现概率值:

$$P_s(ij) = L_{ij}/A_s$$

组织结构中任意两个直接上下级中(不能越级)任意两个元素 i 和 j 之间联系的时效熵 $H_s(ij)$:

$$H_s(ij) = -P_s(ij)\log_2 P_s(ij)$$

组织的最大时效熵为

$$H_{sm} = \log_2 A_s$$

组织的时效为

$$E_s = 1 - \frac{H_s}{H_{sm}} \qquad E_s \in [0,1] \tag{5.2}$$

2. 组织的质量度量

组织的质量是指信息在系统或元素中流通时准确性大小,采用质量熵描述信息质量的不确定性大小。

各元素的联系跨度定义为组织结构中与该元素有直接联系的元素的质量,用 k_i 表示。

组织质量微观态总数 A_m:

$$A_m = \sum_i k_i$$

组织各元素质量微观态实现概率:

$$P_m(i) = k_i/A_m$$

组织元素的质量熵为元素在信息传递过程中出错机会的不确定性,用 $H_m(i)$ 表示:

$$H_m(i) = -P_m(i)\log_2 P_m(i) \tag{5.3}$$

其中:$P_m(i)$ 为第 i 个元素的质量微观态实现概率。

组织的总质量熵为

$$H_m = \sum H_m(i) = -\sum P_m(i)\log_2 P_m(i)$$

组织的最大质量熵:

$$H_{mm} = \log_2 A_m$$

组织的质量:

$$M = 1 - \frac{H_m}{H_{mm}} \qquad M \in (0,1) \tag{5.4}$$

依据上述公式,则组织结构的有序度为

$$R = \alpha E + \beta M = \alpha \left(1 - \frac{H_s}{H_{sm}} \right) + \beta \left(1 - \frac{H_m}{H_{mm}} \right)$$

5.4.3 组织结构的柔性度

组织的柔性反映的是在环境发生变化时组织结构跟随变化的反应速度。从信息论的观点可以把这一点看作是组织重构信息的能力,局部信息流通的效率。当组织接受新任务或为了适应新的环境时,组织需要重构其结构,从而产生了新的信息沟通。

假定组织中共有若干人员(i 个元素)参加一项新的任务,P_i 为 i 元素在组织变化过程中信息沟通微观态实现概率,根据式(5.3),组织元素的熵为

$$H_{bi}(P_i) = - P_i \log_2 P_i \qquad (5.5)$$

定义组织结构的变化熵 H_b 为

$$H_b = \sum H_{bi}(P_i) = - \sum P_i \log_2 P_i$$

定义组织结构的柔性度 F 为

$$F = 1 - H_b / \log_2 A$$

其中:A 为由于变化所产生的所有信息通道联系系数,单个成员联系系数为1;同部门内部联系系数为1;不同部门之间的联系每跨一个部门系数增加1。

5.4.4 保障组织结构柔性比较

以装备保障的职能型组织结构与矩阵型组织结构的柔性进行计算比较。图5.7为部队修理连职能型组织结构的示意图,图5.8为矩阵型组织结构示意图。

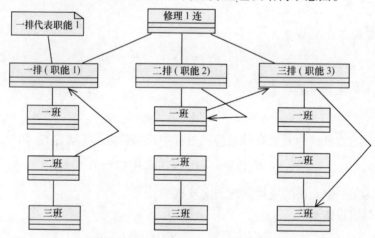

图 5.7 职能型组织结构示意图

(1)如果一项具体的应急保障任务在职能型组织中需要由修理1连中的一排二班、二排一班和三排三班共同完成,按照指挥原则信息流通的过程是:二班——一排——二排——一班——三排——三班(如箭头所示),联系系数为3,则修理连的微观态:

$$A = A_{1-2} + A_{1-3} + A_{2-1} + A_{2-3} + A_{3-2} + A_{3-1} = 3 + 3 + 3 + 3 + 3 + 3 = 18$$

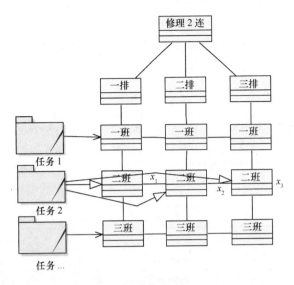

图 5.8　矩阵型组织结构示意图

微观态实现概率 $P_i = ($ 与 i 有关的主动联系数 $-$ 有效联系数 $)/A$，1 代表一班，2 代表二班，3 代表三班：

$$P_1 = (6-2)/A = 2/9$$

$$P_2 = (6-2)/A = 2/9$$

$$P_3 = (6-2)/A = 2/9$$

根据式(5.5)，各班的元素熵都为

$$H(P) = -(2/9)\log_2(2/9)$$

则职能型组织结构的熵为

$$H_b = -\sum P_i\log_2 P_i = (2/3)\log_2(9/2) \approx 1.44662$$

柔性度：

$$F = 1 - H_b/\log_2 A \approx 0.65308$$

（2）如果一项具体的应急保障任务在矩阵型组织中由任务小组 2 来完成，任务小组 1、3 与此任务无关。任务分别由项目 2 中的 x_1、x_2、x_3 流程小组（班）来完成，他们之间的沟通成为了内部沟通，两个班组之间的联系系数为 1。

$$A = A_{1-2} + A_{1-3} + A_{2-1} + A_{2-3} + A_{3-1} + A_{3-2} = 1+1+1+1+1+1 = 6$$

$$P_1 = (2-2)/A = 0$$

$$P_2 = (2-2)/A = 0$$

$$P_3 = (2-2)/A = 0$$

则熵值：

$$H_b = 0$$

柔性度：

$$F = 1 - H_b/\log_2 A = 1$$

当然,这只是简化的矩阵结构的柔性度值,实际中受其他客观因素的影响组织结构的柔性值不可能达到1。

5.4.5 计算结果及结论

通过以上示例计算,得出两种组织结构的各项指标,见表5.1。

表5.1 职能型组织结构与矩阵型组织结构有序度、柔性度比较

	职能型组织结构	矩阵型组织结构
时效熵	4.30689	4.77219
质量熵	3.38684	3.510086
时效	0.1222277	0.10926
质量	0.261315	0.261794
有序度	0.383592	0.371054
变化熵	1.44662	0
柔性度	0.653083	1

分析上述计算结果可以得出以下结论:

(1)在相同条件下,矩阵型组织结构的柔性度明显优于职能型结构,而且矩阵型结构并没有为此而牺牲太大的结构有序度,因此,可以认为矩阵型组织结构是一种柔性结构,而职能型组织结构是一种刚性结构。

(2)在战时装备保障的各种任务周期相对比较短,保障系统中的人员和物资资源需要经常地从一个任务转向另外一个任务,其保障组织形式和环境变化频率比较高,这就要求装备保障系统必须把横向和纵向有机结合起来,缩减组织层次,加快信息反馈,增强系统的应变能力。

因此,在战时的装备保障环境中,其组织往往倾向于采用柔性结构,以此来增强装备保障的动态应变能力,从而实现组织人员和资源管理的最优化组合及有效协调。这就说明在战时装备保障组织应采用矩阵型组织结构为宜,以较强的系统组织应变能力来满足战时保障任务的快速变化,增强对战时高度复杂不确定性的适应性。

(3)在平时的环境中,装备保障是基于主要管理者的职能划分和部门组合,依据正式的职能配置人员,组织结构的复杂性较低,规范性要求相对较高并程序化。保障任务活动比较固定,流动性较弱,结构趋于机械与静态,这就要求一个层级职权控制幅度很小、工作效率高、结构比较稳定的组织结构。

因此,平时的装备保障组织比较倾向于稳定不变,需要持续性的刚性结构,这就表明平时的装备保障应采用职能型组织结构为宜,以满足平时规范、稳定的保障任务活动。

第6章　保障信息建模

精确保障的实现和装备保障效能的发挥直接有赖于战场装备保障信息的获取、传输和处理以及对各类信息流程的把握。因此,深入分析未来作战中装备保障信息的需求、掌握战场作战信息流程和保障信息流程,必须建立保障信息模型,为装备保障建设提供有意参考。

6.1　保障信息模型概述

建立信息模型是实施装备保障系统信息集成的重要基础。信息模型描述的是装备保障过程中数据对象及实体之间关系的模型,说明保障系统处理的业务对象所包含的信息,或者说执行具体功能的保障活动的输入、输出数据以及这些数据之间的逻辑关系。

6.1.1　信息模型的定义

关于信息模型的定义,目前还没有一个公认的定义,学者们有如下一些描述。

信息模型是对经营活动过程中信息的采集、传递、加工、使用和维护等信息活动环节以及信息活动一般规律的描述,信息模型由关系模型、数据模型等组成,以图、表、数据的形式表示,能够为信息系统的建设提供理论指导。

信息模型是对活动信息需求的抽象和简化表示,用于描述系统信息需求的蓝图,并指导组织应用系统的开发,促进信息资源的共享和集成。

信息模型是描述业务活动涉及的实体关系模型,即描述业务活动涉及的信息以及这些信息间的联系的模型。

这些定义都包含了这样一种观点:信息模型是对系统活动需求的信息及其相互间关系的描述。因此,建立装备保障信息模型是为了统一标准化管理所采取的一种规定装备保障部门之间接口的手段。信息模型是一个关于保障组织体系需要信息的模型,包含了保障系统的数据实体和实体间的关系、属性、定义、描述以及范例综合展现数据之间的关系,并适应新的数据要求。

装备保障信息模型是反映装备保障信息流通概况,并对装备保障的实体内部状态、技术、流程和管理等信息的抽象理解和表示。通过装备保障信息模型,描述相关信息的传递,实现各保障单元及系统之间的连接。信息模型主要包括以下几个方面的模型。

(1)信息流程模型。信息流程模型反映信息活动间数据的流动情况。

(2)信息活动模型。信息活动模型反映信息处理的活动有哪些,以及这些活动对信息的产生、存储、传递和使用所起的作用。

(3)实体关系模型。实体关系模型反映数据实体及其相互间的关联关系。

（4）数据模型。数据模型是对客观事物及其联系的数据化描述,是复杂的数据关系之间的一个整体逻辑结构图,反映数据的规范化程度。

6.1.2 保障信息建模目的及原则

装备保障信息建模的目的包括两个方面。

（1）信息模型的建立有助于分析装备保障系统现有的过程活动,优化和改造保障系统现有的流程。装备保障信息模型是对装备保障活动的抽象,是对系统的组织结构业务活动功能模型和数据模型以及体系结构的分析,以便在分析过程中发现装备保障流程中不合理的环节并对其改进。

（2）对于装备保障信息系统这一复杂系统的建设需要巨大的人力物力投入,为提高其建设的成功率,可以通过装备保障信息模型模拟装备保障信息活动的过程规律,仿真装备保障信息行为,帮助系统管理者理解装备保障信息系统、理解装备保障信息化过程中的管理和活动。

为此,装备保障信息建模,应该遵循自顶向下、逐步求精以及以指挥控制过程为主线的原则。

装备保障系统是一个复杂的系统,要完整描述反映装备保障的职能、过程和活动,既能反映系统职能的概况,又能反映保障行动的细节,需要对保障系统指挥控制与行动进行自顶向下的分解和细化。顶层的模型描述系统的职能、过程的概况,中下层是对顶层进行逐步分解、细化的结果,是对各类保障行动的描述。

对于装备保障而言,指挥控制是管理保障过程、保障行动的主线。因此,保障信息建模必须以指挥控制为主线,从保障行动的角度来描述装备保障的过程与活动。

6.1.3 信息流动的方式

信息建模必然要涉及到信息资源的流动,故研究信息流动的方式是非常必要的。信息资源整合不只是要连通各信息节点,重要的是要实现各信息节点间的信息流动,互为对方提供信息,是对信息交互、流通、优化活动的实现。根据实际需要合理调度与有效利用信息资源,解决"信息孤岛"问题,实现信息资源共享。

由于信息流动本身是一个过程,因此可以通过对信息流动元模式的研究来给出相关推理,进而组合成信息资源整合过程中的信息流过程。信息流动元模式可归纳为以下四种:直流模式、分流模式、合流模式、回流模式,如图 6.1 所示,其中 A、B 分别为信息流动中的两个关联节点,箭头线代表节点之间的信息流向以及节点间的关系。

（1）直流模式:最基本的流动方式,表示信息组织中信息节点之间的一对一送达。这种模式通常是信源与信宿间的一一对应,是两个节点间的信息流动。

（2）分流模式:表示信息组织中信息节点之间的一对多的送达。有两种可能:第一种可能是不需要条件约束的传送,比如一些通知;另一种是满足某些条件才可以的传送。在信息资源整合过程中,通常对应于信息的发布,是一个信源对多个信宿的传递。

（3）合流模式:表示信息节点之间的多对一的送达,最典型的是机关之间的意见汇总,可以根据具体的业务情况适当放大和缩小约束条件。合流模式通常对应着信息的汇集,多个信源向一个信宿提供信息,如各个部门向高层指挥机关汇总相关数据。

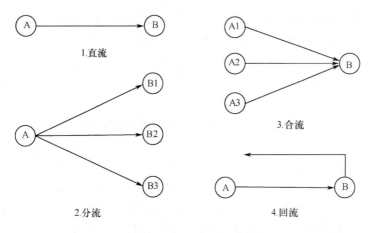

图 6.1　信息流的基本元模式

（4）回流模式：表示信息在组织中的活动点之间形成的回路，如保障效果的评估反馈等。在信息资源整合过程中，经常会涉及信息的回流，对请求的应答，出错信息的反馈等，都属于回流模式。

一个信息流动活动，一般具有一个开始条件，一个结束条件，其状态可分为不活动、活动、挂起和完成。完成的结果分为成功和失败，有时可能还会存在结果值。信息流动过程中需要相应的限制，以确保对信息资源的流动能够进行有效地控制。信息资源整合是对信息资源的重组与规划，需要根据整合的目标对信息资源的流动进行有目的的制约，这种制约通过流动条件的设定来实现。

信息资源整合过程中所涉及的往往是一些较复杂的流，而这些复杂流可以由上面给出的四种基本的流进行组合形成。信息资源整合过程中可以通过对各种信息流动的控制，来实现信息的收集、流动、交互、共享。整合是根据业务需要对各种信息流动方式的组合，而采用何种流动方式，是由信息节点间的关系以及业务过程需要所决定的。通过描述信息节点、节点间的关系以及所要处理的问题，就可以明确信息流动的方式。而了解信息的流动过程，也有助于整合过程中的系统结构构建以及功能的实现。

6.2　保障信息建模方法

目前常见的几种信息建模方法有实体关系（E－R）建模、数据流程图（DFD）建模、Coad－Yourdon 建模、IDEF 系列、UML 等。下面给出在保障信息建模中更为实用的 E－R、DFD 两种建模方法。

6.2.1　实体关系建模方法

E－R 模型主要是描述系统的结构，属于概念模型。该建模方法是通过描述系统所涉及的信息活动、实体的确定以及建立实体之间的关系，最终得到实体关系模型。

1. 信息活动

信息活动是参与数据处理的管理活动，通常具有以下性质。

（1）一个信息活动有明确的输入、输出或存储数据。例如物资器材请领这个活动，输入的是物资器材申请单、物资器材数据,输出的是物资器材请领单数据。

（2）一个信息活动实现的是对数据的存储、传递、加工、使用等功能中的一种或几种。

（3）一个信息活动可以有多个数据输入和输出,但是一般只有一个数据存储。

（4）通过信息的传递和使用,实现不同的职能部门、人员或单元信息活动的衔接。

2. 建立实体

实体是 E－R 模型的基本对象,是客观世界中具有相同属性和特征的抽象事物的集合,集合中的元素就是实体的实例。实体可以是物理存在的事物,也可以是抽象的概念。每个实体都有一组特征或性质,称为实体的属性。每个实体应该用一个名词来命名,有时也可以加上一个修饰词。可以认为一个实体具有该名词所确定的性质。

确定实体是信息模型建立过程中最为关键,也是最为困难的一个步骤。实体选择的正确、全面与否直接影响着信息模型的准确性和实用性。在区分实体和非实体时,可以通过以下几个准则来鉴别。

（1）实体可以被描述(它有性质)。

（2）它有 n 个同类的实例。

（3）每个实例可被区分和标识。

（4）它不能用来描述事物(否则只能看作是属性)。

在装备保障过程中,由于各部门具有相同的特征和属性,故它们是同一部门实体,而各部门的指挥人员、保障人员也就有相同的特征和属性,因而它们也是同一员工实体。

3. 确立实体间的关系

在建立信息模型的过程中确定实体间的关系也是一个非常关键的步骤,关系是两个实体间的逻辑联系。组织中的各个实体总是通过与其它实体所存在的相互关系来表现自己存在的价值和意义。一个不与其它实体发生任何关系的实体在组织中也就没有存在的必要。组织中的实体之间存在着广泛的联系,但不可能也没有必要把实体之间的所有关系都描述出来。关系是指两个或多个实体之间存在的一种自然的对应关系,实体之间的关系包括以下几种类型:①1 对 1 的关系;②1 对多的关系;③多对多的关系。

4. E－R 图表示方法

E－R 图是表示 E－R 模型的工具。矩形表示实体;椭圆表示属性,属性下的横线表示键;菱形表示关系;无向边上的数字表示关系的类型。结构关系型表示该实体在关系中的参与程度。图6.2 给出了常见的 E－R 图表示方式,在 1 对多关系型图中,当 $n=1$ 时就变成 1 对 1 关系型。

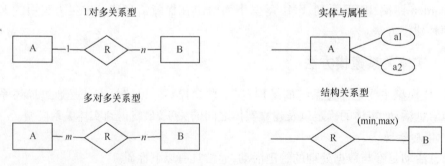

图 6.2　E－R 图的表示方法

6.2.2 数据流程图建模方法

DFD 是结构化方法中一项最基本的方法。DFD 和它的改进形式主要用来描述系统数据流程及其处理过程。在建立 DFD 时,一般采用自顶向下的结构化分解方法,首先用少数几个高度概括、抽象的处理过程描述系统的逻辑功能、数据流程及其外界的数据交换;然后分别对其中的每个处理过程进行分解,建立下一层的 DFD,这个过程是一个逐步求精的抽象过程。

DFD 有四种基本图形符号:

⟶:箭头,表示数据流。

◯:圆或椭圆,表示数据处理。

▭:双杠,表示数据存储。

▭:方框,表示数据的源点或终点。

(1)数据流。数据流是数据在系统内传播的路径,由一组固定的数据组成。由于数据流是流动中的数据,所以必须有流向,除了与数据存储之间的数据流不用命名外,数据流应该用名词或名词短语命名。

(2)数据处理(又称为加工)。对数据流进行某些操作或变换。每个加工也要有名字,通常是动词短语,简明地描述完成什么加工。

(3)数据存储(又称为文件),指暂时保存的数据,它可以是数据库文件或任何形式的数据组织。

(4)数据源点或终点,是系统外部环境中的实体(包括人员、组织或其他系统),统称外部实体。一般只出现在数据流程图的顶层图。

数据流程图制作步骤:

(1)首先画系统的输入、输出,即先画顶层图。顶层图只包含一个加工,用以表示被开发的系统,然后考虑该系统有哪些输入数据流、输出数据流。顶层图的作用在于表明被开发系统的范围以及它和周围环境的数据交换关系。

(2)画系统内部,即画下层数据流图。不再分解的加工称为基本加工。一般将层号从 0 开始编号,采用自顶向下,由外向内的原则。画第一层数据流图时,分解顶层流图的系统为若干子系统,决定每个子系统间的数据接口和活动关系。

注意事项:

(1)命名。不论数据流、数据存储还是加工,其命名应该使人们易于理解其含义。

(2)画数据流而不是控制流。数据流反映系统"做什么",不反映"如何做",因此箭头上的数据流名称只能是名词或名词短语,整个图中不反映加工的执行顺序。

(3)一般不画物质流。数据流反映能用计算机处理的数据,并不是实物,故对目标系统的数据流图一般不要画物质流。

(4)每个加工至少有一个输入数据流和一个输出数据流,反映出此加工数据的来源与加工的结果。

(5)编号。如果一张数据流图中的某个加工分解成另一张数据流图时,则上层图为父图,直接下层图为子图。子图及其所有的加工都应编号。

6.3 保障信息模型构建

信息是对数据的合理组织,装备保障信息模型的构建过程就是对保障系统数据合理、规范的组织过程。构建科学合理的装备保障信息模型必须明确装备保障信息的种类和模块以及信息的流向。因此,在构建装备保障信息模型之前,先对装备保障的信息资源进行分类和归纳,进行装备保障的信息流分析,为构建装备保障信息模型奠定基础。

6.3.1 保障信息流分析

信息化条件下作战(或其他军事任务)中的装备保障信息种类和信息量非常巨大,要搞清装备保障信息的流程,必须对装备保障的信息流进行分析与归纳,得出保障信息的来源和归宿。根据部队编成,其各级保障指挥机构、保障平台和各保障单元可以得到 GPS 定位、情报采集、信息处理、战场信息广播服务等系统和装备的支持,通过一体化联合作战指挥平台和野战综合通信系统互连成一个无缝隙的保障信息网络,其总的装备保障信息流程示意图如图 6.3 所示。

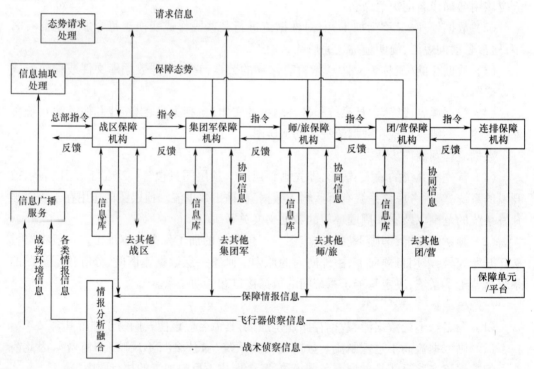

图 6.3 战时装备保障信息流程示意图

装备保障信息流程是一个复杂的流动过程,图 6.3 只是从概念上描述了在信息化条件下作战装备保障信息流程的流向。从宏观上讲,装备保障的信息流包括战场情报信息流、指挥控制与反馈信息流、态势信息流、协同信息流等。图中每一个方框代表一个功能模块或系统,相对每个方框而言,箭头表示信息的输入和输出。每个方框的作用是信息的变换,即把输入信息流变成输出信息流。每一次信息输出都必须对输入的信息进行标准化加工处理。其目的:一是消除冗余,提高置信度;二是把信息转化成便于传递、分析或进一步处理的形式,便于信息在网络中流通;三是压缩信息数量,提高信息质量,按权限分发、存储有用信息。

1. 战场情报信息流

战场情报信息主要包括敌情信息、我情信息、战场环境信息等。敌情信息属情报类信息,多为自上而下地流动;我情信息属情报、决策、控制类信息,具有由上至下、自下而上以及横向交叉的流动形态;战场环境信息属管理类信息,具有由上至下的流动形态。

战场情报信息的来源主要是各保障层次的情况报告(通报)、侦察直升机和无人飞行器采集等。以装备保障情况报告的信息流程为例:保障单元/平台——连排指挥控制系统——营指挥控制系统,营指挥控制系统进行情报分析处理后,与团装备保障指挥信息需求联系紧密的信息输送到团指挥控制系统,团经信息处理后将有关信息输送到上级信息库;与其他保障分队有关的信息输送至信息广播服务系统,由其进行信息抽取分发,实现战场保障信息共享。

2. 指挥控制与反馈信息流

该信息流在上级保障指挥机构与本级保障指挥机构之间,以及本级与下级保障指挥机构之间流动。该信息流涉及到各保障、支援、协同等系统和分队;它以文电和话音形式为主。上级向下级下达保障命令或指示,下级系统则把执行命令后的保障情况反馈给上级指挥控制系统。这类信息主要内容是各种命令、指示和反馈调控等信息。其信息流程为:由上至下,下达各种命令、指示;由下至上,反馈对上级命令、指示的执行情况;由上至下,根据下级的反馈信息进行调控。如此往复循环。

3. 态势信息流

态势信息属情报和决策类信息,具有自下而上和由上至下的实时双向流动形态,通常包括作战部队及保障部(分)队当前位置、攻防态势、敌方动态等信息。态势信息流的来源主要来自上级的通报、下级的报告和各种信息采集设备采集到的信息。这些信息集中汇集到部队信息库和信息分发系统,各级指挥控制机构可以向部队信息库自动查询、检索,或通过信息广播服务器请求信息支援,信息广播服务器根据用户的请求抽取相应信息进行分发,并通过信息系统输送给用户。

4. 协同信息流

信息化条件下的装备保障,参加联合保障的力量众多,相互之间的保障协同、资源共享大增,由此而产生和需要协同的信息量势必大大增加。协同信息属协调、控制类信息,主要是各协同单位之间的横向信息流动。协同信息的内容主要包括协同的时间、地点、方式、力量及保障资源等。

除此之外,还有干扰敌方信息系统和防御敌方攻击我信息系统的信息流,这是一种由一方信息装备传输到另一方信息接收装备的单向信息流,主要由电磁干扰装备、计算机等产生。

6.3.2 保障系统模块信息流分析

1. 保障指挥控制模块信息流程

保障指挥是一个过程,具有内在的程序性。指挥员只有按照科学的指挥程序进行,才能使保障指挥活动有条不紊地进行,提高指挥的实效。保障指挥活动的过程是不断地获取信息、处理信息和利用信息的过程,信息制约着保障指挥活动的全过程。因而,分析部队在信息化条件下的装备保障指挥控制信息流,对于科学合理地使用信息,提高指挥决策的科学性、快速性,具有重要意义。

图 6.4 描述了信息化条件下的装备保障指挥控制信息流程。根据保障部(分)队受领的保障任务、目标和保障指挥对信息的需求,运用多种信息侦察力量,收集分布于战场各区域各信息源的保障信息,形成初始信息;通过一体化联合作战指挥平台和野战综合通信系统将信息输送到指挥控制系统的数据处理与管理分系统,该分系统经信息处理转化为具有相应置信度和规格要求的综合情报信息;在此基础上对保障态势进行分析,制定并评估预选方案,使其成为可供决策使用的信息(包括方案信息和态势信息);最后由装备保障指挥员做出决策,形成决策信息;根据决策信息,制定命令、指示和计划,通过一体化联合作战指挥平台和野战综合通信系统传递指令信息,下达给各保障指挥对象;各保障指挥对象根据指令信息实施保障行动,并将保障行动效果情况及时反馈,装备保障指挥员根据反馈信息不间断的协调和控制,这个过程循环往复地进行。

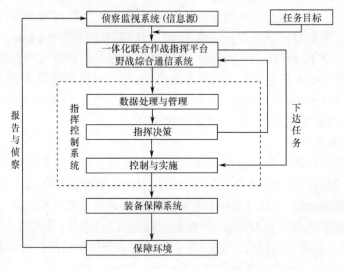

图 6.4 装备保障指挥控制信息流程图

需要指出的是,对信息化条件下装备保障指挥控制信息流的分析,不仅要分析信息流程,同时要分析信息流量大小,这对转型中的部队装备保障信息系统建设十分重要。

2. 保障行动模块信息流程

装备保障行动有其内在的规律性,它是对战场损伤装备的维修保障以及对所需保障资源进行筹供等一系列活动的总称。保障行动有其自身的程序,根据战时环境,在装备保障指挥部指挥下,按照科学程序合理利用装备保障力量和信息资源,通过一系列有效措施使得保障活动顺利进行,提高装备保障的效能。因此,分析信息化条件下的部队装备保障行动信息流,实施科学地决策和运用保障力量,对于提高保障效率具有重要意义。

图 6.5 描述了信息化条件下的装备保障行动的信息流程。根据战时受领的保障任务、目标和装备保障对信息的需求,运用多种信息侦察手段,收集分布于战场各区域的保障信息,形成初始信息;通过数据处理与分析,形成装备保障的相应信息(战损装备及保

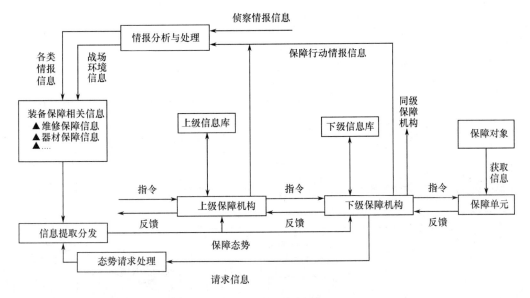

图 6.5　保障行动信息流程图

障资源消耗等信息)。在此基础上对保障态势进行分析优化,使其成为可供决策使用的信息;装备保障机构做出决策,形成决策信息;根据决策信息,拟制、下达命令并传递指令信息,下达给各保障单元;各保障单元根据指令信息实施保障行动,并将保障行动效果情况及时反馈,保障单元根据反馈信息不间断向上级反馈,并与同级保障机构及保障单元进行协调控制。

6.3.3　保障信息模型的构建示例

根据对装备保障指挥控制、保障行动信息流程的描述,下面运用 E－R 图对装备保障指挥控制、保障行动两个方面进行信息模型的构建。

1. 指挥控制信息模型构建

指挥控制是装备保障的重要职能,主要包括上下级的纵向指挥控制和横向协同指挥控制,其范围包括情报侦察、态势信息管理、指挥决策管理、实施指挥等。

按照前面描述的装备保障指挥控制信息流程,根据典型陆军师装备保障编成,其装备保障指挥控制实体关系如图 6.6 所示。这里,各保障指挥实体之间关系用菱形表示,关系之间线条上的数字表示的是各实体之间的对应关系,例如师保障指挥机构与团营保障指挥机构的关系是指挥控制以及信息反馈的关系,而实体之间的对应关系是 $1:n$ 的 1 对多的关系。

2. 保障行动信息模型构建

按照前面描述的装备保障行动信息流程,根据典型陆军师的装备保障编成,其装备保障行动实体关系如图 6.7 所示。

装备保障行动是进行装备保障的关键内容,主要有技术侦察机构的行动、抢救后送机构的行动、修理机构的行动和器材供应机构的行动等。其信息管理活动包括保障情报管理、保障计划管理、保障行动业务管理等。

装备保障信息化是实现装备精确保障的重要途径,建立装备保障信息模型,理顺装备

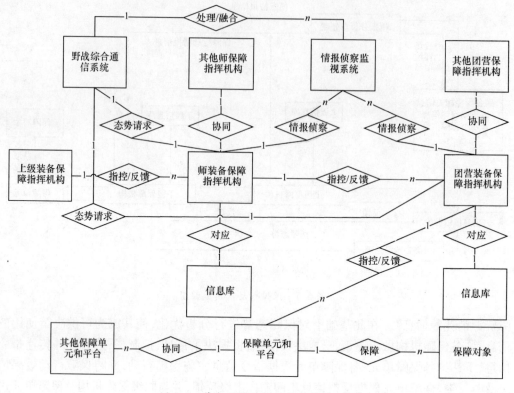

图 6.6　装备保障指挥控制实体关系图

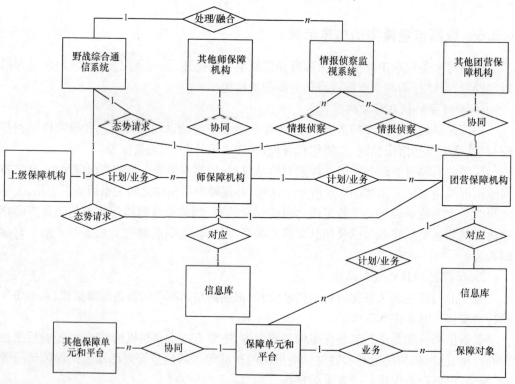

图 6.7　装备保障行动实体关系图

保障信息流程是建立装备保障信息系统的重要条件。装备保障信息建模是个复杂的过程,是一个持续改进、优化的过程。因此,应该更加深入地对装备保障每个领域的信息模块进行研究,加强各个层面上的信息模型的探索,建立一套完整的装备保障信息模型,为装备保障信息化工程的顺利实施打下坚实的基础。

装备保障信息模型是对装备保障信息流程的图形化或者数据化的表达,通过对保障指挥控制、保障行动信息模型的构建,得到以下启示。

(1)要进一步加强保障行动信息流程的分析。要弄清装备保障行动过程的主要环节,确定信息流动的各个节点,明确情报态势流、指挥控制流、协同流等信息流,以"信息流"来运作和控制"物资流"和"行动流",提高指挥控制效率,提高保障需求的响应速度。

(2)要加快信息基础设施建设,增强信息搜集能力。对于信息的搜集,主要包括对协同信息、反馈信息、指令信息、环境信息以及各类保障行动信息的采集。一方面要建成源数据实时采集与服务系统,抓好中心数据库和终端数据库建设,建立信息共享的装备保障数据库;另一方面要抓好各类情报系统建设,加快形成从态势感知系统、情报侦察系统到全资可视系统的建设,实现对全域装备保障环境和动态的精确掌握。

(3)要加强信息的处理、融合、控制反馈能力建设。在自动化指挥网的基础上,建成精确保障信息网格,建立系列化的保障信息实时传递、信息处理、信息显示、指挥决策、反馈调节的自动化信息系统,通过综合集成,把装备保障过程的监测、判断、决策、行动等各个阶段贯穿为一个整体,形成反复循环的过程,实现对装备保障全程全维的可视可控。

第7章　保障资源建模

装备保障资源不仅种类繁杂,内容较多,各成分之间的关系也非常复杂,而且这些资源在装备保障过程中的状态和行为是不断变化的,对于这些复杂繁琐的信息,如果没有一个切实可行的模型就无法实现对装备保障资源的有效管理和利用,造成资源的浪费或不足。因此,应该建立资源模型,清晰地描述出装备保障资源间的关系,以解决装备保障过程中资源管理的复杂问题。

7.1　资源模型概述

7.1.1　资源模型内涵及建模目的

对于装备保障来说,资源是组织完成各种装备保障任务的物理元素的集合,是装备保障组织结构赖以执行任务或为任务执行提供支持的物质因素。装备保障的任务执行、功能实现、组织成员的活动、最终目标的完成等都必须得到资源的支持,因此,资源在完成某一类功能任务时扮演着极其重要的角色,是实现装备保障目标的重要基础。

资源各不相同,但都具有三个主要特征:静态属性、动态属性和约束条件。静态属性是资源的固有属性,包括资源类型、资源的可再分性、资源的归属等;动态属性是随着时间变化而发生改变的,包括可用量、资源的当前状态等;约束条件限定资源如何执行某种任务以及该资源与其他资源的关联关系。

资源模型是装备保障建模的重要组成部分,是对过程模型、功能模型、信息模型和组织模型的重要补充。它是一种通过定义装备保障资源之间的逻辑关系、资源的具体属性,对装备保障系统中可支配的各类保障资源结构、资源之间逻辑关系进行有效描述的模型。

资源建模就是资源的模型化过程,定义资源实体及其相互间的关系,描述保障资源结构、资源构成与属性。具体地讲,资源建模目的体现在以下方面。

(1)全面而精确的定义、描述装备保障资源的结构和特征,对资源在装备保障各子系统之间和保障过程中的流动、变换进行分析、优化和控制,提高装备保障系统的柔性和敏捷性。

(2)针对某一过程的资源需求分析,精确描述资源的属性,为装备保障过程的仿真、分析、优化和保障资源的优化提供支持。

(3)组织装备保障已有的资源(人力资源、物质资源、信息资源)以支持和满足装备保障中所有功能和过程活动要求。

(4)实现资源的优化配置和调度,根据装备保障资源模型进行相应的系统结构和系统配置的分析、设计和实施,使得所建立的系统能够满足装备保障目标、约束条件和需求,从而实现资源的优化调度,降低系统的运行费用。

7.1.2 资源模型建模方法

常用的资源建模方法主要有 IEM、CIM – OSA、ARIS、UML 等。其中,如 5.2.1 小节所指出的,UML 作为一种面向对象建模技术逐渐被各个领域广泛认同,在资源建模方面也体现出很大的优势,具体表现在以下几个方面。

(1) UML 综合了多种建模方法的优势,具有较强的建模概念,易于在资源领域中推广。

(2) UML 具有丰富和较为完备的语义和语法定义,为资源模型语义提供了简单、一致、通用的定义性说明。

(3) UML 从需求分析、详细设计到技术实施,采用一致的资源表示方法,消除了因表达不一致而产生的各个阶段间的分歧,实现了阶段间的顺利过渡,从而支持资源基于各个生命周期维的建模。

(4) UML 通过属性和操作的封装,使资源对象和其他模型对象间依赖性最小,形成一个更加稳定的模型,有利于该资源建模方法与现有建模体系的集成。

(5) UML 方法的封装和继承性有利于描述资源的多样化和复杂性,支持资源分类结构的刻划。

本章的资源建模采用 UML 中的类图来描述,考虑到装备保障资源的管理,资源由以下属性精确定义。

① 资源的标识(ID)、名称。
② 资源的类型(资源在保障资源结构中的地位)。
③ 资源的性质(是否可重用)。
④ 资源的能力。
⑤ 资源的可用性。
⑥ 资源的作用。
⑦ 资源的功能性(由资源的功能操作集合定义)。
⑧ 资源的位置。
⑨ 资源的共享性。
⑩ 资源的可移动性。
⑪ 资源的独占性。
⑫ 资源的成本性。
⑬ 资源的状态。

在具体的资源建模时,通过 UML 静态类图,将任务相关的物理对象建模为资源树。通过资源类的属性,实现资源与组织、资源与活动、资源与资源之间的关联。

7.2 基于 UML 的装备保障资源建模

装备保障资源建模是利用资源视图来描述保障系统的资源分类、资源构成、资源结构、资源流、资源之间的联系、及其与其他视图模型元素之间的联系等。

资源视图的构成要素包括资源型对象、资源池对象和资源实体对象。资源型对象从资源分类的角度描述保障资源,可以嵌套定义,子资源型对象可以继承其父资源型对象的属性,从而构成保障的资源分类树。资源池对象从地理位置的角度描述保障资源,某一位置的所有同类资源构成一个该类型在该位置的资源池。资源实体对象描述保障系统的原子级的具体资源。

7.2.1 资源实体及其分类

资源模型是通过定义系统资源之间的逻辑关系和资源的具体属性,进而描述系统的资源结构与组织的模型。对资源结构的描述需要提供对资源间逻辑关系(如资源分类、分类标准、分类原则)的描述方法。对资源实体的描述需要提供对资源属性(如资源类别、资源的性质和性能、资源的能力)的描述方法。

装备保障资源具有比较成熟的分类方法,可分为人力资源、供应保障资源、计算机保障资源、保障设备、训练与训练保障资源、保障设施、技术资料、包装装卸与运输资源以及一系列环境设计接口资源等,如图7.1所示。

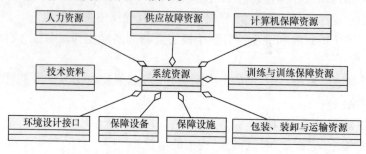

图 7.1　资源结构视图

人力资源是指装备投入使用后,为从事装备使用、维修与管理工作而需要的具有一定数量、一定专业技术等级的人员。根据工作性质的不同,人力资源可分为使用人员、维修人员、管理人员等。人力资源结构示意图如图7.2所示。

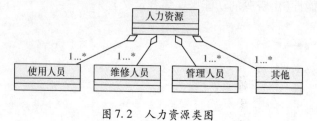

图 7.2　人力资源类图

供应保障资源主要是指装备使用和维修所需要的大量器材,包括周转器材、随装器材、战备器材以及消耗品。周转器材又划分为通用器材和专用器材,专用器材的划分与装备的具体型号紧密相关。供应保障资源结构如图7.3所示。

用于使用和维修装备的任何设备均可称为保障设备。保障设备可分为通用设备工具和专用设备工具,包括使用与维修所用的拆卸和安装设备、工具、测试设备(含自动测试设备)、诊断设备、工艺装置、切削加工和焊接设备等。保障设备资源结构如图7.4所示。

技术资料是指保障所需的工程图纸、技术规范、技术手册、技术报告、计算机软件文档等。技术资料资源结构如图7.5所示。

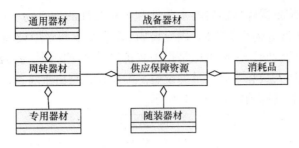

图 7.3　供应保障资源类图

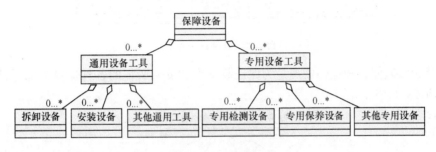

图 7.4　保障设备类图

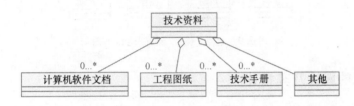

图 7.5　技术资料类图

训练与训练保障资源主要是为培训部队现有专业技术人员而准备的训练计划、大纲、教材、教员、器材等资源。训练与训练保障资源结构如图 7.6 所示。

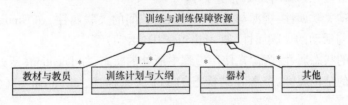

图 7.6　训练与训练保障类图

随着计算机在装备及装备管理中的广泛应用,计算机资源也成为重要的一项资源。它包括内嵌式计算机资源、非内嵌式的应用资源,而非内嵌式的应用资源包括计算机的软/硬件系统和开发的管理应用系统。计算机资源结构如图 7.7 所示。

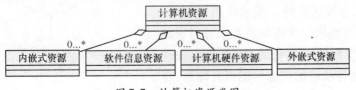

图 7.7　计算机资源类图

保障设施是指装备保障所需要的永久性和半永久性的构筑物、机器设备。根据保障设施预定的用途,可以分为维修设施、供应设施、训练设施和专用设施等。维修设施是指执行维修任务所需的设施。供应设施是指为装备提供供应保障所需的设施。训练设施是指用于训练装备使用人员和维修人员的设施。专用设施是由于装备的某些特殊属性而需要的设施。保障设施资源结构如图7.8所示。

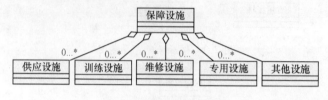

图 7.8　保障设施类图

包装、装卸、储存和运输资源是为保证装备到达部队所需的各种保障资源,其结构如图 7.9 所示。

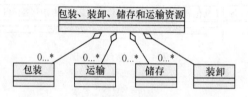

图 7.9　包装/装卸/储存/运输类图

7.2.2　资源的属性及其描述

装备保障资源对象的属性是多种多样的,为满足不同阶段保障过程,资源的属性可以归纳为以下几类。

(1) 资源的一般属性:资源名称标识的基本描述,如 Resource ID(标识)、Name(名称)、Location(位置)、Description(描述)等。

(2) 资源的关联属性:资源与过程、功能、组织间的关联属性,如 Group ID(所属组织标识)等;资源与活动的关联属性,如 Activities ID(活动)等。

(3) 资源的状态属性:资源在使用过程中所处的状态,如 Location(所处位置)。

(4) 资源的结构属性:资源在结构上的父子关系描述,如 Parent ID(父资源)、Child ID(子资源)。

(5) 资源的能力属性:资源的用途及性能水平。

根据保障系统中资源使用的特点,可以将资源的状态分为四种状态:资源的闲置状态、资源的等待状态、资源的使用状态、资源的释放状态,其状态转换关系如图7.10所示。

闲置状态是指资源处于尚未使用的状态,没有任何的服务请求。等待状态是指有对资源的服务请求,资源处于准备的状态,尚未被使用,此时处于等待状态的资源可能离开原地,也可能未离原地。使用状态是指资源在活动中

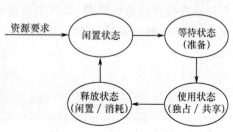

图 7.10　资源状态转移图

90

已被占用,此时的资源状态不能改变,直到资源使用完毕,根据资源的性质不同,处于使用状态的资源可能是被独占的,也可能是共享的。释放状态是指资源使用完毕后,重新恢复到原先的闲置状态(资源的属性恢复到使用前的状态,但是资源的能力可能会受到影响),或被彻底消耗掉,不再回到原状态。在活动中,当资源有服务请求时,资源的状态开始由闲置状态变为准备和等待状态;当活动开始时,资源被使用,处于占用状态,如果是维修活动,技术人员的使用是共享的,而备件的使用则是独占的;活动完成后,资源释放,技术人员可以重新回复到原状态,被再次利用,维修设备可能会因使用过多而能力有所下降,但是仍可再次利用,而备件则被彻底消耗掉。

由于资源的使用是用来完成特定任务的,因此资源的能力对完成任务来说非常重要。资源的能力是指资源完成任务的才能或本领。保障系统中的资源各不相同,每类资源的作用和能力也不同。资源的能力可以通过资源的用途来描述。人力资源是用其职责与权限以及技术等级进行描述。设备是用其自身性能水平的状态进行描述,由于设备不断的被使用,本身的性能水平不断下降,使用的能力也逐渐下降。器材、设施、技术资料、计算机资源等其他资源只需根据用途以及是否可用进行描述即可。

资源的使用与活动、功能、组织紧密相关。过程模型和功能模型通过活动与资源模型发生关系。每一项活动的完成都要利用一定的资源,活动对资源所提出的使用请求,需要经过资源的管理部门同意方可完成。资源、活动、组织之间的关系在图3.6中已经体现出来,这里不再给出。

7.2.3 基于 UML 的资源建模

保障系统不仅要明确活动以及活动与活动之间的连接关系,还要定义每个保障活动是由谁来完成以及谁有权限来完成这个活动。装备保障的人力资源模型用于表示保障系统的组织结构和人力配置情况,描述保障系统各机构对象之间的联系和关系,这些信息为装备保障过程活动的执行提供机构约束和人力支持。

装备保障的人力资源模型由五种实体组成,分别是人员、工作班组、部门、职务、角色。

(1)人员:是基本组成要素,对应系统中每一个人,是实际任务的执行者。

(2)工作班组:是保障系统人员的组合,指为实施装备活动临时指定的人员集合,是动态的临时组织。

(3)部门:对应保障系统内部的上下级关系,由实际部门设置情况决定,是对保障系统力量结构上的分解。

(4)职务:代表了在装备保障结构上的等级关系。

(5)角色:以职能为划分标准,能够完成某项功能的人员或资源的总称。

人员作为一定角色具有一定的与之相匹配的权限和职能。角色一般表现为一定状态主体约束下的某个组织单元或者资源,是真正执行任务的"人力或物力的集合"。人员如果要执行任务必须隶属于一定的角色,角色与人员的关系可以理解为功能抽象和功能载体的关系,人员是一切行为能力的载体,而角色则是针对人员在不同工作中表现出来的能力的功能抽象。

人员直接对应于装备保障系统中实际存在的每一个人,是组成保障力量组织形式的最基本要素。根据人员责任的不同划分了多个职务,每个人具有一个或几个职务,而每个职务下面对应一名或者多名人员;部门一般是由保障系统内部具有相同职责与任务目标的人员组成的;部门可以有一个或者多个下级部门,一个人只能属于一个部门,而一个部门下面可有多个人员。

为了适应保障任务临时需要,不同部门、不同职务、不同角色的人员可以动态地组织起来,在一段时间内临时形成一种组织形式,这就是工作班组。工作班组往往在完成了它的任务后就被解散,其组成人员也分别回归原来各自的部门。工作班组可以有一个或者多个下级工作班组,一个人可以属于一个或者多个工作组,而一个工作班组下面可有多个人员。

很多保障活动流程都涉及不止一个部门的人员或者班组,无论是人员还是工作班组都是参与到保障工作活动中的人力单元,所以,在保障人力资源模型中引入角色这一概念主要是为了增强任务指派的能力。每一名人员根据其掌握的技能可能具有一个或者多个角色,而每一角色下面也可能对应一名或者多名人员。

将人员和工作班组统一称为"参与者"。在活动流程定义的时候设置"角色—参与者"的映射,并保存起来,在保障任务活动执行过程中对这种映射进行解释,通过这种映射将相应的任务发送给相应的人员或工作班组。

图 7.11 给出了装备保障人力资源模型的示意图,定义 Actor 为装备保障的参与者,是保障人员和保障组的父类,actor Display 是 Boolean 类型属性,表示保障人员或保障组是否可用,actor Sign 也是 Boolean 类型属性,true 代表保障人员,false 代表保障组。映射表中 Actor Role Map 体现了参与者与角色之间的关联,存储了二者的基本信息,体现了角色与保障组、角色与保障人员的关联。

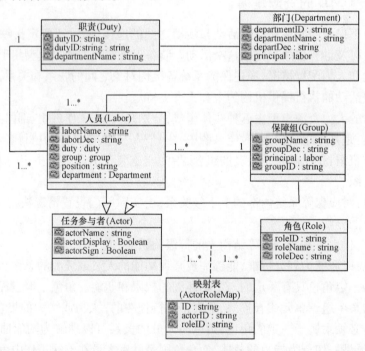

图 7.11　保障人力资源模型

在装备保障过程中,装备保障资源模型提供了保障任务活动中管理与使用的资源,这些资源可能是相关的信息,也可能是相关的物质资源,包括设备资源、软件信息资源及辅助类型资源,它由保障组织部门、任务活动人员、保障设备工具和保障流信息等部分组成。

资源模型可以用于描述装备保障过程中各种具体的资源结构。资源关系描述了资源的层次组织结构,资源类型描述了某种类型资源所具有的功能集合。每一种保障资源可以参与多个资源类型,每种资源类型可以有多种保障资源,因此资源和资源类型可以用多对多的关联结构来描述。

图 7.12 给出了资源模型的静态描述。图中,保障组织部门体现了有关指挥中心、器材保障部门、维修保障部门和其它相关的信息;任务活动人员体现组织部门任务执行人员的职责、姓名和活动地域等;保障设备工具体现了有关完成装备保障工作的工具信息;保障流信息体现了有关装备保障指挥部门、器材保障部门或维修保障部门等之间的保障任务执行、设备使用管理等方面的信息。

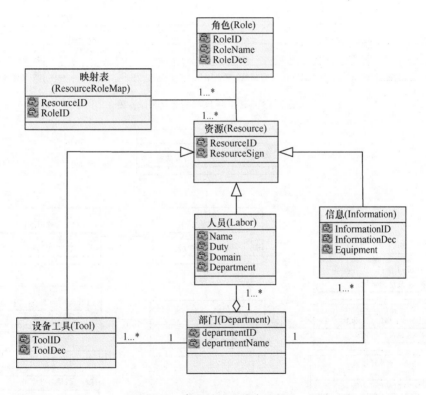

图 7.12　资源模型的静态结构

7.3　基于 UML 的装甲师维修保障力量静态建模示例

本节以装甲师维修保障力量为研究对象,利用 UML 建模方法对其进行建模分析。装甲师以装甲装备为保障对象的 UML 描述如图 7.13 所示。假定装甲师包括 3 个装甲团、1 个炮兵团和直属部队,以营或连为基本单元逐级将装甲团、炮兵团和师直属队分解,得出营或连的装甲装备的数量,通过各团的编制情况,得出团级单位的保障装备数量,从而计算出装甲师装甲装备的数量。

装甲团保障人员的静态视图如图 7.14 所示。假定修理连有 4 个排,包括 4 个坦克装

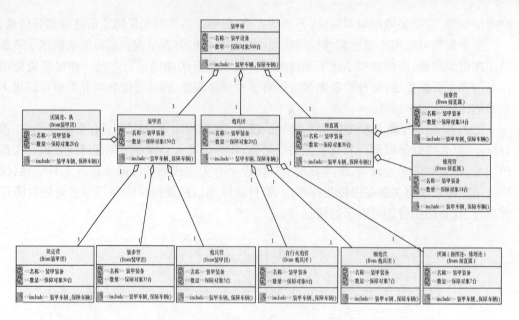

图 7.13　装甲师保障对象 UML 类图

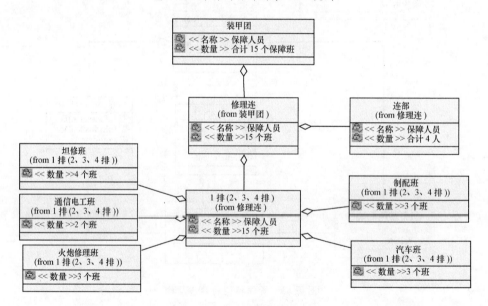

图 7.14　装甲团保障人员 UML 类图

甲车修理班、3 个火炮修理班(包括自行火炮、高炮等)、2 个通信电工班、3 个汽修班和 3 个制配班,再从底层到顶层计算保障班总数,可以得到装甲团总的保障班数量为 15 个。

炮兵团保障人员静态视图如图 7.15 所示。炮兵团的修理连包括 3 个保障排,其中 3 个坦克装甲车修理班、5 个火炮修理班、2 个通信电工班、2 个汽修班和 2 个制配班,炮兵团保障班总数为 14 个。

师直属修理营保障人员的静态视图如图 7.16 所示,描述的是其保障力量的构成,包括修理 1 连、修理 2 连和营部,将修理 1 连和修理 2 连再分解,直至到保障班。修理营保障人员 UML 类图主要是以坦克装甲车修理班分布为主,修理 1 连包括 5 个坦克装甲车修

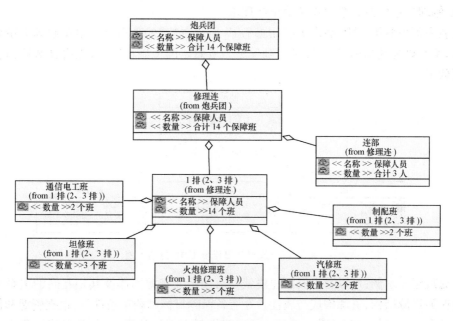

图 7.15 装甲师炮兵团保障人员 UML 类图

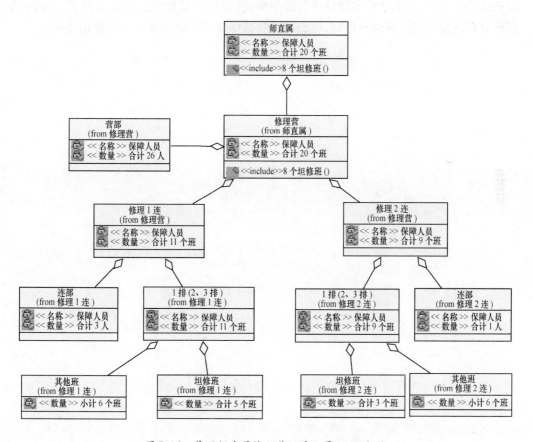

图 7.16 装甲师直属修理营保障人员 UML 类图

理班,修理 2 连包括 3 个坦克装甲车修理班。

装甲师坦修班 UML 静态类图如图 7.17 所示,描述的是坦克装甲车修理力量分布概况,以坦修班为基本单元,按照装甲师保障力量假定的编制情况,可以得到装甲师总的坦修班数量。

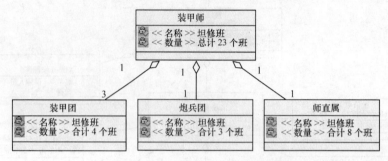

图 7.17 装甲师坦修班 UML 静态类图

通过建模示例,可以看出资源建模就是通过定义资源实体及其相互间的关系来描述装备保障资源结构、资源构成与属性。在装备保障目标和约束条件下,根据资源和保障过程中各个活动间的内在联系以及与其他视图模型之间的关联,将装备保障过程中的资源组成适当的结构,对其结构和属性进行详细描述,并在资源数量的约束条件下,实现对资源的合理分配、交换、管理和协调,进而获得装备保障过程中资源的最大使用效率。

第8章 保障过程建模

8.1 保障过程建模概述

8.1.1 保障过程

"过程"一词的内涵非常广泛。过程一般都是针对完成某个特定的目标,并按照此需求来确定组成活动的内容以及活动之间的关系。过程一般都包括以下元素和特点。

(1) 一组有序活动的集合。

(2) 有特定的输入、输出。

(3) 在输入作用下按照结构化的程序消耗或利用资源。

(4) 通常表现为跨部门、跨职能。

(5) 具有创造/生产/转换功能。

(6) 可重复执行。

(7) 主要属性有触发事件、过程结果、执行规则集等。

装备保障过程是完成装备保障任务的过程。装备保障是依赖于各种过程来完成其运行的,其中的保障信息处理过程、维修过程、配送过程等都是一种装备保障过程。所以,装备保障过程就是指为满足部队遂行各项任务需要,针对装备采取的一系列技术、管理活动,以及这些活动之间的关系。

8.1.2 保障过程管理

为了实现装备保障过程的目标,必须对装备保障过程进行管理,使装备保障过程的活动设置合理,使活动使用的信息与资源得到优化配置,使装备保障过程高效率地完成从输入到输出的转换工作,使保障过程取得应有的成果并能够满足任务需求。

装备保障过程管理包括保障过程描述、保障过程诊断、保障过程设计、保障过程实施和保障过程维护等内容。

(1) 保障过程描述是对保障过程进行识别和定义,是开展保障过程管理活动的基础。其内容包括对保障过程的目标以及保障过程本身进行具体描述、定义。

(2) 保障过程诊断是根据保障过程的评价指标和出现问题的征兆,找出导致问题出现的根本原因,从而达到根治问题本身并解决由此根本原因产生的一系列问题的目的。

(3) 保障过程设计包括理解保障过程的需求以及如何把需求转变成可能的保障过程设计方案、提出若干个候选的改进方案、对各候选方案进行分析评价、筛选出一个最合适的方案等工作内容。保障过程设计活动主要有:应用过程理论科学设计过程方案;通过计算机仿真对候选的过程设计方案进行评价;运用决策分析方法解决复杂利弊权衡问题,最后选出一个实施方案。

（4）保障过程实施是在整个系统或组织中对过程进行最终确认，并进行控制和实施。具体包括获得和配备过程中需要的设施、设备、人员等资源，为正确实施新的过程进行预备培训等活动。

（5）保障过程维护是对过程进行动态监控和定期改进完善，以保证保障过程在内部和外部条件经常发生变化的情况下仍能保持优良的性能。

从上述对保障过程管理的描述可以看出，保障过程管理具有如下本质特征。

1. 保障过程管理的出发点是满足任务需求

保障过程管理的直接驱动力是保障系统为了更快更好地满足不断变化的任务需求。对战场环境急剧变化做出快速反应，高效的向作战部队提供适时、适地、适量的保障和服务是信息化条件下装备精确保障的根本追求。保障单元的工作水平、效率高低的评价完全以其向保障对象提供的保障服务为标准。

2. 保障过程管理的对象是保障过程

保障过程就是要利用信息和资源将输入转换为输出，通过一系列按照一定的逻辑关系组织起来的活动来达到预定的保障效果，着重强调保障工作"如何进行"。在传统的保障原则下，各职能部门把保障系统的保障过程割裂为一段段的环节，导致关注的焦点是单个的任务或工作，在信息化条件下执行保障任务的过程中，越来越显示出这种模式的弊端。保障过程管理思考和改造的对象正是保障过程，以保障过程而不是具体保障任务为核心是保障过程管理思想的精髓。

3. 保障过程管理的直接目标是确保保障过程的合理性

随着战场环境的变化以及科学技术的进步，许多人们习以为常的诸如技术、人员、组织目标等方面的假设和限制条件已经发生了变化，必须对这些约束条件重新审查和评估，才能在新的约束条件下挖掘出达到目标最有效的保障过程。

保障过程管理的最终目标是持续改进装备保障的效果，而达到这一目标的手段是促使保障过程合理化。保障过程合理化包含三层含义。首先，保障过程要有效。保障过程存在的意义在于完成特定的功能，提供特定的服务，达到特定的目标。保障过程是否有效体现在它能否完成设计的功能、能否提供需要的保障服务，能否达到设计的保障目标。其次，保障过程要经济高效。这意味着业务保障过程要以最高效的方式（最少的时间、最低的成本等）完成它的任务。最后，保障过程要具有一定的柔性。这意味着保障过程需要能够及时、精确地进行调整，以随时适应作战环境的快速变化。保障过程管理就是要通过对保障过程的改进使之合理化，从而持续改进保障系统的保障效果。

保障过程管理追求的不是针对某一项保障过程的局部合理化或绝对的保障过程合理化，而是与战略目标相一致的整个保障过程合理化，保障过程管理要符合整体战略布局，在全局上做到整体合理化。

8.1.3　保障过程建模目的

装备保障过程模型是通过定义其组成活动，以及活动之间的逻辑关系来描述、设计保障过程，是表示装备保障过程中的活动及其相互关系的模型。过程建模就是建立过程模型的方法与技术，通过定义活动和活动之间的关系来描述保障过程。

通过开展装备保障过程建模工作，达到以下基本目的。

1. 支持过程的分析和改进

保障过程模型是对保障过程的形式化描述:一方面要使内容清晰明确,从而能够使保障人员更加有效地合作;另一方面要有利于保障过程的仿真、分析和改进。利用分析和评估手段对过程模型进行分析、改进和优化,可以缩短保障时间,合理配置系统资源,提高资源利用率。在保障未实施前,利用保障过程模型,客观地分析评估潜在变化以及对保障过程的影响,并寻求相应的对策,以确保保障过程正常进行。

2. 支持保障过程的实施、监控和管理

保障过程模型建立起来后,可以对保障过程进行规划,包括时间、工作量、资源的优化分配等,其目标是在有限的资源下实现保障时间最短或成本最低等。在保障过程中可以实施监控,将过程的实施情况和事前的规划做一个对比,及时对保障过程进行适当的调整,确保保障过程被合理的执行,以满足执行任务的要求。

3. 提高保障过程柔性

保障过程模型的建立有利于不同保障单元和作战单元之间的信息和资源共享,达成对整体作战意图、保障意图的统一认识,有利于不同保障单元在临时情况下按任务横向组合,实现柔性更好的横向集成,以满足战场条件下动态变化的不同任务需求。

对装备保障工作来讲,在不同的保障级别,对保障过程建模的需求内容有所不同。对于较低的级别,主要是对过程进行捕获和描述,然后对过程进行文档化,促进保障人员对过程的理解和交流,发现可能的改进机会;对于较高的级别,则更多地关注过程的规划、度量和评估,实现过程的优化、改进和重组等。

8.2 保障过程评价参数

传统装备保障主要关注具体的装备或装备保障系统的好坏,而保障过程着重关注过程的好坏和流程步骤的合理性。装备保障过程的好坏可以通过定性与定量两个方面进行评价描述。下面从战场作战指挥员和装备保障指挥员的角度,提出装备保障过程评价参数并进行描述。

装备保障过程的定性描述主要有过程模型的合理性、死锁、冲突等,保障过程的定量评价参数主要包括任务完成时间、任务完成有效时间、任务等待时间、任务等待队列长度、资源利用率、任务完成成本等。

1. 平均任务完成时间 $\overline{T}$

$\overline{T}$ 表示在一定约束条件(资源、环境、组织结构等)下,装备保障过程完成一项特定任务的时间平均值,是衡量保障过程对该特定任务的反应能力。

$$\overline{T} = \sum_{i=1}^{N} T_i \bigg/ N = \sum_{i=1}^{N} (T_{if} - T_{id}) \bigg/ N \tag{8.1}$$

其中: T_{if} 为第 i 项任务完成时刻; T_{id} 为第 i 项任务到达时刻; T_i 为第 i 项任务完成时间; N 为任务统计样本数; i 为任务统计样本序号。

2. 平均有效任务时间 $\overline{T}_{yx}$

$\overline{T}_{yx}$ 表示在一定约束条件下,装备保障过程完成一项特定任务的有效时间平均值。

$$\overline{T_{yx}} = \sum_{i=1}^{N} T_{iyx} \Big/ N = \sum_{i=1}^{N} (T_{if} - T_{iks}) \Big/ N \qquad (8.2)$$

其中:T_{iks}表示第 i 项任务开始时刻;T_{iyx}表示第 i 项任务有效工作时间;T_{if}参数同上。

3. 平均任务等待时间 $\overline{T_{dd}}$

$\overline{T_{dd}}$表示在一定约束条件下,在某特定的装备保障过程中,样本任务等待处理的时间平均值。

$$\overline{T_{dd}} = \sum_{i=1}^{N} T_{idd} \Big/ N = \sum_{i=1}^{N} (T_{iks} - T_{id}) \Big/ N \qquad (8.3)$$

其中:T_{idd}表示第 i 项任务等待处理时间;T_{iks}、T_{id}含义同上。

4. 平均资源空闲时间 $\overline{T_{kx}}$

$\overline{T_{kx}}$表示在一定约束条件下,在某特定的装备保障过程中,装备保障资源等待保障对象的平均时间。

$$\overline{T_{kx}} = \sum_{i=1}^{N} (T_{iks} - T_{ijx}) \Big/ N \qquad (8.4)$$

其中:T_{iks}表示第 i 项任务开始时刻;T_{ijx}表示某项资源在处理第 i 项任务时的就绪时刻。

5. 平均任务等待队列长度 L

L 表示在一定约束条件下,在某特定的装备保障过程中,样本任务等待处理的排队长度。

$$L = \overline{T_{dd}} \Big/ \overline{T} \qquad (8.5)$$

其中:$\overline{T_{dd}}$、$\overline{T}$含义同上。

6. 平均资源利用率 A

A 表示在一定约束条件下,在某特定的装备保障过程中,某项资源在能工作时间内的有效利用情况,反映了对资源安排的合理性和资源的利用程度。

$$A = \sum_{i=1}^{N} \frac{T_{iyx}}{(T_{if} - T_{ijx})} \Big/ N \qquad (8.6)$$

其中:T_{ijx}表示某项资源在处理第 i 项任务时的就绪时刻;T_{if}表示某项资源在处理第 i 项任务时的完成时刻;T_{iyx}表示某项资源在处理第 i 项任务时的有效工作时间。

给出的这几项参数均能反映保障过程的性能,为保障过程的评价和优化提供依据。这些参数是一般性通用参数,具体使用时可以根据需要进行派生,如维修过程参数、配送过程参数、信息决策过程参数等。

8.3 保障过程建模方法

8.3.1 保障过程建模方法功能需求

装备保障过程建模是装备保障过程管理的重要内容,是仿真分析的前提,是过程诊断、分析、评估、改进等活动的基础。保障过程建模要求建模方法能够用形象、统一、简单的符号或语言描述过程,将模型作为交流的基础,促进了解和沟通,能够建立过程形式化的定义,支持对过程的分析和改进。装备保障过程建模方法功能需求体现在以下几个方面。

1. 协同集成功能

对于复杂的装备保障过程来说,模型并不是一个单一的模型,而是多种视图模型的集成。过程模型有赖于功能、资源、组织等模型向其提供相应的信息和原始数据,同时向这些模型反馈数据,所以需要具有协同集成的功能。

2. 框架描述功能

装备保障过程建模要求建模方法能够提供一个良好的建模框架体系,指导用户的建模,并能够给出严格的语义描述,以形式化语言描述保障过程。

3. 直观启发功能

使用过程模型进行过程管理的人一般不是模型的开发者,而是作战指挥员和装备保障指挥员,因此,要求建模方法具有一定的启发性,有友善的用户界面,简单易用,而且从智能化的角度来说,应该能够在一定程度上记录模型的操作记录。

4. 分层递归功能

装备保障的复杂性和多态性要求其过程建模方法必须具有对模型分层、细化、合成和分解的描述能力,以便提供按照一定抽象粒度要求的层次化模型。

5. 动态分析功能

装备保障过程的评价要求过程模型能够支持一定的动态分析手段,包括时间、成本、统计分析以及动画和图形仿真描述等。

6. 寿命周期功能

装备保障过程的管理和改进是一个不断持续的过程,要求建模方法能够从全寿命周期的角度提供分析、设计、实施、维护等各个阶段的模型支持。

8.3.2 过程建模方法分析

对于装备保障这样的复杂过程,应该采用多个方面模型的集成对其进行描述,主要有功能模型、组织模型、资源模型、信息模型和过程模型,其中过程模型是整个集成模型的核心。

过程建模的方法很多,主要有 IDEF 系列、扩展的事件过程链、i * 结构模型、扩展流程图、UML、Petri 网等方法。

1. IDEF 系列方法

IDEF 系列方法是过程描述中很有影响力的方法。IDEF 系列主要分为两类:第一类 IDEF 方法的作用是沟通系统集成人员之间的信息交流,常用于系统描述与分析,主要有 IDEF0、IDEF1、IDEF3、IDEF5;第二类 IDEF 方法的重点是系统开发过程中的设计部分,主要有 IDEF1X 和 IDEF4。IDEF0 方法由结构化分析设计技术发展而来。IDEF3 主要用于过程设计和描述,侧重于理解和分析行为的处理顺序和协同关系。IDEF0 方法不关心行为的时序关系,只描述行为"是什么"的问题,而 IDEF3 方法要具体描述"行为是怎样发生的",其图示的基本句型是用盒子表示行为单元。IDEF3 主要是针对于某一事件,依照事件的发生先后顺序进行描述,同时还记录了所有时间性的信息,包括与处理过程相关的优先和因果关系。所以在进行过程描述时往往以 IDEF0 描述的功能模型为基础,以 IDEF3 为核心从不同层次、不同角度对过程进行描述与分析。

IDEF 系列方法(尤其是 IDEF0 和 IDEF3 的结合)利用简单的图形符号和自然语言,

简单准确,也容易理解和掌握。IDEF3 通过活动成本数量化分析有效地体现了其较为强大的分析功能。但是现有的 IDEF 系列基本上是静态建模,缺乏动态的功能,在表达复杂的逻辑关系和非确定的信息方面有所欠缺,而且相对于过程重组来说,其最大的缺陷在于它是从职能出发、面向功能的,而并非从过程出发、跨越职能的。

2. 扩展的事件过程链(Extended Event-Process Chain,EEPC)方法

事件过程链(Event-Process Chain,EPC)模型化方法是为支持过程建模而设计的。EEPC 是概念化模型 EPC 的扩展,它在简单的 EPC 的基础上考虑了与过程模型相关的动态因素,并且从更为深入和细节的应用水平上实现了动态模拟。

EEPC 有五个基本因素,在 EPC 基本要素事件、过程、分支和等待的基础上加上了"流"这一概念。EEPC 可以通过图形表示,对于最上层的过程建立第一层 EEPC,如果有特别长的处理或等待时间,EEPC 可以对其进行扩展,按照"自上而下"的思想逐层分解,建立第二层 EEPC,进一步发现可以减少客户所需等待时间的可能性。

(1)事件:过程重组研究中所关注的是在某个时点上所感知的行为变化,用带有事件名称和 TBC(Time Between Creation)的圆圈表示。TBC 表示的是事件发生的间隔时间,用以判定事件发生的概率,主要是为了仿真与分析之用。

(2)"流":在 EPC 基础上扩展的部分,是客户或客户对象在事件和过程之间的活动,客户对象是可以代表客户通过服务过程或事件的实体,如订单、文件、处方等。"流"用带有客户或客户对象从前续过程事件到后续过程事件所花费时间的箭头线表示。

(3)过程:一定时间内由客户或者客户与服务者之间完成的活动或活动链。由服务者(组织单元)完成,而没有客户参与的活动不作为过程对待,不出现在 EEPC 中。过程用带有服务名称、处理时间和服务者数量的矩形表示。

(4)分支:在一定条件下不同的状态变量值将进入不同的过程路径。分支用菱形来表示,内部标明分支所依据的条件。

(5)等待:在事件或过程开始之前,由于排队或组织的其他原因而引起的平均延迟时间。等待用含有字母 W 的圆圈和等待时间表示。如果等待时间较长,可将 EEPC 图进一步细化分解。

EEPC 的第一个特征是考虑了时间因素,既包括整个事件发生的周期时间和延迟等待的时间,又包括事件发生的间隔时间这一因素,以便于计算各个站点的利用率。EEPC 的第二个特征是建立二维象限,进行性能评价。二维象限纵向标明了各个事件发生的站点,横向则一一对应各个站点的行为,以及各个站点之间的联系与事件进行的先后顺序。

EEPC 方法以事件、过程、流、等待、分支为基本要素,从过程角度出发,描述简单明了,具有较强的模型化能力(能表示时间、地点、事件、过程的区分)和支持过程或等待发生剧变的能力。同时加入时间因素,通过建立二维象限,较全面地分析了过程的性能,所产生的模型便于仿真分析,有效地从客观、量化角度弥补其他模型的不足。EEPC 也存在着一系列不完整性,如:基于 EEPC 的 ARIS 建模仿真软件,可以利用时间、站点利用率的判断,有效地进行性能分析,但在过程的结构分析方面,它只是建立一般的分支,而无法体现过程自身的逻辑特性、体现过程中的并行、选择等路由;ARIS 是信息系统建模工具,其目标是信息系统建模,它将资源等内容作为信息表达在信息视图中显然不能满足装备保障业务中对资源的利用情况、资源间功能代替等方面的建模和分析要求。

3. i*结构模型

i*结构模型是策略依赖模型和策略推理模型的结合体,是目前国外运用较多的一种分析模型。其主要思想是聚焦于某事件,从"why"、"how"、"howelse"三个角度分析该事件的各种处理方法及其与之相关的各个行为主体,并可对问题进行逐层分解,最终形成一个由节点和链路构成的网状结构。节点指各个行为主体,节点之间的链接标明了节点之间的依赖关系及依赖程度。依赖关系主要包括目标依赖、任务依赖、资源依赖和软目标依赖四种。依赖程度则按轻重分为开放式依赖、承诺依赖以及关键性依赖。通过i*结构模型的基本要素描述事件中的各种行为及其过程后,可以从能力(行为主体的活动是否可以达到目标)、可经营性(其目标是否可行)、可行性(软目标是否能实现)和可信度(假设是否能被证明是正确的)几个角度对整个事件的过程进行评价。

i*结构模型的特点是聚焦于某一事件,表明了各个行为产生和执行的原因,各个行为之间的依赖关系,既包括了一般模型所表达的如何做,更阐明了为什么要这么做,如何才能做得更好。对于有些事件的执行,除了一些可量化的指标外,更多的是考虑非功能需求。另外,该模型是从横向和纵向两个角度进行分解,并且关注了许多细节的方面,比较适合于那些不易量化的、复杂的、需详细描述的过程。

i*结构模型采用能力、可经营性、可行性和可信度四个评价指标能够对事件的性能进行定性分析,给予过程分析一定的借鉴作用。但就其本身而言,它是从职能部门出发,完全面向事件的。它描述各个职能部门之间活动的要求,而没有从过程的角度出发,体现各个活动之间的先后顺序。

4. 扩展流程图法

扩展流程图法的优点在于可理解性好,是适合于作为系统开发的需求分析建模工具。流程图法采取"自上而下"的工作原则,不仅可以对整个过程有一个系统的总体把握,还可以对具体的、局部的行为进行描述。如果要面向过程重组,则无法显示其特点,其不确定性太大,无法清楚界定过程界限,而且时效性比较差,无法显示过程中各操作的先后顺序,对于每一个业务处理单位或部门在每次进行操作时也只能比较分散的给出,不利于分析同一业务处理单位或部门中是否存在重复的无效的操作。

为了弥补流程图法的不足,对其进一步拓展,专家们提出了跨功能过程图。跨功能过程图主要用以表达出过程与执行该过程的功能单元或组织单元之间的关系,其组成要素包括过程、执行相应过程的功能单元或组织单元。在形式上有横向、纵向两种功能描述,横向上体现了整个过程的执行单位,纵向上则体现了过程中各个业务的执行顺序。

流程图以其简单精练的模型符号和清晰的图论,能够有效的体现其可理解性与计算机化能力,也在过程描述中得到了广泛应用。扩展的流程图更是在此基础上引入组织因素,充分体现组织对于整个过程的监控与管理。但扩展的流程图只是一个过程的描述而没有涉及过程的性能分析,在结构化分析方面缺乏路由的具体显示,在性能分析方面,也没有涉及任何的性能分析因素,这些均表明其不适合装备保障过程建模的过程分析。

5. UML

UML是面向对象的建模语言,具有严谨的元模型语义、丰富的图形元素、完整的视图功能和强大的扩展机制,可运用在系统开发的需求分析、设计、构造和测试等一系列阶段。UML定义了九种图,分别是类图、对象图、构建图、配置图、用例图、状态图、活动图、顺序图以及合作图,用来建立系统的静态(结构)和动态(行为)模型。UML的建模过程是基于用例图而逐步展开的,主要步骤为:第一步,描述过程,进行过程分析。主要是识别角色,识别用例,建立角色与用例之间的关系,得到用例图。第二步,用类图描述出过程模型中的重要元素(如产品、活动等)之间的静态关系。第三步,描述活动、产品等元素在执行时的时序关系或交互关系,动态行为用顺序图和状态图描述。最后,通过对过程执行的跟踪和监控,收集与过程有关的量度,对过程进行评价,以便改进过程模型。

在应用领域上,UML主要支持面向对象的分析设计,支持从需求分析开始的软件开发的全过程,如将其运用到过程建模中则无法有效的体现其先进性。UML作为一种通用建模语言其复杂性和庞大是不可避免的,也包括了大量的具有模糊、稀疏语义的标准元素,目前仅提供轻度的扩展机制,其扩展力度还远远不够。

6. Petri 网

Petri网作为一种基于状态的过程分析模型,在过程结构的体现上具有直观、形象的特点,且其以严格的模型语义和数学分析方法,在过程建模方面有着一定的优势。从有效性角度分析,Petri网对于复杂动态行为的描述能力满足了装备保障过程模型需要面向过程、体现过程的特点。从实用性角度来看,Petri网的建模方向是混合的,Petri网既有成熟的理论作为其系统分析的基础,又有较好的计算机化能力,这都使得Petri网具有一定的可行性。从路由描述来看,Petri网采用分支结构,充分体现了过程中的顺序、并行、条件选择、循环等多种路由情况,并通过使用可达图有效地支持过程分析,Petri网有效地讨论了过程的控制转移结构,描述过程的动态特性,这也是Petri网优于其他分析模型的最大特点。

同时也要看到,传统Petri网对于过程评价中的一大影响要素——时间没有清楚的表示,而且Petri网技术规模较为庞大,再加上其复杂的数学基础,都对其可操作性和可理解性带来很大的困难。

综合上述,将各种过程建模方法对比见表8.1。可以看出,现有过程建模方法中没有哪一种方法可以单独全面满足装备保障过程建模的所有功能要求,所以在分析当前过程建模方法特点的基础上,结合装备保障过程建模功能要求,提出新的装备保障过程建模方法。

表 8.1　过程建模方法对比

建模方法	IDEF 系列	EEPC	i *	扩展流程图	UML	Petri 网
过程特点	职能型	跨职能 面向过程	职能型	跨职能 面向过程	职能型	跨职能 面向过程
协同集成	较弱	较好	较弱	一般	一般	较好
框架描述	较好	一般	一般	一般	一般	较好
直观启发	较好	较好	一般	较好	一般	一般
分层递归	较弱	较弱	较好	一般	较弱	较好
动态分析	较弱	较好	较弱	较弱	较弱	较好
寿命周期	较好	一般	较好	一般	一般	一般

8.3.3　保障过程建模方案

建模方法的选取和设计是保障过程建模成功与否的关键,保障过程模型要能够提供简单友好的交互界面,能够按递归要求细化,并支持动态性能分析、寿命周期管理等。通过前面的分析可以看出,IDEF3 建模方法和 Petri 网方法是两种功能较强而又恰好相互互补的方法,所以考虑将这两种方法相结合,利用不同方法的优点,提出装备保障过程建模的新方法。

IDEF3 是一种为了获取对过程准确描述的实用方法,相比于其他方法,在对过程建模的适应性上以及“框架描述”和“直观启发”等方面有一定的优势。但是 IDEF3 建模方法的使用在过程建模上也有一定的不足,需要加以改进。IDEF3 主要描述活动间的时序和逻辑关系,缺乏对资源、组织等的描述能力,更重要的是缺乏严格的形式化语言和对各种参数的描述,缺乏动态仿真环境,很难对过程模型进行动态分析。因此,需要对 IDEF3 进行必要的扩充和相应的改进,以满足过程建模的需要,这种扩充可以以视图的形式进行,也可以以附加记录的形式进行。

如前所述,Petri 网是一种很有效的模型描述语言,它不仅能描述系统的结构特性,同时还能描述其动态特性,尤其适用于描述含有并行成分的系统,并且经过 40 多年无数学者对其进行的发展,Petri 网方法在层次、着色和时间等方面的扩展使其具有强大的描述和分析能力,尤其在“分层递归”和“动态分析”等方面有着独特的优势。

为了充分利用这两种不同建模方法的优势,提出装备保障过程建模方法的思路,如图 8.1 所示。

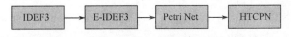

图 8.1　装备保障过程建模方法设计思路

（1）针对 IDEF3 方法不足对其进行扩展提出 E-IDEF3（Extended-IDEF3）建模方法:一方面给出严格的形式化数学描述以便于和 Petri 网方法相结合;另一方面增加对资源、时间等内容的描述,扩展 IDEF3 方法的描述能力。

（2）对基本辅助模型(功能、组织、资源等)提供的信息进行融合,建立基于 E-IDEF3 方法的装备保障过程模型。

（3）给出严格的 E-IDEF3 模型向 Pctri 网转化规则,按照规则将 E-IDEF3 模型转化为基本 Petri 网模型。

（4）按照 E-IDEF3 模型中的数据和信息,将基本 Petri 网模型扩展为分层赋时着色 Petri 网(Hierarchy Timed Colored Petri Net, HTCPN)模型,其中不仅包括在层次、时间、颜色几个方面的扩展,还包括时间中一般随机分布等特性。

本书提出的建模方法有着强大的描述和分析能力,符合保障过程建模对建模方法的能力要求,为后续的建模与分析优化工作提供了基础。

8.4 变结构 Petri 网

8.4.1 变结构 Petri 网概念

经过 40 余年的发展,Petri 网已经在很多方面进行了扩展,但这些扩展还未能很好地解决过程定义中分支结构的描述。例如某事件发生可能引起 N 种结果,可以是 N 种结果中的一种也可以是 N 种结果中的几种同时发生,这种只有在系统动态执行时才能确定其流程的具体流向(而不是在过程定义时就能确定)的分支结构,用一般传统的 Petri 网很难描述,即便是可以描述也是非常复杂而且尚无方法对其仿真运行。有文献针对这一问题分别提出了扩展的信牌驱动模型和选择变迁网,这两种模型对这种分支结构可以进行描述层面的建模,但依然无法或很难(等价变迁数量太大)对模型实现仿真运行以便进行定量分析。为了解决这种可变分支结构的问题,提出了一种新的 Petri 网——变结构 Petri 网(Variable Structure Petri Net, VSPN)。其定义如下:

八元组 $\Sigma = (P, T, F, K, W, M, T_N, Pr)$ 称为变结构 Petri 网系统,当且仅当:

(1) $N = (P, T, F)$ 构成有向网,称为 Σ 的基网;

(2) K、W、M 依次为 N 上的容量函数、权函数和标识,M_0 称为 Σ 的初始标识;

(3) $T_N \subseteq T$ 为变结构变迁集合;

(4) $Pr = \{ pr_1, pr_2, \cdots, pr_n \}$ 为变结构变迁不同发生结果的概率集合,Pr 符合(0 - 1)分布。

(5) 网系统 N 中传统变迁 $\{ T - T_N \}$ 遵循一般的发生规则,T_N 的发生规则为:

$T_j \in T_N$,T_j 在 M 有发生权,记作 $M[T_j >$,也就是说 M 授权 T_j 发生,或者 T_j 在 M 授权发生。变迁发生的后果表示为

$$M'(P_i) = \begin{cases} M(P_i) - W(P_i, T_j), & P_i \in {}^{\cdot}T_j - T_j^{\cdot} \\ M(P_i) + P_r \cdot W(T_j, P_i), & P_i \in T_j^{\cdot} - {}^{\cdot}T_j \\ M(P_i) - W(P_i, T_j) + P_r \cdot W(T_j, P_i), & P_i \in {}^{\cdot}T_j \cap T_j^{\cdot} \\ M(P_i), & P_i \in {}^{\cdot}T_j \cup T_j^{\cdot} \end{cases}$$

且至少有一个 P_i 使得

$$M'(P_i) = M(P_i) + P_r \cdot W(T_j, P_i)$$

或

$$M'(P_i) = M(P_i) - W(P_i, T_j) + P_r \cdot W(T_j, P_i)$$

通过 VSPN,可以较为方便地对可变分支结构的问题进行建模与分析。例如,如图 8.2 所示的模型中如果要求 Tv3 为变结构变迁,则当 PA 库所中存在有效托肯时,变迁 Tv3 的发生可以是多种情况的组合:{PB1},{ PB2},{ PB3},{ PB1,PB2},{ PB1, PB3},{ PB2, PB3},{ PB1,PB2, PB3}。

如果用扩展的信牌驱动模型或选择变迁网来实现这种结构的建模,则其等效模型如图 8.3 所示。

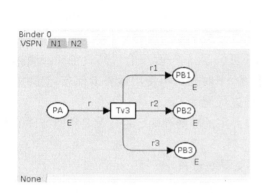

图 8.2 可变分支结构问题示例

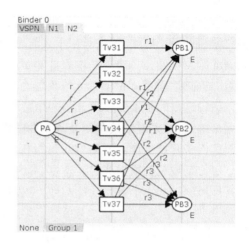

图 8.3 信牌驱动模型或选择
变迁网实现可变分支结构

可以看出,这种等效方法比较复杂,仅对这 3 个选项的可变分支结构的实现就需要 $C_3^1 + C_3^2 + C_3^3 = 2^3 - 1 = 7$ 个变迁才能完成,而如果要对一个有着 n 个选项的可变分支结构实现建模就要 $C_n^1 + C_n^2 + \cdots + C_n^n$ (其中 n 为选择分支的数量)个变迁才能完成。例如,如果对有着 30 个选项的可变分支结构实现建模,就需要 $C_n^1 + C_n^2 + \cdots + C_n^n = C_{30}^1 + C_{30}^2 + \cdots + C_{30}^{30} = 2^{30} - 1 = 1073741823$ 个变迁才能完成,这对于一个略为复杂的系统进行建模和仿真分析都是不可想象的。

利用提出的 VSPN 来实现这种结构,如图 8.4 所示。

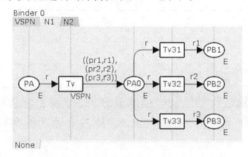

图 8.4 用 VSPN 实现可变分支结构

其中,pr1、pr2、pr3 分别表示变迁 Tv31、Tv32、Tv33 的发生概率,服从 (0 – 1) 分布。可以看出用这种模型实现对可变分支结构的描述简化了许多,而且可变分支结构的选项越多其优势越大。对于 n 个选项的可变分支结构实现建模,仅需要 $n + 1$ 个变迁,对一个有着 30 个选项的可变分支结构的实现,也只需要 31 个变迁就可以了,这样就为模型后续的仿真和分析提供了良好的基础。

8.4.2 变结构 Petri 网建模示例

本节考察战时一个基本保障单元对某型装备换件修理时间的建模问题。

1. 问题描述

基本保障单元是指能独立完成某种规定维修保障任务,并拥有所需各类保障资源的最小组合,包括专业维修人员、常用消耗器材、机具设备和保障装备。基本保障单元作为战时编组的最小模块,可进行积木式组合,快速完成战时的力量编成,实现平战时保障力量编成的有机融合。建立基本保障单元是实现装备精确保障所要求的"资源共享、动态重组"的基础,对基本保障单元修理能力的度量是十分重要的基础性工作。

假设这里的基本保障单元由一个装备修理班(8 人)、一套组合机具设备和一辆拆装工程车组成,可完成平战时的装备换件修理任务,平时也可不使用拆装工程车,借助车间的固定设备开展工作。下面对问题的基本条件进行描述。

(1)某型装备根据战时装备重要功能部件界定的准则和确定装备重要功能部件的方法,可以划分为 24 个重要功能部件,见表8.2。

表8.2 某型装备重要功能部件

部件代码	重要功能部件	部件代码	重要功能部件
1	发动机	13	主离合器
2	水散热器	14	空气滤清器
3	机油散热器	15	驾驶员潜望镜
4	履带	16	火炮身管
5	传动箱	17	炮塔座圈
6	变速箱	18	炮塔总成
7	行星转向机	19	炮瞄准镜
8	侧减速器(被动部分)	20	电台
9	主动轮	21	车长指挥镜
10	负重轮	22	天线
11	扭力轴	23	天线座
12	平衡肘(含支架)	24	火炮稳定器

(2)根据实弹射击后进行的装备修理试验分析,得到了与杀伤弹种和平时换件修理工时取值有关的专门修正系数值,见表8.3。该装备重要功能部件平时换件修理时间的相关数据见表8.4。

表8.3 某型装备战时修理工时专门修正系数值

平时换件修理工时 /人·h	杀伤弹种				无线电和火控系统
	穿甲弹	破甲弹	反坦克地雷	榴弹	
~5	6.0	3.0	8.4	8.2	7.0
6~10	4.6	8.4	1.7	1.6	7.1
11~20	3.6	8.1	1.4	1.4	6.4
21~30	8.9	1.8	1.3	1.3	4.0
31~40	8.6	1.6	1.2	1.1	3.0
41~100	8.0	1.4	1.1	1.1	8.7

表8.4 某型装备重要功能部件平时换件修理时间

部件代码	修理人数	换件时间/h	部件代码	修理人数	换件时间/h	部件代码	修理人数	换件时间/h
1	5	2.8	9	3	0.33	17	5	8.4
2	2	0.65	10	3	0.48	18	5	0.63
3	2	0.3	11	3	0.9	19	1	0.08
4	3	0.27	12	3	1.14	20	1	0.29
5	3	1	13	4	2.67	21	1	0.16
6	4	1.8	14	1	0.22	22	1	0.05
7	4	3.25	15	1	0.24	23	1	0.26
8	4	1.4	16	5	1.25	24	2	4

（3）根据装备战损规律研究成果和前面表中的数据,可以得到战时条件下某型装备重要功能部件的毁伤概率和战伤换件修理时间,见表8.5。

表8.5 战时条件下某型装备重要功能部件的毁伤概率和战伤换件时间

部件代码	毁伤概率/%	杀伤弹种	修正系数	战伤换件时间/h
1	36.4	穿	3.6	10.1
2	6.4	穿	6	3.9
3	3.7	穿	6	1.8
4	9.1	地雷	8.4	2.3
5	4.70	穿	6	6
6	3.3	穿	4.6	8.28
7	39	穿	3.6	11.7
8	11.25	穿	4.6	6.4
9	11.16	穿	6	1.98
10	18.2	穿	6	2.88
11	3.4	穿	6	5.4
12	9.1	破	3	3.42
13	1.5	穿	4.1	11
14	9.1	穿	6	1.32
15	19.4	榴	8.2	1.97
16	45.5	榴	8.2	10.25
17	36.4	穿,榴	1.1	9.24
18	2.76	穿,榴	4.1	2.58
19	27.3	榴	8.2	0.66
20	6.47	穿	7.0	2.03
21	14.6	榴	8.2	1.3
22	21.4	榴	8.2	0.41
23	1.8	榴	8.2	2.13
24	18.2	穿	7.1	28.4

2. 建模与仿真分析

某型装备划分为24个重要功能部件,战伤装备可能同时损坏其中特定的一个或几个部件,这里采用变结构 Petri 网(VSPN)和分层赋时着色 Petri 网(HTCPN)对该问题进行建模分析。

假定只要修理人员足够,不同的损伤部件可以同时进行换件,修理模型顶层视图如图 8.5 所示。

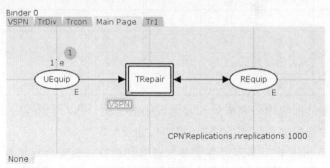

图 8.5　模型顶层视图

图 8.5 中,UEquip 为待修装备库所;1`e 表示有一台待修装备;REquip 为修竣装备库所;TRepair 为修理过程变迁,这是一个变结构变迁。

将 TRepair 变迁展开如图 8.6 所示。图 8.6 中,Trs 变迁为变结构变迁展开后的控制变迁,其发生函数 CHIOC( )实现了不同部件损坏的发生概率;r1 ~ r24 标识代表 24 个部件,其中每个标识后面的数字表示该部件损坏概率的百分数。函数的功能是通过 CPN-tools 平台的标准语言 CML 编程实现的。

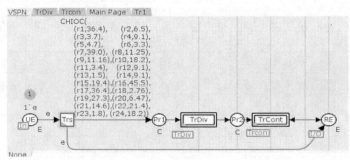

图 8.6　VSPN 修理过程变迁展开模型

TrDiv 为变结构变迁展开后的控制变迁,表示部件 1 到部件 24 不同损伤部件对应的 Tr1 ~ Tr24 的修理过程,由于这 24 个变迁结构相同只是参数不同,所以仅将 Tr1 展开进行描述。部件 1 修理过程变迁 Tr1 展开如图 8.7 所示。

图 8.7 中,Pr 为部件 1 损伤的待修装备库所;Pr2 为部件 1 修复的装备库所;Pm 为维修人员空闲状态库所,其中的 8`m 表示当前有 8 名人员处于可用状态;Tr11 表示部件 1 开始维修;Tr12 表示部件 1 维修完毕;P11 表示部件 1 正在维修;Tr11 至 P11 弧上的权函数 c1@ +floor(10.1)表示该修理过程的修理时间平均为 10.1(h);Pm 至 Tr11 弧上的权函数 5`m 表示该修理过程需要同时使用 5 名修理人员。

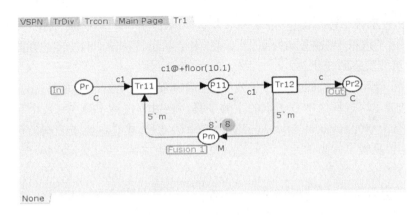

图 8.7 Tr1 部件 1 修理过程展开模型

利用 CPN-tools 平台对模型进行仿真,将每次仿真的装备修复时间 t_{xfi} 数据记录下来(以 1000 次仿真数据为例),通过对仿真数据取平均值可以得到一个基本保障单元平均修复一台装备的时间 T_{xf} 为

$$T_{xf} = \sum_{i=1}^{1000} t_{xfi} \bigg/ 1000 = 14.73(\mathrm{h})$$

假定战时装备修理时间按照修理级别制定了划分标准,见表 8.6。

表 8.6 战时装备修理级别划分标准

修理级别	营保障机构	团属修理机构	师属修理机构	军属修理机构	军区以上修理机构
修理时限/h	<1	1~4	4~8	8~24	≥24

按照表 8.6 中的数据对仿真数据进行整理,可以得到战损装备按照修理级别划分标准落入各修理级别的比例,见表 8.7。

表 8.7 某型战损装备按修理时间划分标准落入各修理级别的比例

修理级别	修理时限/h	仿真数次数	所占比例/%
营保障机构	<1	58	5.8
团属修理机构	1~4	103	10.3
师属修理机构	4~8	128	12.8
军属修理机构	8~24	501	50.1
军区以上修理机构	≥24	210	21.0

经过上述模型的建立以及仿真计算,得到了基本保障单元战时对某型装备的平均修复时间,还得到了按照战伤装备修理时间划分标准进入各修理级别的比例,为实现"保障单元动态重组"和战场装备指挥员合理配置保障资源提供了参考依据。

8.5 EI₃PN 装备保障过程建模方法

8.5.1 IDEF3 方法及其扩展

IDEF3 方法是 IDEF 系列方法中专门针对过程进行建模的结构化语言,是用基本组织结构场景和对象来实现过程描述的,相应的有两种描述方式:过程流网(Process Flow Network,PFN)和对象状态转移图(Object State Transition Network Diagram,OSTN),其中过程流网 PFN 描述了组织中"事务如何工作"信息,对象状态转移图 OSTN 描述在某特定过程中一个对象可能发生的变化。

过程流网 PFN 是以过程为中心的视图,注重过程中活动的出现及其次序,是 IDEF3 获取、管理和显示以过程为中心知识的主要工具。在过程流网 PFN 中,每个有编号的方盒代表一个行为单元(Unit of Behavior,UOB)表示活动;连接这些盒子之间的箭头称为连接(Link),连接反映了行为单元之间先后关系或者约束关系;带有交汇点标记的方盒表示过程的分叉和汇合关系。

IDEF3 的主要建模元素见表8.8。

表8.8　IDEF3 方法建模元素

元素名称	行 为 单 元	连接	或 连 接	异或连接	与 连 接
元素符号	UOB 编号	→	O	X	&

图8.8 给出了基于 IDEF3 方法的某装备维修保障过程顶层模型,其中"X"框图表示根据维修策略决定下一个执行的活动是"装备报废"还是"装备维修",过程在这里实现了分叉选择。

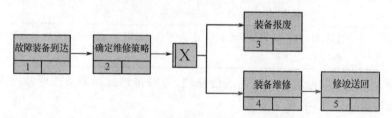

图8.8　某装备维修保障过程顶层模型

IDEF3 方法利用图形符号和自然语言,采用层次化的建模方法,有着良好的框架描述能力,可以清楚地描述活动与活动之间的顺序、并行、同步、冲突及因果依赖等逻辑关系。但是 IDEF3 方法在表达复杂的逻辑关系和非确定的信息方面有所欠缺,特别是不能显示表达资源和时间参数,难以进一步对模型进行深入分析。为此,提出扩展的 IDEF3 方法(Extended-IDEF3,E-IDEF3)。在 IDEF3 方法基础上,描述元素增加资源元素,行为单元增加活动时间,连接增加资源连接线,扩展后的 E-IDEF3 方法建模元素见表8.9。

表8.9　E-IDEF3 方法建模元素

元素名称	行为单元	连接	或连接	异或连接	与连接	资　源	资源连接线
元素符号	UOB 编号 | T(x)	→	O	X	&	资源名称	···········▶

1. 行为单元

行为单元(Unit of Behavior,UOB)用一些概念或日常用语描述一个组织或一个复杂系统中"事情进行得怎样"或"实际生活中发生了什么事情"。每一个概念都有其特定的行为含义,阐明了在一定的时空范围内,事情是如何进行的。每一个 UOB 即为过程模型

112

中的一个活动节点,其中,节点号为 UOB 的编号,UOB 标签即为 UOB 所完成功能的简单描述。E-IDEF3 方法在这里增加了 T(x),表示完成活动所需要的时间,可以是固定时间、随机时间,也可以是一个时间函数。

2. 交汇点

IDEF3 中引入交汇点这一机制说明各过程分支间的逻辑关系,借助于类型多样的交汇点来获取现实世界过程中各分支的语义。交汇点完成对以下过程的描述:一是一个过程可分叉或分为两个以上的过程路径;二是两个或两个以上的分叉汇合为一个过程路径。交汇点简化了对多个路径过程间顺序或时间关系的描述获取。交汇点可以从不同角度来分类。依照逻辑语义含义可分为"与"、"或"及"异或"。

3. 资源

这里的资源是指在过程中调用而且在过程模型中需要表示出来的资源,包括消耗性资源和非消耗性资源。

4. 连接

"连接"把 IDEF3 的一些构造块组合在一起,阐明一些约束条件和各成份之间的关系。连接关系的类型有时间的、逻辑的、因果的、自然的和传统的等,连接箭头的起始和终止,可以画在 UOB 或交汇点符号的任何部位。为了增加过程图的可读性,最好是从左到右、从上到下地表示对象流(物理的或信息的)方向或时间的顺序。E-IDEF3 方法增加了虚线表示的资源连接线,表示资源的流向,以便与原有 IDEF3 模型中的逻辑连接线相区分,在资源连接线旁边还可以用数字表示资源流动的数量。

8.5.2 装备保障过程视图

1. 视图图形表达

装备保障过程视图(Equipment Support Process View,ESPV)可以表达装备保障业务过程中的活动(子过程)如何通过反馈、重复、迭代等形式被执行,以及活动是如何调用资源、调用哪些资源、活动如何利用和处理资源、活动执行时间等各种逻辑关系。

ESPV 的基本建模元素包括开始点、结束点、活动(包括时间表示)、逻辑连接符号以及连接线,过程视图建模元素及其图形表达符号如图 8.9 所示。

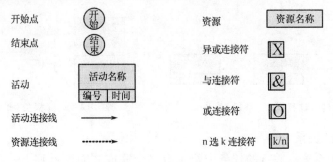

图 8.9　ESPV 建模元素及其图形表达符号

开始点和结束点是两个特殊的虚拟事件,标志着保障过程的开始和结束。一个过程有唯一的开始点和唯一的结束点。一个完整的保障过程必须始于开始点,终于结束点。

113

活动是有一定目的的行动,可以根据需要进一步分层细化,其时间表示活动完成所需要的时间。

逻辑连接符号包括"与"、"或"、"异或"和"n 选 k"四种类型,用于表达业务过程中各个活动执行的逻辑路线。

活动连接线用于确定活动之间的逻辑路线,资源连接线表示活动对资源的调用和释放。

图 8.10 为某装备维修过程顶层视图。

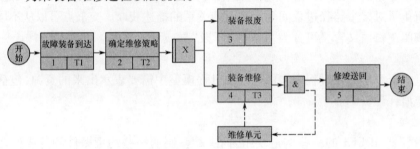

图 8.10　某装备维修过程顶层视图

2. 保障活动关系的描述

ESPV 描述元素可以描述复杂的装备保障任务。在描述装备保障任务时,图元的语义如图 8.11 ~ 图 8.15 所示。

1)"串行"关系

一项保障任务分为多个步骤,各个步骤在逻辑时序上是"串行"关系,一个步骤完成下一个步骤才能开始,所有步骤都完成,保障任务才算完成,其各个步骤的完成可以由一个基本保障单元执行,也可由多个基本保障单元执行。例如图 8.11 中,设备展开后才能进行装备维修,装备维修完成后才能送回。

2)"并行与"关系

"并行与"关系也是保障过程中比较常见的方式,即多个步骤需要都完成才能进入下一个步骤。例如图 8.12 中,"装备维修"活动需要"设备到达"和"人员就位"两个活动都完成才能开始。

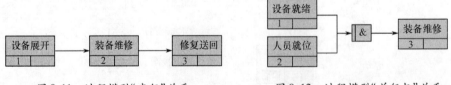

图 8.11　过程模型"串行"关系　　　　图 8.12　过程模型"并行与"关系

3)"并行或"关系

"并行或"关系表示并行的任务中至少有一个完成才能进行到下一个任务。例如图 8.13 中,"人员 1 就绪"、"人员 2 就绪"、"人员 3 就绪"三个步骤中,一个或多个步骤完成,"装备维修"都可以开展。

4)"并行异或"关系

"并行异或"关系表示并行的任务中只有一个完成才能进行到下一个任务。例如图

114

8.14中,"现象1"和"现象2"两个步骤中,有且仅有一个现象出现,"装备维修"才可以开展。

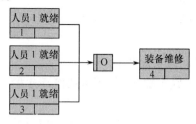

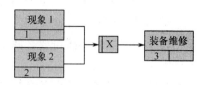

图8.13 过程模型"并行或"关系 　　　　图8.14 过程模型"并行异或"关系

5）"并行表决"关系

"并行表决"关系又称为n选k关系,表示并行的n项任务中只要有k或k以上任务完成,就可以进行下一项任务。例如图8.15中,只要有k或k以上人员就绪,就可以开展"装备维修"。

3. ESPV形式化定义

为了使ESPV能够进一步与Petri网相结合,以便对模型进行仿真分析,给出其形式化数学定义。

一个ESPV是一个七元组(A, C, R, L, Q, $\{Start\}$, $\{End\}$)。其中:

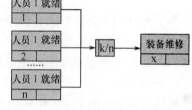

图8.15 过程模型"并行表决"关系

A是活动的有限集合,$A = \{a_1, a_2, \cdots, a_i\}$。

C是逻辑连接符的有限集合,$C = \{c_1, c_2, \cdots, c_j\}$。

R是资源有限集合,这里的资源包括保障人员、设备、设施等,$R = \{r_1, r_2, \cdots, r_k\}$。

L是连接线的有限集合,$L = \{l_1, l_2, \cdots, l_k\}$,$L \subseteq (A \times A) \cup (A \times C) \cup (A \times R) \cup (C \times A) \cup (C \times C) \cup (C \times R) \cup (R \times A) \cup (R \times C) \cup (\{Start\} \times C) \cup (\{Start\} \times A) \cup (C \times \{End\}) \cup (A \times \{End\})$。

Q是各项活动时间的有限集合$Q = \{q(x)_1, q(x)_2, \cdots, q(x)_i\}$。

$\{Start\}$、$\{End\}$分别为开始点、结束点。

在一个ESPV中,活动、逻辑连接符、开始点、结束点和资源统称为节点n,连接节点的线称为有向路径p。

对于一个ESPV有:

（1）对任意$n, m \in N$,$^*n = \{m | (m, n) \in L\}$是节点$n$输入节点的集合,称为节点$n$的紧前集;$n^* = \{m | (n, m) \in L\}$是节点$n$输出节点的集合,称为节点$n$的紧后集。

（2）$C_{in} = \{c \in C | |^*c| \geq 2\}$是输入逻辑连接符的集合。

（3）$C_{out} = \{c \in C | |^*c| \geq 2\}$是输出逻辑连接符的集合。

根据上面定义,可以给出如下推论:

推论1:ESPV是一个七元组,(A, C, R, L, Q, $\{Start\}$, $\{End\}$),并且满足以下条件:

（1）$A \cap C = \varnothing$, $R \cap C = \varnothing$, $A \cap R = \varnothing$, $A \cap \{Start\} = \varnothing$, $A \cap \{End\} = \varnothing$, $R \cap \{Start\} = \varnothing$, $R \cap \{End\} = \varnothing$, $\{Start\} \cap \{End\} = \varnothing$, $C \cap \{Start\} = \varnothing$。

(2) $C_{in} \cap C_{out} = \varnothing, C_{in} \cup C_{out} = C$。

(3) $|^*Start| = 0, |Start^*| = 1, |End^*| = 0, |^*End| = 1$。

(4) $\forall c \in C, \ |^*c| \geqslant 1, |c^*| \geqslant 1, |c^*| + |^*c| \geqslant 3$。

推论1对定义进行了进一步的明确和解释。

（1）活动、资源、逻辑连接符、开始点、结束点之间没有交集。

（2）任意一个逻辑连接符要么属于输入型，要么属于输出型，不可能既属于输入型，又属于输出型。

（3）开始点没有输入节点并且只有一个输出节点，结束点没有一个输出节点只有一个输入节点。

（4）任意一个逻辑节点至少有一个输入节点，至少有一个输出节点，而且输入和输出节点个数的总和不小于3。

8.5.3 ESPV 转为 Petri 网模型

基于 E-IDEF3 方法的装备保障过程视图可以比较清晰地将保障过程描述出来，但对于进一步的分析缺乏有效的手段。将装备保障过程视图转换为 Petri 网模型，可以利用 Petri 网的特性分析过程视图的正确性，并且可以作为模型仿真的基础。

1. 转化规则

根据前面给出的 ESPV 和 Petri 网的视图元素和形式化定义，提出将装备保障过程视图向 Petri 网模型的转换大致分为五个步骤。

第一步：如果存在两个直接相连的逻辑连接符，则在这两个逻辑连接符之间添加一个虚拟活动，使得过程视图中不存在两个逻辑连接符直接连接的情况，如图 8.16、图 8.17 所示。

图 8.16　相邻逻辑符之间增加虚拟活动之前

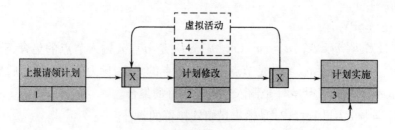

图 8.17　相邻逻辑符之间增加虚拟活动之后

即设 N 为一个 ESPV，$N = (A, C, R, L, Q, \{Start\}, \{End\})$，$\forall c_1, c_2 \in C, c_2 \in c_1^*$，则引入虚拟活动 a'，使得 $\{a'\} \in c_1^*, \{a'\} \in {}^*c_2$。

设 N 为一个 ESPV，$N = (A, C, R, L, Q, \{Start\}, \{End\})$，引入虚拟活动 a' 后，N'

= (A' , C , R , L' , Q , {Start} , {End})满足 ESPV 形式化定义,亦为一个 ESPV。

第二步:将视图中的资源模块转换为 Petri 网中的资源库所,活动转换为 Petri 网中的变迁,如图 8.18 所示。

$$\forall N' = (A' , C , R , L' , Q , \{Start\} , \{End\}) :$$

$$R = \{r_1 , r_2 , \cdots , r_k\} \rightarrow P = \{p_{r1} , p_{r2} , \cdots , p_{rk}\} ;$$

$$A = \{a_1 , a_2 , \cdots , a_i\} \rightarrow T = \{t_{a1} , t_{a2} , \cdots , t_{ai}\} 。$$

第三步:将开始点、结束点转换为库所,如图 8.19 所示。

图 8.18　ESPV 资源、活动向 Petri 网映射　　　图 8.19　开始点、结束点向 Petri 网映射

$$\forall N' = (A' , C , R , L' , Q , \{Start\} , \{End\}) :$$

$$\{Start\} \rightarrow \{p_{Start}\} ;$$

$$\{End\} \rightarrow \{p_{End}\} 。$$

第四步:将活动之间的连接线转换为弧和库所,资源、开始点、结束点与活动之间的连接线转换为弧,如图 8.20 所示。

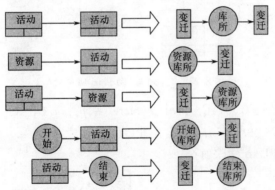

图 8.20　连接线向 Petri 网映射

$$\forall l_{aa} = (a_1 , a_2) \in L_{AA} \subseteq (A \times A) : l_{aa} \rightarrow \{ (t_a , p^l) , p^l , (p^l , t_a) \} ;$$

$$\forall l_{ra} = (r , a) \in L_{RA} \subseteq (R \times A) : l_{ra} \rightarrow F_{ca} = (p_r , t_a) ;$$

$$\forall l_{ar} = (a , r) \in L_{AR} \subseteq (A \times R) : l_{ar} \rightarrow F_{ac} = (t_a , p_r) ;$$

$$\forall l_{Starta} = (Start , a) \in L_{StartA} \subseteq (\{Start\} \times A) : l_{Starta} \rightarrow F_{Starta} = (p_{Start} , t_a) ;$$

$$\forall l_{aEnd} = (a , End) \in L_{AEnd} \subseteq (A \times \{End\}) : l_{aEnd} \rightarrow F_{aEnd} = (t_a , p_{End}) 。$$

第五步:将逻辑连接符转换为 Petri 网中的元素。"或"逻辑关系可以在增加一些语义的情况下由"异或"逻辑连接符转化得到,所以这里仅对"异或"和"与"逻辑连接符给出转换规则,如图 8.21 ～ 图 8.28 所示。

(1)"与输出"向 Petri 网的映射:

形式化描述为: $\forall c \in C_{and} \cap C_{AA} \cap C_{out} : \{c\} \rightarrow \{p_x^c | x \in C^*\}$,使得 $F^c \in \{ (t_x , p_y^c)$

117

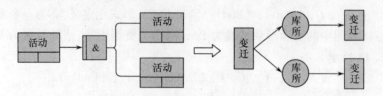

图 8.21 "与输出"向 Petri 网的映射

$|x \in {}^*C, y \in C^*| \cup \{(p_x^c, t_x) | x \in C^*\}$。

（2）"与输入"向 Petri 网的映射：

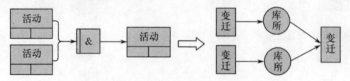

图 8.22 "与输入"向 Petri 网的映射

形式化描述为：$\forall c \in C_{\text{and}} \cap C_{AA} \cap C_{\text{in}}: \{c\} \rightarrow \{p_x^c | x \in {}^*C\}$，使得 $F^c \in \{(p_x^c, t_y) | x \in {}^*C, y \in C^*\} \cup \{(p_x^c, t_x) | x \in {}^*C\}$。

（3）"开始与"向 Petri 网映射：

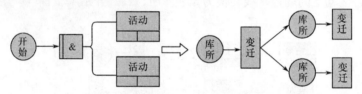

图 8.23 "开始与"向 Petri 网映射

形式化描述为：$\forall c \in C_{\text{Start}} \cap C_{\text{and}}: \{c\} \cup \{\text{Start}\} \rightarrow \{p_x^c | x \in C^*\} \cup \{p^{\text{Start}}\} \cup \{t^{\text{Start}}\}$，使得 $F^c \in \{(t^{\text{Start}}, p_y^c) | y \in C^*\} \cup \{(p_x^c, t_x) | x \in C^*\} \cup (p^{\text{Start}}, t^{\text{Start}})$。

（4）"结束与"向 Petri 网映射：

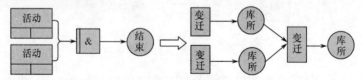

图 8.24 "结束与"向 Petri 网映射

形式化描述为：：$\forall c \in C_{\text{End}} \cap C_{\text{and}}: \{c\} \cup \{\text{End}\} \rightarrow \{p_x^c | x \in {}^*C\} \cup \{p^{\text{End}}\} \cup \{t^{\text{End}}\}$，使得 $F^c \in \{(t^{\text{End}}, p_y^c) | y \in {}^*C\} \cup \{(p_x^c, t_x) | x \in {}^*C\} \cup (p^{\text{End}}, t^{\text{End}})$。

（5）"异或输出"向 Petri 网的映射：

形式化描述为：$\forall c \in C_{\text{xor}} \cap C_{AA} \cap C_{\text{out}}: \{c\} \rightarrow \{p_x^c | x \in {}^*C\}$，使得 $F^c \in \{(t_x, p_y^c) | x \in {}^*C, y \in {}^*C\} \cup \{(p_x^c, t_y) | x \in {}^*C, y \in C^*\}$。

（6）"异或输入"向 Petri 网的映射：

形式化描述为：$\forall c \in C_{\text{xor}} \cap C_{AA} \cap C_{\text{in}}: \{c\} \rightarrow \{p_x^c | x \in C^*\}$，使得 $F^c \in \{(t_x, p_y^c) | x \in {}^*C, y \in C^*\} \cup \{(p_x^c, t_y) | x \in C^*, y \in C^*\}$。

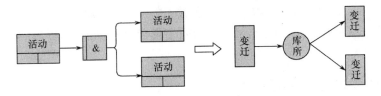

图 8.25 "异或输出"向 Petri 网的映射

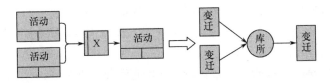

图 8.26 "异或输入"向 Petri 网的映射

(7)"开始异或"向 Petri 网映射：

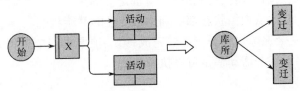

图 8.27 "开始异或"向 Petri 网映射

形式化描述为：$\forall c \in C_{\mathrm{Start}} \cap C_{\mathrm{xor}}$：$\{c\} \cup \{\mathrm{Start}\} \to \{p^{\mathrm{Start}}\}$，使得 $F^c \in \{(p_x^{\mathrm{Start}}, t_y)$ $| x \in {}^*C, y \in C^*\}$。

(8)"结束异或"向 Petri 网映射：

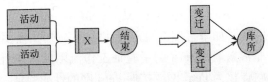

图 8.28 "结束异或"向 Petri 网映射

形式化描述为：$\forall c \in C_{\mathrm{End}} \cap C_{\mathrm{xor}}$：$\{c\} \cup \{\mathrm{End}\} \to \{p^{\mathrm{End}}\}$，使得 $F^c \in \{(t_y, p_x^{\mathrm{End}})$ $| x \in C^*, y \in C^*\}$。

根据上面的转换规则，可以将装备保障过程视图（ESPV）转换为 Petri 网模型。

2. 转化规则正确性验证

一个三元组 $N = (P, T, F)$，其中：$P = \{p^{\mathrm{Start}}\} \cup \{p^{\mathrm{End}}\} \cup \{p^c\} \cup \{p^l\} \cup \{p_r\}$；$T = \{t^{\mathrm{Start}}\} \cup \{t^{\mathrm{End}}\} \cup \{t_a\}$；$F = \{F^c\} \cup \{F_{a\mathrm{End}}\} \cup \{F_{\mathrm{Start}a}\} \cup \{F_{ac}\} \cup \{F_{ca}\}$。

则易知：$P \cup T \neq \varnothing$，$P \cap T = \varnothing$，$dom(F) \cup cod(F) = P \cup T\ F \subseteq (P \times T) \cup (T \times P)$；即 N 满足 Petri 网的定义，是一个 Petri 网。

令 X 为一个 ESPV 模型，f 为 X 向 Petri 网映射的函数即前面给出的转化规则，Y 为一个 X 经过函数 f 映射至 Petri 网的模型，即 $f:X \to Y$。

$\forall x_1 \in X$，$\exists y_1 \in Y$，使得 $y_1 = f(x_1)$，且 $\forall y_2 \in Y$，使得 $y_2 = f(x_1)$，则 $y_2 = y_1$，即函数 f 为一单射函数。

119

$\forall y_1 \in Y, \exists x_1 \in X$，使得 $y_1 = f(x_1)$，即函数 f 为一满射函数。

所以函数 $f:X \to Y$ 为一一映射，可以认为两个集合是对等的，即提出的转化规则是正确的。

8.5.4 保障过程模型合理性分析

1. 合理性分析方法

将装备保障过程模型转化为 Petri 网模型后，装备保障过程模型的合理性就可以借助 Petri 网的合理性分析方法进行分析，借鉴 Aalst 对工作流网合理性的定义，这里给出装备保障过程模型合理性的定义。

装备保障过程模型合理的充分必要条件是由它转化的 Petri 网满足以下几点。

(1) 对应于开始点库所中的每一个托肯，最终只会有一个托肯出现在结束点库所中。

(2) 当一个托肯从开始库所到达结束库所时，模型中的其他活动库所（除资源库所和控制库所外的其他由活动转换得到的库所）都是空的。

(3) 对每一个变迁，从初始状态都能到达该变迁的就绪状态。

第一项要求每一个保障过程一定能够完成；第二项要求一个过程完成后就不存在于系统中了；第三项要求每个活动都是可以执行的。

其形式化定义为：

一个 ESPV 是合理的，当且仅当由其转换的 Petri 网 N 满足：

(1) $M_0 \in M, \exists \sigma_1 = t_1 t_2 \cdots t_k, \sigma_2 = t_k t_{k+1} \cdots t_e$, s. t.

$\forall M_i \in M, (M_0 \xrightarrow{\sigma_1} M_i) \Rightarrow (M_i \xrightarrow{\sigma_2} M_{\mathrm{end}})$；

(2) $M_0 \to M_{\mathrm{end}}:M(P^l) + M(P^c) = M(P) - M(P_r) - M(P_{\mathrm{Start}}) - M(P_{\mathrm{end}}) = 0$；

(3) $\forall t \in T, \exists M_i, M'_i, \sigma_1 = t_1 t_2 \cdots t_k$ s. t. $M_0 \xrightarrow{\sigma_1} M_i \xrightarrow{t} M'_i$。

对于模型的正确性验证，如果直接按照正确性的定义进行，需要遍历整个网中的所有节点，相应的验证过程非常繁琐。Aalst 为了验证工作流网的正确性，提出了验证正确性的充分必要条件，把问题转化为 Petri 网或扩展 Petri 网的性质验证。

这里采用短路网方法检验 ESPV 合理性，给被检验的网 N 增加一个额外的变迁 t^*，其输入端是 p_{End}，输出端是 p_{Start}，增加变迁的网称为短路网。

$\underline{N} = (\underline{P}, \underline{T}, \underline{F})$ 是 N 的短路网，其中，$P = \underline{P}, T = T \cup \{t^*\}, F = \underline{F} \cup \{(\mathrm{End}, t^*), (t^*, \mathrm{Start})\}$。

N 的合理性等于 $\underline{N}$ 的活性和有界性，所以要检验 N 的合理性，只要检验 $\underline{N}$ 的活性和有界性就可以了，而对于 $\underline{N}$ 的活性和有界性已经有很多标准的方法和工具进行验证。

2. 合理性分析示例

1）实例 1：不合理模型

图 8.29 所示为一个基于改进 IDEF3 装备保障过程模型。

该过程共有 8 项活动，其逻辑关系如图 8.29 所示。根据 8.5.3 小节中给出的五个转换步骤及相应的逻辑转换关系，可以将其转换为基于 Petri 网的过程模型 N，如图 8.30 所示。

为分析该模型的合理性，向模型 N 中添加虚拟变迁 t^*，构成 N 网的短路网 $\underline{N}$，如图

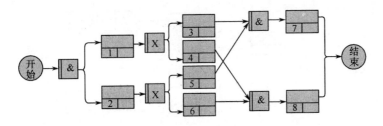

图 8.29　基于改进 IDEF3 装备保障过程不合理模型视图

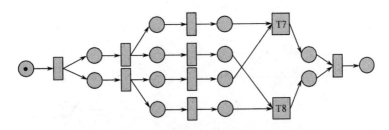

图 8.30　由不合理模型 ESPV 转换的 Petri 网过程模型

8.31 所示。

这样,就可以根据 $\underline{N}$ 的活性和有界性来判断 N 的合理性。按照 Petri 网活性定义:Petri 网 $PN = (P, T; F, M_0)$ 是活的当且仅当 $\forall t \in T$, $\forall M \in R(M_0)$, $\exists M' \in R(M)$,使得: $M'[t>$。

设图 8.31 中的状态表示为 M_x,则不存在 $M' \in R(M_x)$,使得 $\forall t \in T, M'[t>$。即当前状态 M_x 下,不存在某种 M_x 的可达状态 M' 使得对给定的变迁 $\forall t \in T$,可以发生(如图中 T7、T8 在当前状态下无法发生),也就是该短路网不是活的。所以该保障过程模型是不合理的。

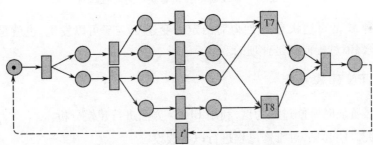

图 8.31　不合理模型 N 网转换得到的短路网

2)实例 2:合理模型

图 8.32 所示为一个基于改进 IDEF3 装备保障过程模型。

该过程共有 8 项活动。根据 8.5.3 小节中给出的五个转换步骤及相应的逻辑转换关系,可以将其转换为基于 Petri 网的过程模型 N,如图 8.33 所示。

为分析该模型的合理性,向模型 N 中添加虚拟变迁 t^*,构成 N 网的短路网 $\underline{N}$,如图 8.34 所示。

同样,可以根据 $\underline{N}$ 的活性和有界性来判断 N 的合理性。按照 Petri 网活性定义,设图 8.34 中的状态表示为 M_y,则存在 $M' \in R(M_y)$,使得 $\forall t \in T, M'[t>$。即当前状态 M_y 下,

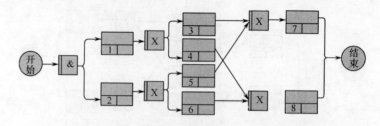

图 8.32 基于改进 IDEF3 装备保障过程合理模型视图

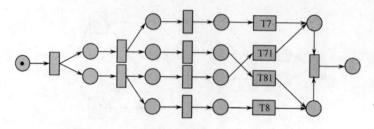

图 8.33 由合理模型 ESPV 转换的 Petri 网过程模型

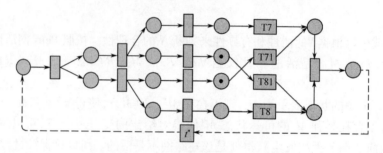

图 8.34 合理模型 N 网转换得到的短路网

一定存在某种 M_y 的可达状态 M' 使得对给定的变迁 $\forall t \in T$ 可以发生,也就是该短路网是活的,所以该保障过程模型是合理的。

8.5.5 EI₃PN 建模示例

以某种装备战时维修过程为例,利用 EI₃PN 方法进行建模分析。

为了研究方便起见,对维修过程进行以下假设。

(1) 该种装备在特定条件下战时损伤数量已知,一般损伤装备 6 台,严重损伤装备 6 台,损伤时刻是随机的,送修时间间隔大致服从参数为 0.5h 的指数分布,即

$$P(\tau) = 1 - e^{-\frac{\tau}{\tau_0}} \qquad (0 \leqslant \tau \infty <, \tau_0 = 0.5)$$

(2) 装备损伤后由维修机构进行维修,维修机构有两个维修单元,两个维修单元独立工作,每个维修单元分别有一名高级维修人员和一名初级维修人员,每名维修人员一次维修一台装备,而且每台装备也只需一人进行维修。

(3) 初级维修人员和高级维修人员维修一般损伤装备时间相同,平均时间约需 1h。维修严重损伤装备时间不同,初级维修人员平均时间约需 5h,高级维修人员平均时间约需 2h。

122

（4）损伤装备到达后，只要有维修人员空闲，随机安排人员立即开始维修。

按照装备保障过程模型建模方法，给出上述保障过程模型视图如图 8.35 所示。

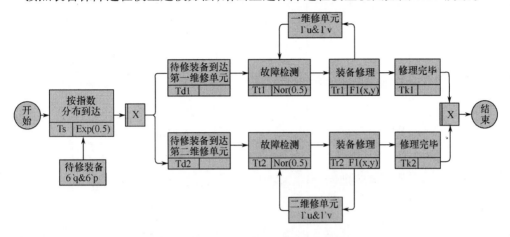

图 8.35　保障过程模型视图

根据 8.5.3 小节给出的转换规则，将上述模型映射为分层赋时着色 Petri 网（HTCPN），如图 8.36 所示。

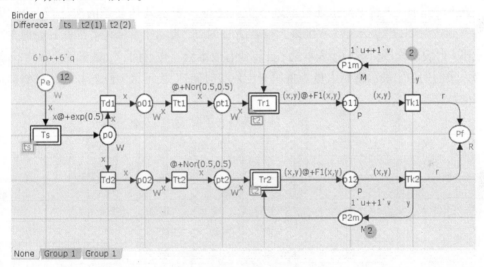

图 8.36　保障过程 Petri 网模型

其中，库所 Pe 表示流程开始；变迁 Ts 表示待修装备按照参数为 0.5 的指数时间间隔到达；变迁 Td1、Td2 表示到达损伤装备随机分配到两个维修单元；变迁 Tt1、Tt2 表示故障检测，其时间服从均值为 0.5、方差为 0.5 的正态分布；Tr1、Tr2 表示第一、第二维修单元开始修理；Tk1、Tk2 表示修理完毕；待修装备托肯 p、q 分别表示一般受损装备和严重受损装备；P1m 为第一维修单元库所，P2m 为第二维修单元库所；维修人员托肯 u、v 分别表示高级维修人员、一般维修人员；库所 Pf 表示流程结束；F1(x,y) 函数实现了 (p，u)、(p，v)、(q，u)、(q，v) 四种组合的不同维修时间。按照本章前面提出的装备保障过程评价参数，给出该模型的评价指标，见表 8.10。

表 8.10 装备保障维修过程指标

指 标	含 义	计 算 方 法
$\overline{T}$	平均任务完成时间/h	$\sum_{i=1}^{N}(T_{if}-T_{id})\Big/N$
$\overline{T_{yx}}$	平均有效任务时间/h	$\sum_{i=1}^{N}(T_{if}-T_{iks})\Big/N$
$\overline{T_{dd}}$	平均任务等待时间 /h	$\sum_{i=1}^{N}(T_{iks}-T_{id})\Big/N$
$\overline{T_{kx}}$	平均资源空闲时间 /h	$\sum_{i=1}^{N}(T_{iks}-T_{ijx})\Big/N$
A	资源利用率	$\sum_{i=1}^{N}\dfrac{T_{iyx}}{(T_{if}-T_{ijx})}\Big/N$
L	装备等待队列长度	$\overline{T_{dd}}\big/\overline{T}$

在 CPN-Tools 平台上对上述模型进行仿真运行,i 表示到达装备的次序,T_{id} 表示第 i 台装备到达时刻,T_{ijx} 表示第 i 次维修人员就绪时刻,T_{iks} 表示第 i 台装备维修开始时刻,T_{if} 表示第 i 台装备修竣时刻,T_{iyx} 表示第 i 台装备有效维修工作时间,T_{idd} 表示第 i 台装备等待维修人员时间,T_{ikx} 表示维修人员等待第 i 台装备时间,T_i 表示第 i 台装备的总维修时间,得到的数据见表 8.11。

表 8.11 模型仿真数据

i	T_{id}	T_{ijx}	T_{iks}	T_{if}	T_{iyx}	T_{idd}	T_{ikx}	T_i
1	0	0	0	4	4	0	0	4
2	4	0	4	13	9	0	4	9
3	5	0	5	16	11	0	5	11
4	8	0	8	17	9	0	8	9
5	8	4	8	20	12	0	4	12
6	9	13	13	21	8	4	0	12
7	14	16	16	26	10	2	0	12
8	15	17	17	28	11	2	0	13
9	17	20	20	29	9	3	0	12
10	17	21	21	30	9	4	0	13
11	18	26	26	30	4	8	0	12
12	18	28	28	32	4	10	0	14

根据表 8.10 中给出的过程指标计算公式及表 8.11 给出的模型仿真数据,计算得到:平均任务完成时间 $\overline{T}\approx 8.33(\mathrm{h})$,资源利用率 $A\approx 75.6\%$,装备等待队列长度 $L\approx 0.33$,即平均有 0.33 台装备到达后处于等待维修的状态。

124

8.6　保障过程优化

保障系统建模的主要目的之一就是通过分析装备保障过程,对装备保障的运行机制进行优化,建立效率更高、更合理的保障过程。对保障过程的分析包括静态分析和动态分析。静态分析主要指对业务流程进行结构优化和处理模式优化;动态分析要结合时间因素对保障过程进行分析,主要是借助优化工具采用某种优化策略对保障过程进行参数优化。

参数优化通过改变保障系统的资源重新配备来优化保障过程,处理模式优化通过改变业务处理模式提高工作效率,而结构优化将直接改变保障过程的结构,因此,后两者对保障活动影响最大,必须在优化实施之前依据一定的原则进行分析评估。

8.6.1　保障过程优化的原则

借鉴企业流程再造(Business Process Reforge, BPR)思想,提出以下规则来指导保障过程的优化。

1. 考察每个活动存在的必要性

对保障过程优化时,针对保障过程中的每个活动或者要素,可以思考"这个活动为何要存在"、"这个活动的输出结果是整个保障活动完成的必要条件吗"、"它的存在直接或间接产生了怎样的结果"、"清除它会带来什么影响"和"清除它可行吗"等问题。通过一系列的提问,来判断是否是多余环节,它的存在产生了什么不利影响,而清除是否可行。如何消除或最小化这些活动,同时又不给整个保障过程带来负面影响是优化保障过程的主要问题。部分多余活动的征兆包括:

(1)活动间的等待时间。装备保障过程中,任何时刻由于某种原因导致的对资源的等待,带来的问题是待修装备积压、平均维修时间加长、追踪和监测变得复杂。

(2)不必要的运输。任何保障资源的转移都要花费时间,不必要的运输和转移浪费了人员的时间,增加了费用支出。

(3)重复的活动。保障过程中可能有重复进行的活动,重复的活动应该越少越好。

2. 考虑保障活动的规模

保障活动是保障过程的逻辑单元,通过把分离的活动合并为一个复杂的活动,能够降低准备的时间,还能够提高执行人员对活动的投入程度。一个保障活动经常要不间断地完成,所以保障活动的大小必须适当,过大的活动会抑止弹性,使其保障过程不可能进行更高级的优化。

3. 使保障过程简单

复杂的保障过程会导致保障过程的不可管理,所以保障过程不要无谓地复杂。采用给活动增加智能的方法,通常可以简化保障过程。如果保障过程中包含十分复杂的保障活动,最重要的就是建立一个清晰的层次化结构。在对保障过程进行分解的时候,要确保把联系紧密的活动放在同一个子过程中;不同子过程间应该尽可能少地建立因果关系。

4. 尽可能采用并行过程

经常考虑哪些任务可以并行处理,如果两个任务相互独立,就尽可能允许它们并行执行,以避免采用顺序执行完成时间长、资源利用率差现象的出现。

8.6.2 保障过程优化的方法

这里给出几种保障过程优化的常用方法,并通过相应实例说明优化方法的实用性。

1. 减少重复活动

如果相同或相似的保障活动在相近的时间段内执行两次或多次,称这样的保障活动为重复性活动。重复性活动主要包括不必要的跨部门协调、不必要的运输、反复维修和反复检验等。合并保障过程中的重复性活动可以减少资源的需求,减少保障过程执行的时间。例如图 8.37 中,T1,T2,…,Tn 为在相近时间段内执行相似的活动,如果条件允许,可以将 T1,T2,…,Tn 合并为 T,则保障活动的执行时间和资源的需求都会降低。

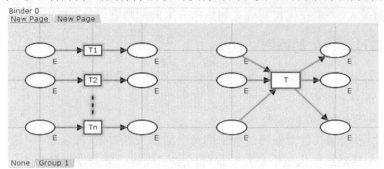

图 8.37　合并重复性活动

2. 优化串行活动

串行是保障过程中常见的逻辑关系,对串行活动的优化可以大幅度提高整个保障过程的性能指标,如平均完成时间、资源利用效率等。图 8.38(a)是利用 Petri 网描述的由串行活动组成的保障活动,假设待修装备到达过程服从 Possion 分布,平均速率是每小时 2 台,且 T1 和 T2 所需的修理时间都是 2h,各有两组专门的资源负责完成。

如果 T1 的执行结果不构成 T2 执行的必要条件,即两个活动不存在逻辑约束,那么可以考虑将这两个活动改为并行执行。优化后的过程如图 8.38(b)所示。

通过仿真,得出优化前后过程主要指标,见表 8.12,优化后的过程在平均完成时间、有效工作时间和平均等待时间三个指标上都有明显的改善。

表 8.12　串行活动优化前后的指标

逻辑关系	平均完成时间/h	有效工作时间/h	平均等待时间/h	资源利用率/%
串行活动	11.1	4.0	7.1	36.0
并行优化	7.5	2.0	5.5	53.3

3. 充分利用资源

通过更加有效地利用保障资源,也可以对装备保障过程进行优化。从实际操作的角度来看,在不改变资源本身属性的情况下,充分利用保障资源可以采取两种途径:一种是尽可能发挥资源专长;另一种是尽可能提高资源共享程度,条件允许的话还可以将这两种方法同时使用。

提高资源共享程度是精确保障的主要特点之一,可以有效解决保障资源一方面闲置

126

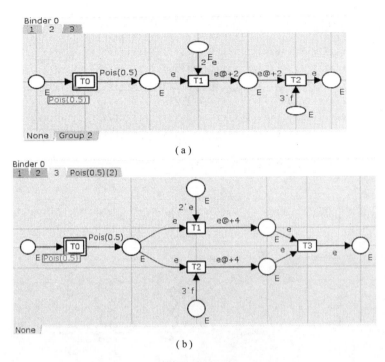

图 8.38 串行活动及把串行活动改为并行活动

而另一方面短缺的矛盾,提高保障能力。发挥资源专长主要是指根据不同资源的特点、属性,尽可能合理地安排资源使用,使"人尽其能,物尽其用"。对于保障人员来说主要是灵活、恰当地设置工作岗位,有利于不同的人员发挥特长。为说明充分利用资源对保障过程的优化作用,下面对 8.5.5 小节中的实例进行优化分析。

1) 提高资源共享程度

在 8.5.5 小节保障过程实例中两个维修单元是分别使用、独立操作的,没有进行资源共享,而这两个维修单元同属一个保障机构,可以考虑进行统一调配,统一使用,实现资源共享,建立模型如图 8.39(a)所示。

其中,库所 Pm 代表库所 P1m、P2m 之和,表示维修活动可以对库所 Pm 中的维修人员托肯 u、v 实现资源共享。对该模型进行仿真运行后的结果汇总于表 8.13,采用资源共享后的模型,平均任务完成时间和装备等待队列长度均有所下降,同时资源利用率得到提高。

2) 发挥资源专长

通过对上述实例进行分析,可以看出上述保障过程在对维修人员的使用上,使用规则是"谁空闲谁维修,随机安排",装备到达后在确定维修人员的时候没有对资源(维修人员)进行分类使用,以至于装备等待维修时间和队列较长。为了发挥资源特长,将维修人员使用规则改为:受损装备到达后,对装备进行区分,如果是一般受损装备则优先由一般维修人员进行维修,一般维修人员忙,则由高级维修人员维修;如果是严重受损装备,则情况相反。模型中,(p,u),(p,v),(q,u),(q,v)四类组合的维修时间与前面相同,模型如图 8.39(b)所示。

其中,Tr1、Tr2、Tr3、Tr4 四个变迁由原模型中的 Tr1、Tr2 变迁转变而来,表示不同受损

127

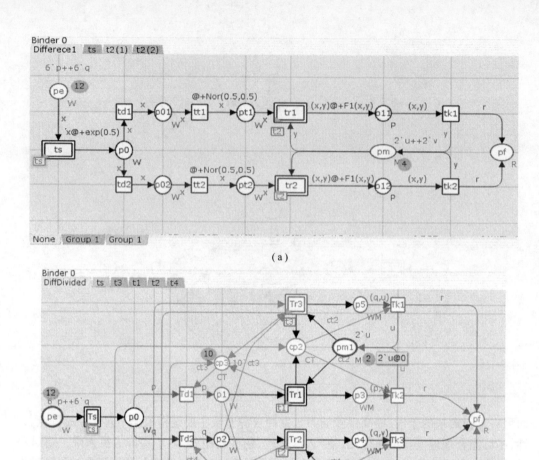

(a)

(b)

图 8.39 保障过程实现资源共享模型及保障过程实现资源共享与发挥资源专长模型

装备与不同维修人员组合时的维修活动,Cp1,Cp2,Cp3,Cp4 四个库所为反库所,其功能是辅助实现上面提出的维修人员使用优先级。同样,对该模型进行仿真运行后的结果汇总于表 8.13。

表 8.13 资源使用机制优化后的仿真结果

模 型 类 别	平均任务完成时间 $\overline{T}$/h	资源利用率 A/%	装备等待队列长度 L/台
原有模型	8.33	75.6	0.33
资源共享模型	7.56↓	86.8↑	0.31↓
资源共享与发挥资源专长	6.92↓	92.2↑	0.29↓

128

可以看出,两种优化资源使用机制可以有效地提高资源利用率,减少平均任务完成时间,缩短待修装备等待队列长度,说明上述优化方法是可行的。

4. 采用自动化保障活动

由于信息技术、通信技术的发展,使得某些保障活动的信息化、自动化成为可能。例如,机内测试设备使得故障诊断的时间大大降低;信息技术及其自动化技术使得仓库保管员可以在几分钟内从几万种备件内选择保障活动所需要的备件等。

8.7 装备保障过程建模应用示例

下面以装甲师战时维修保障为例,说明保障过程建模。

8.7.1 装甲师战时维修保障力量编组

装甲师维修保障力量的静态建模示例已经在 7.3 节中给出,战时主要由营、团、师三级装备保障力量编组而成,根据战时维修保障的任务不同,可分为以下几种编组机构。

1. 装备保障观察所

在坦克营、装甲合成营建立的装备保障观察所,主要任务是:不间断地收集和观察作战装备行动,及时查明损坏、淤陷和故障情况,迅速采取措施;给乘员以技术援助,指挥抢救修理组的行动;及时向团装备保障指挥所报告损坏、淤陷和故障装备的数量、程度、位置和抢救修理情况,并提出建议。

2. 抢救修理所(组)

通常由团派出的 3 名~6 名修理工、牵引车、抢修车和常用器材组成营保障机构即抢救修理组,归装备保障观察所指挥。任务是完成 1h 内的抢救修理任务,给乘员以技术和器材援助。

由团属修理连大部分人员和保障装备组成抢救修理所,隶属团装备保障指挥所,任务是:增强营的装备保障力量;担任 1h~4h 内能够完成的检修和轻、中陷抢救;组织本所无力修复装备的后送。

由师属修理营大部人员和保障装备组成 2 个~3 个抢救修理所,主要任务是:增强团的装备保障力量;担任 4h~8h 内能完成的修理和中、重陷抢救任务;组织本所无力修复装备的后送。

3. 机动抢救修理所(组)

机动抢救修理所(组)由修理营、连或者上级加强的保障力量组成,配牵引车和抢修车,隶属于装备保障指挥所,作为抢救修理的预备力量,机动使用。

4. 器材供应组

器材供应组由装备保障业务主管部门和仓库人员组成,通常分前、后两组,配备运输车辆,隶属各级装备保障指挥所。

装甲师维修保障过程是以装甲装备为主要保障对象,以基本保障单元为保障力量最小单位,假定基本保障单元由一个坦克修理班、一套组合机具设备和一辆拆装修理工程车组成,可完成战时的装备换件修理任务。

假定装甲师属装备保障力量在战时编为四部分保障力量:基本抢救修理所、第一抢救修理所、第二抢救修理所和机动抢救修理组。团属保障力量编为两部分保障力量:基本抢救修理所和机动抢救修理组。在营一级由本级修理工和上级加强的力量组成一个机动抢救修理组。

8.7.2 模型边界条件想定

下面从五个方面对模型边界条件进行描述:装备战时损伤比例、战伤装备修理级别分布、战伤装备到达时间、修理机构工作时间及运行机制。

1. 装备战时损伤比例

参照以往典型战例中装备战伤的经验数据,考虑未来战争特别是信息化条件下局部战争的特点,模型对装甲师昼夜装备损伤率的仿真区间假定为 30% ~50%。

2. 战场损伤装备修理级别分布情况

从由战斗损伤引起的损伤装备修理时间分布和由技术故障引起的损伤装备修理时间分布两个方面综合考虑,确定损伤装备在各级修理机构的分布情况。其计算步骤如下:

(1)确定各修理级别对战伤装备的修理时限。

(2)通过仿真分析得到由于战斗损伤引起的损伤装备按修理时限在各修理级别的分布情况。

(3)通过对统计数据分析得到由于技术故障引起的损伤装备按修理时限在各修理级别的分布情况。

(4)根据战斗损伤装备和技术故障装备在损伤装备中的统计比例,给出损伤装备按修理时限在各修理级别的分布情况。

1)各级修理机构修理时限

战时修理机构需要大量的时间用于机动、伴随、展开和收拢,所以对装备抢修时间有一定的要求,假定装备在各级抢救修理组或者修理所的停留时间,见表 8.14。

表 8.14 各级修理机构修理时限

滞留时间/h	<1	1 ~4	4 ~8	>8
修理地点与修理方式	营属抢救修理组现场修理	团属抢救修理所现场或集中修理	师属抢救修理所现场修理或集中修理	更高一级修理中心或者基地集中修理

2)战斗原因引起的损伤装备按修理时限分布情况

在确定重要功能部件及重要功能部件平时换件时间的基础上,根据战时条件下装备重要功能部件的毁伤概率和战时换件时间专门修正系数值,通过仿真得到战伤装备按修理时限在各级修理机构分布情况,见表 8.15。

表 8.15 战伤装备进入各级修理机构的概率

修 理 级 别	修理时限/h	进入各级修理机构的概率/%
营保障机构	<1	7
团属修理机构	1 ~4	13
师属修理机构	4 ~8	29
军属修理机构	≥8	51

3)技术故障引起的损伤装备按修理时限分布

通过对装备平时维修的观测记录,对技术故障损伤维修工作量进行统计,得到技术故障引起的损伤装备按修理时限分布情况,见表8.16。

表8.16 技术故障原因损伤装备进入各级修理机构的概率

修理级别	修理时限/h	进入各级修理机构的概率/%
营保障机构	<1	17
团属修理机构	1~4	36
师属修理机构	4~8	25
军属修理机构	≥8	22

4）损伤装备按修理时限修理级别分布

设战时损伤装备按照修理时限进入各级修理机构的概率分布向量 $a = \{a_{11}, a_{12}, a_{13}, a_{14}\}$，$a_{11}, a_{12}, a_{13}, a_{14}$ 分别为损伤装备在营、团、师和军以上修理机构的分布概率；a_1 为战斗损伤引起的战伤装备按修理时限分布概率向量；a_2 为技术故障原因引起的损伤装备按修理时限分布概率向量；b_1 为战斗原因引起的损伤装备比例；b_2 为技术故障损伤引起的战伤装备比例；则

$$a^{\mathrm{T}} = a_1^{\mathrm{T}} \cdot b_1 + a_2^{\mathrm{T}} \cdot b_2$$

据统计,战场上损伤的装备中,有60%~75%属于战斗损伤,25%~40%属于技术故障损伤,即 $b_1 \in [0.60, 0.75]$，$b_2 \in [0.25, 0.40]$，这里取 $b_1 = 0.70$，$b_2 = 0.30$。

将表8.15、表8.16中数据代入上式即可得战时损伤装备按照修理时限进入各级修理机构的总概率 a，见表8.17。

表8.17 战时损伤装备按照修理时限进入各级修理机构的概率

编号	修理级别	修理时限/h	a_1/%	a_2/%	a/%
1	营保障机构	<1	7	17	10.0
2	团属修理机构	1~4	13	36	19.9
3	师属修理机构	4~8	29	25	27.8
4	军属修理机构	>8	51	22	42.3

3. 战时损伤装备到达修理机构时间分布

修理机构对装备的维修可以采用排队论中的服务模型,修理机构为服务机构,损伤装备为服务对象,则损伤装备的到达时间 T 应当符合泊松分布,即

$$P\{T = k\} = \frac{\lambda^k \mathrm{e}^{-\lambda}}{k!}, \quad k = 0, 1, 2, \cdots$$

记为 $T \sim P(\lambda)$。

根据统计,进攻战斗中师修理机构应在战斗开始后2.5h~3h准备接受大量损伤装备,团修理机构应在战斗开始后1.5h~2h准备接受大量损伤装备,所以对师修理机构损伤装备到达时间取泊松分布参数 λ 为2.5,即 $T \sim P(2.5)$；团修理机构损伤装备到达时间取泊松分布参数 λ 为1.5,即 $T \sim P(1.5)$。

4. 修理机构修理能力

1）修理能力的表示

修理能力指保障系统在一定条件下将一定损坏程度的装备修复达到某种工作状态的本领。在野外条件下,通常用修理机构在规定时间能够提供的修理工时数 T_0 来描述其修

理能力：

$$T_0 = N_a \cdot T_a \cdot K_1 \cdot F \cdot M \qquad (8.7)$$

式中：N_a 为拆装修理车辆数量（基本保障单元数）；M 为基本保障单元拥有的工作人数；K_1 为工作系数，因为展开收拢占用部分工作时间，通常取 K_1 为 0.75 ~ 0.9；F 为工作日数；T_a 为一昼夜可以工作的时间。

在战时，为了更方便地直接为战场指挥员提供参考依据，对师修理能力的衡量采用单位时间（一天）能够修理装备的数量来表示。

2）修理机构可工作时间

修理机构昼夜的实际工作时间 T_a 可由下式得出：

$$T_a = 24 - t_1 - t_2 - t_3 - t_4$$

式中：t_1 表示人员自然需求消耗的时间，这一时间依赖于具体情况和各种修理机构的隶属性，时间为 5h ~ 8h；表示重新部署修理机构的时间，时间为 5h ~ 8h；t_3 表示修理机构展开和撤收的时间，时间为 2h ~ 8h；t_4 表示部队建制装备技术维护消耗的时间，战术级修理机构为 3h ~ 4h，战役级修理机构通常不参加装备的技术维护。

各级修理机构可工作时间计算参考数据见表 8.18，据此，给出各级修理机构进攻战斗一天的可工作时间想定为：营 4h，团 12h，师 18h。

表 8.18　各级修理机构实际可工作时间计算参考数据值

特 征 参 数		修理机构				
		营	团	师	军	军以上
修理周期持续时间 a_{wj}/天	进攻	1	1	1	2	4
	防御	1	1	1.5	3	6
修理周期持续时间 T_{wj}/h	进攻	24	24	24	48	96
	防御	24	24	36	72	144
修理周期中非生产时间 T_{nj}/h		20	12	6	12	26

3）修理机构可同时修理装备数

各级修理机构由于人员、设备、场地等诸多因素，使得能够同时修理的装备数量有一定的限制。战时装备抢修可能需要多个工种的保障人员和保障设备，尤其是坦克修理工和拆装修理车（或装甲抢修车）必不可少。坦修班数量 n_{txb} 和拆装修理车 n_{czc} 数量通常决定着战时修理机构能够同时修理装备的数量 N_{ts}，$N_{ts} = \min\{n_{txb}, n_{czc}\}$。

假定营团师三级修理机构可同时修理装备数量，见表 8.19。

表 8.19　各级修理机构可同时修理装备数量

修理级别	坦修班数量	主要修理车辆数量	编组数量	可同时修理装备数量
营保障机构	坦修班 1 个	装甲抢修车 1 辆	1	$N_{tsy} = 1$
团属修理机构	坦修班 3 个 ~ 4 个	拆装修理车 3 辆	2 ~ 3	$N_{tst} = 3$
师属修理机构	坦修班 6 个 ~ 8 个	拆装修理车 8 辆	2 ~ 4	$N_{tss} = 6$

4）单台装备修理时间

损伤装备的修理时间按照修理时限分配到各级修理机构，时间超过某一级修理时限的装备，将被后送或采取其他的措施处理，所以，各级修理机构对单台装备的修理时间即为该级别的修理时限。

落入营保障机构的单台装备修理时间 t_{xy} 服从 $[0,1)$ 区间上的均匀分布:

$$F(t_{xy}) = \begin{cases} 0, & t_{xy} \leq 0 \\ \dfrac{t_{xy}-0}{1-0}, & 0 < t_{xy} < 1 \\ 1, & t_{xy} > 1 \end{cases}$$

落入团属修理机构的单台装备修理时间 t_{xt} 服从 $[1,4)$ 区间上的均匀分布:

$$F(t_{xt}) = \begin{cases} 0, & t_{xt} \leq 1 \\ \dfrac{t_{xt}-1}{4-1}, & 1 < t_{xt} < 4 \\ 1, & t_{xt} \geq 4 \end{cases}$$

落入师属修理机构的单台装备修理时间 t_{xs} 服从 $[4,8)$ 区间上的均匀分布:

$$F(t_{xs}) = \begin{cases} 0, & t_{xs} \leq 4 \\ \dfrac{t_{xs}-4}{8-4}, & 4 < t_{xs} < 8 \\ 1, & t_{xs} \geq 8 \end{cases}$$

5. 修理机构运行机制

1) 待修装备排队规则

待修装备排队采用 FIFO 规则,即按照维修活动申请资源的先后次序来分配资源。

2) 保障资源共享限制

不考虑同级修理机构之间的资源共享机制,即同级修理机构之间在没有上级调配的情况下不发生相互合作和支援的情况。

3) 向下优先机制

战时维修保障过程中,上级保障力量应当向下支援,但在待修装备数量较大时,对于上级修理机构应当先维修落入本级的待修装备还是先维修下级送修的装备没有明确规定,将这两种方式称为采取或不采取向下优先原则,分别对这两种机制进行仿真运行研究。

8.7.3 装甲师战时维修保障过程模型

采用基于 Petri 网的结构化建模方法,按照上面给出的边界条件想定,对假定装甲师战时装备维修保障过程进行建模,对模型按照层次结构逐层进行分析研究。

1. 模型顶层结构

模型顶层结构如图 8.40 所示。

对于模型的主要颜色、变量和函数声明如下:

colset INT = int;

colset BOOL = bool;

colset E = with e|e1|e2|e3|e11|e12|e13|e130|e131|e132|e133|e110|e111|e112|
     e113 |e120| e121|e122|e123 timed;

colset F = with f1|f2|f3|f11|f12|f13|f130|f132|f133|f110|f112|f113|f120 |f122|f123

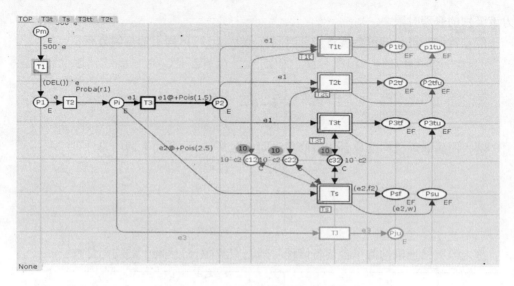

图 8.40　装备维修保障过程模型顶层视图

timed；

    colset EF = product E * F timed；

    colset C = with c1|c2|c3 timed；

    colset SNumber = int with 30..50；

    colset Ran1 = int with 0..99；

    ……

其中：INT 为整数类，用来表示各种时间；E 为枚举类，表示装备，包括完好装备、损伤装备、按照不同修理时限分配到各级修理机构的装备等；F 为枚举类，表示修理单元，包括各级修理机构的修理单元；EF 为混合类，表示损伤装备与修理单元的组合，以及 E 与 F 的直积集；C 为枚举类，其元素在模型中起辅助作用。

    SNumber 与 Ran 1 为整数类，是 INT 关的子类。

    图 8.40 中主要元素含义见表 8.20。

表 8.20　模型顶层主要元素含义

元　素	含　义	元　素	含　义
库所 Pm	装备库所	变迁 T1	战斗活动
库所 Pi	损伤装备库所	变迁 T2	分配变迁
库所 P2	团级损伤装备库所	变迁 T1t	1 团修理变迁子模块
库所 P3tf	3 团修复装备库所	变迁 T2t	2 团修理变迁子模块
库所 P3tu	3 团未修复装备库所	变迁 T3t	3 团修理变迁子模块
库所 Psf	师修复装备库所	变迁 Ts	师修理变迁子模块
库所 Psu	师未修复装备库所	变迁 Tj	军以上修理变迁子模块
函数 Proba( )	比例分配函数	函数 Pois( )	泊松分布函数

    其中，库所 Pm 中的托肯表示初始仿真装备数，这里设定师主战装备对象为 500 台；变迁 T1 通过 DEL( )函数在 500 台装备中随机产生 30% ~50% 的损伤装备；变迁 T2 通过

134

Proba(r1)函数,按照表8.17中损伤装备在各级修理机构的分布,将损伤装备按照相应的比例进行分配;库所 Pi 中的托肯表示损伤装备,其中 e1、e2、e3 为进入团、师和军以上修理机构的损伤装备,通过 Pois( )函数实现装备到达时刻的泊松分布;库所 P2 为进入团一级损伤装备库所,损伤装备将由此库所随机进入三个团修理机构;变迁 T1t 表示落入1团的损伤装备修理过程,T2t、T3t 与之类似;库所 P3tf 中的托肯表示落入3团损伤装备中在规定时间内修复装备,P1tf、P2tf 与之类似;库所 P3tu 中的托肯表示落入团修理机构损伤装备中在规定时间内未修复装备,P1tu、P2tu 与之类似;库所 Psf 中的托肯表示落入师修理机构损伤装备中在规定时间内修复装备;库所 Psu 中的托肯表示落入师修理机构损伤装备中在规定时间内未修复装备;变迁 Ts 表示落入师修理机构的损伤装备修理过程;变迁 Tj 表示落入军以上修理机构的损伤装备修理过程;库所 C12、C22、C32 为结构控制库所,辅助实现部分控制功能。

2. 师属修理机构修理过程模块

Ts 模块表示落入师修理机构的损伤装备修理过程,其模型如图8.41所示。

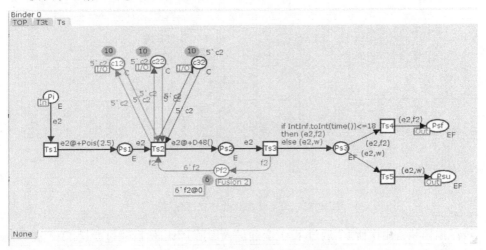

图8.41 师属修理机构修理过程模块

图8.41中主要元素含义见表8.21。

表8.21 模型顶层主要元素含义

元素	含义	元素	含义
库所 Pi	损伤装备库所	变迁 Ts1	损伤装备进入师修理机构
库所 Ps1	师一级损伤装备库所	变迁 Ts2	损伤装备开始维修
库所 Ps2	装备处于维修状态	变迁 Ts3	损伤装备修理完毕
库所 Ps3	装备修理完毕	变迁 Ts4	功能变迁,将修复装备分离
库所 Pf2	师修理单元库所	变迁 Ts5	功能变迁,将未修复装备分离
库所 Psf	师修复装备库所	库所 Psu	师未修复装备库所

按照修理时限落入师一级修理机构的损伤装备 e2 由库所 Pi 进入库所 Ps1,其中 Pois(2.5)函数实现损伤装备到达时间服从参数为 2.5 的泊松分布。损伤装备到达后,库所 Pf2 中师修理单元有空闲的话,变迁 Ts2 即可开始维修,维修时间参数在 4 到 8h 之间随机

产生。修理后的装备进入库所 Ps3,其中,在 18h(战时师修理机构昼夜最大可工作时间)以内修理完毕的装备认为是修复装备,在 18h 以外修理完毕的装备认为是未修复装备,通过 Ts4 和 Ts5 两个变迁分别将修复和未修复装备分离到 Psf 和 Psu 两个库所中。

3. 团属修理机构修理过程模块

在顶层模块中,T1t、T2t、T3t 三个子模块分别代表损伤装备落入 1 团、2 团、3 团的修理模型,这里仅对 T3t 进行详细说明,其余两个模块与之相似。T3t 模块结构展开如图8.42 所示。

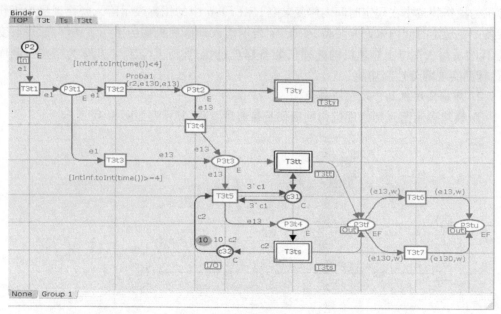

图 8.42　团属修理机构修理过程模块

待修损伤装备由库所 P2 通过 T3t1 变迁进入库所 P3t1,然后通过变迁 T3t2、T3t3 和函数 Proba1 按照表 8.17 中的比例分别进入库所 P3t2 和 P3t3。其中 P3t2 为 3 团中按比例进入营级修理单元的损伤装备库所,P3t3 为 3 团中按比例进入团级修理单元的损伤装备库所。T3ty 为 3 团中进入营级修理单元的损伤装备修理模块,T3tt 为 3 团中进入团级修理单元的损伤装备修理模块,T3t5 变迁为 3 团待修装备向师修理机构后送模块,T3ts 为师修理单元对团级修理机构后送损伤装备的修理模块。所有落入 3 团的损伤装备修理完毕后,通过 T3t6 和 T3t7 两个变迁进入 P3tf 和 P3tu 两个库所,分别为在规定时间内修复装备库所和未修复装备库所。

这里 T3tt 模块、T3t5 变迁和 T3ts 模块的触发优先机制为:

(1) 只要 T3tt 模块可以触发,T3t5 模块就不能触发。即对于落入团级修理单元的损伤装备,只要团级修理单元有空闲可以进行修理,就不需要后送到师修理单元进行维修。

(2) 对于师修理单元来说,下级后送的待修装备的修理优先级要高于落入本级修理机构的待修装备。

这两项机制的实现是通过 C31 和 C32 两个辅助库所以及相关的弧利用反库所原理共同作用实现的。

136

其中,T3tt 模块和 T3ts 模块展开分别如图 8.43、图 8.44 所示。

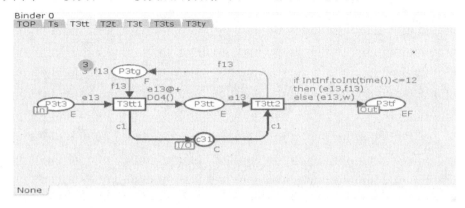

图 8.43 T3tt 模块结构

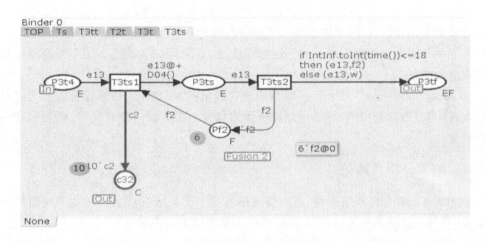

图 8.44 T3ts 模块结构

图 8.43 中,P3t3 为 3 团中按比例进入团级修理单元的损伤装备库所,库所 P3tg 为 3 团修理单元库所,库所 P3tt 为状态库所,表示 3 团修理单元处于工作状态,变迁 T3tt1 表示 3 团修理单元开始一次修理活动,变迁 T3tt2 表示 3 团修理单元一次修理活动结束。

"if IntInf. toInt(time( )) < =12"函数表达式表示:如果在 12h(团修理机构一天内可工作最大时间)以内修理完毕,则表示是在一天内修复;在 12h 以外修理完毕,则表示在一天内未修复。

图 8.44 中,P3t4 为 3 团中未能修复后送到师级修理单元的损伤装备库所,Pf2 为师修理单元库所,库所 P3ts 为状态库所,表示师修理单元处于工作状态,正在维修 3 团后送的损伤装备,T3ts1 表示一次修理活动的开始,T3ts2 表示一次修理活动的结束。

"if IntInf. toInt(time( )) < =18"函数表达式表示:如果在 18h(师修理机构一天内可工作最大时间)以内修理完毕,则表示是在一天内修复;在 18h 以外修理完毕,则表示在一天内未修复。

4. 营修理机构修理过程模块

这里以 3 团 1 营为例,对营修理机构修理过程进行说明,如图 8.45 所示。

137

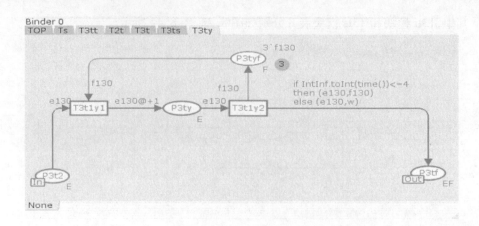

图 8.45　T3t1y 模块结构

图 8.45 中,P3t2 为 3 团中按比例进入营级修理单元的损伤装备库所,库所 P3tyf 为 3 团 1 营修理单元库所,库所 P3ty 为状态库所,表示 3 团 1 营修理单元处于工作状态,变迁 T3t1y1 表示 3 团 1 营修理单元开始一次修理活动,变迁 T3t1y2 表示 3 团 1 营修理单元一次修理活动结束。

"if IntInf. toInt(time( )) < =4"函数表达式表示:如果在 4h(营修理机构一天内可工作最大时间)以内修理完毕,则表示是在一天内修复;在 4h 以外修理完毕,则表示在一天内未修复。

8.7.4　结果分析及结论

对于装备维修保障系统来说,战时作战指挥员主要关心在规定的时间内可以修复多少装备。所以,这里选用装备修复比例 P_F 作为考察的主要参数。

$$P_F = \frac{N_f}{N_f + N_u} \tag{8.8}$$

其中:P_F 为按修理时限落入师以下修理机构的损伤装备昼夜修复率;N_f 为修复装备数量;N_u 为未修复装备数量。

与仿真模型相对应:

$$N_f = \sum M(Pf) = M(P1tf) + M(P2tf) + M(P3tf) + M(Psf) \tag{8.9}$$

$$N_u = \sum M(Pu) = M(P1tu) + M(P2tu) + M(P3tu) + M(Psu) \tag{8.10}$$

其中:M(P1tf)、M(P1tu)分别为落入 1 团(包括营)修理机构中损伤装备修复数量和未修复数量;M(P2tf)、M(P2tu)分别为落入 2 团(包括营)修理机构中损伤装备修复数量和未修复数量;M(P3tf)、M(P3tu)分别为落入 3 团(包括营)修理机构中损伤装备修复数量和未修复数量;M(Psf)、M(Psu)分别为落入师修理机构中损伤装备修复数量和未修复数量。

将仿真结果代入上面计算公式,就可得到装备昼夜修复率 P_F。为说明计算过程,下面给出一次仿真计算试验样本,见表 8.22。

表 8.22 一次仿真计算试验样本

装备总数	损伤数量	各单位修复情况		修复情况对应参数	
500	240	修复	未修复	修复数量	未修复数量
1团	营保障机构	9	4	$M_1(P1tf)=30$	$M_1(P1tu)=20$
	团属修理机构	21	16		
2团	营保障机构	5	0	$M_1(P2tf)=18$	$M_1(P2tu)=19$
	团属修理机构	13	19		
3团	营保障机构	11	4	$M_1(P3tf)=31$	$M_1(P3tu)=15$
	团属修理机构	20	11		
师属修理机构		15	46	$M_1(Psf)=15$	$M_1(Psu)=46$
师以下修理机构合计		94	100	$N_{f1}=94$	$N_{u1}=100$

将表 8.22 中数据代入式(8.8),得到一次仿真试验师以下修理机构的损伤装备昼夜修复率 P_{F1} 为

$$P_{F1}=\frac{N_{f1}}{N_{f1}+N_{u1}}=48.5\%$$

要得到更加精确的结果,就需要尽可能多的样本数量。通过对模型进行 100 次仿真,得到装甲师维修保障力量按照规定的时限完成维修任务的 100 个样本,并按照百分比区间对样本进行了划分,见表 8.23。为了使结果更加直观并便于分析,给出仿真结果数据的分布直方图,如图 8.46 所示。

表 8.23 师以下修理机构(含师)昼夜修复装备百分比仿真数据

采取向下优先			未采取向下优先		
区间/%	修复比例仿真数据	数量	区间/%	修复比例仿真数据	数量
0.35 ~ 0.40	0.397(1)	1	0.35 ~ 0.40	0.378(1)	1
0.40 ~ 0.45	0.428(1),0.435(2)	3	0.40 ~ 0.45	0.408(1) 0.417(1),0.437(1),0.445(1)	4
0.45 ~ 0.50	0.467(1),0.476(2),0.485(1),0.491(1),0.499(3)	8	0.45 ~ 0.50	0.452(4),0.461(1),0.468(1),0.477(3),0.486(4),0.495(7)	28
0.50 ~ 0.55	0.502(3),0.514(3),0.522(8),0.529(3),0.538(5),0.545(1)	23	0.50 ~ 0.55	0.503(5),0.511(5),0.520(8),0.529(8),0.537(8)	34
0.55 ~ 0.60	0.553(4),0.563(5),0.570(5),0.577(4),0.583(5),0.590(7),0.597(1)	31	0.55 ~ 0.60	0.550(4),0.561(6),0.569(4),0.578(5),0.588(2),0.599(5)	26
0.60 ~ 0.65	0.605(4),0.612(6),0.620(1),0.627(4),0.634(3),0.647(4)	22	0.60 ~ 0.65	0.606(1),0.614(3),0.625(2),0.634(1)	7
0.65 ~ 0.70	0.660(1),0.668(4),0.677(2),0.687(2),0.696(1)	10	0.65 ~ 0.70		0
0.70 ~ 0.75	0.735(1),0.745(2)	2	0.70 ~ 0.75		0

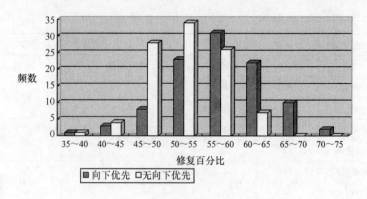

图 8.46 仿真样本区间划分直方图

通过对图 8.46 的分析,可知其外廓曲线接近于正态分布,可以假定样本服从正态分布。

对于采取向下优先机制时的昼夜修复装备百分比 P_{FP} 可做出原假设 H_0:

P_{FP} 服从正态分布:

$$F(x) = \int_{-\infty}^{x} \frac{1}{\sqrt{2\pi}\sigma} e^{-\frac{(t-\mu)^2}{2\sigma^2}} dt$$

其中:,x 为 P_{FP} 的一次抽样样本,$\mu = 0.573$,$\sigma = 0.067$。

通过对原假设的 χ^2 检验计算,原假设 H_0 成立,即 $P_{FP} \sim N(0.573, 0.067^2)$。

对于未采取优先向下机制的修复率 P_{FW} 进行分析,得到 $P_{FW} \sim N(0.526, 0.052^2)$。

可以认为在假定边界条件下,对于按照修理时限落入师以下修理机构的损伤装备,在采取优先向下机制的情况下其修复率约为 57.3%,在未采取优先向下机制的情况下其修复率约为 52.6%。

通过本节的建模应用示例分析,得出以下结论。

(1)按照假定的模型边界条件,不论采用何种机制,战时该师保障力量都将处于饱和工作状态。

(2)采取优先向下支援机制与不采取优先向下支援机制相比,其整体装备修复比例要略高一点。优先向下支援机制符合战场抢修"优先抢修工作量小的损伤装备"的原则,所以战时应当采用优先向下支援机制。

(3)在假定的模型边界条件下,按照修理时限的划分,战时师以下修理机构在规定时限内可完成规定任务量的比例主要集中在 40%~65% 之间,仿真结果表明装甲师拥有的修理力量不能完成赋予的维修任务。

(4)战时应重点考虑对师一级修理机构的力量加强,包括在人员及相应保障设备等方面的扩充,这样师一级修理机构根据情况既可以对下级修理机构进行力量支援,也可以加大对落入本级修理机构装备的维修力度,使战术级的装备修复比例得到大的提升。

第 9 章　装备维修保障系统建模与优化

本章采用解析建模方法对战时装备维修保障系统建模,围绕维修保障系统的结构与运行关系、定量化表述,以及维修保障系统结构优化等关键问题展开深入分析。

9.1　维修保障系统总体规划

战时装备维修保障系统是战时装备保障系统的重要组成部分,是包括技术侦察子系统、损伤评估子系统、抢救后送子系统、装备维修子系统、物资供应子系统、指挥管理子系统、防卫子系统,以及它们发挥作用的原则和方法的综合体。维修保障系统通过对战场损伤装备的维修保障活动,保持和恢复部队的战斗力。陆军通用装备战时维修保障系统的组成如图 9.1 所示。这里的“维修保障”活动应该理解为对滞留的、故障的、受损的装备的搜索、评估、后送、修理以及将它们送回到部队、储藏地点或新编部队地点的系列活动的总和。

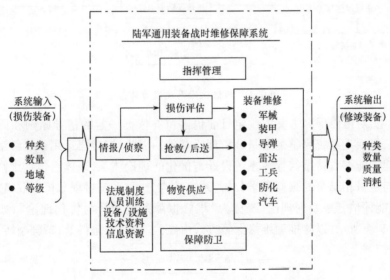

图 9.1　陆军通用装备战时维修保障系统组成

战时,根据作战任务需求和维修保障资源状况,装备保障指挥机构必须首先制定维修保障方案,通过构建与保障需求相适应的维修保障系统,合理配置维修资源,组织完成维修保障任务,将待修装备转变为技术状态符合规定要求的装备,如图 9.2 所示。

按照系统科学的观点,系统结构决定着系统的功能和性能。作为装备保障指挥人员,能否根据保障任务需求科学地编配保障力量,形成最优的保障系统结构,是能否顺利完成保障任务的前提,也是衡量装备保障组织指挥能力的重要标志。因此,无论是平时还是战

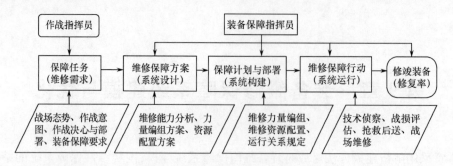

图 9.2   维修保障系统的工作流程

时,研究维修保障系统设计方法,优化系统结构,合理分配资源,提高维修保障能力,一直是装备保障指挥人员最为关注的核心问题。目前,对维修保障系统的研究主要集中在对给定系统(方案)进行保障能力评估方面。研究思路和方法是运用计算机仿真手段,对给定的维修保障系统(方案)按时间步长进行全过程动态推演,获得各个时节的仿真数据,以此评估保障方案的优劣和系统的保障能力,如图 9.3 所示。

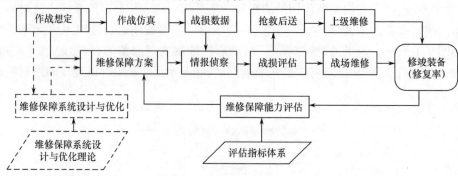

图 9.3   维修保障系统能力评估

图 9.3 中,对维修保障方案的制定目前仍停留在依据一定的指导原则和历史经验等定性方法上,尚缺乏系统完整的定量分析理论基础。因此,有必要运用系统科学的理论和方法,研究建立能够支持维修保障系统设计与优化的理论体系,该体系包括维修保障指导原则、定性与定量相结合的维修需求分析、系统结构分析、系统过程分析、系统建模与优化以及系统效能评估等一系列理论,统称为"维修保障系统设计与优化理论",如图 9.3 虚线部分和图 9.4 所示,以此推动维修保障方式由经验、粗放型向科学、精确型转变。

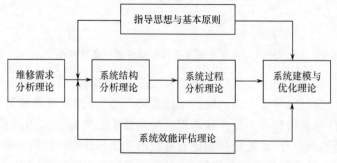

图 9.4   维修保障系统设计与优化理论体系结构

9.2 维修保障系统建模与分析

9.2.1 维修保障系统模型的逻辑结构

这里提出的维修保障系统模型属于数学解析模型。建模总体思路是在对维修保障系统进行结构分析、过程分析和状态空间建模分析的基础上,根据作战任务要求和维修保障系统结构编成,分别建立维修需求和维修能力的具体计算方法,得出各级修理机构的实际修理能力和进入各级修理机构的待修装备数量,对二者进行比较,给出按时间分布的修复装备数量和维修系统的效能分析结果。模型的逻辑结构如图9.5所示。

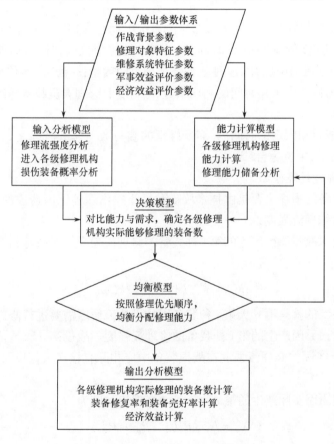

图 9.5　模型的逻辑结构

9.2.2 系统输入模型

1. 输入参数集

模型的输入参数是战时维修保障系统开展工作的条件,包括战役战术数据参数、修理对象的特征参数、维修保障系统的特征参数三大部分。

(1) 战役战术参数集:

$$X_e = <N_i^0,\ a,\ P_i^d,\ L^d,\ k_{mi}^d,\ f_j^d>$$

其中：N_i^0 为战役开始时第 i 种装备的数量；a 为战役的持续时间；P_i^d 为第 i 种装备一天的损失概率；L^d 为战役第 d 天战斗任务的纵深；k_{mi}^d 为战役第 d 天第 i 种装备的机动系数；f_j^d 为第 j 级修理机构一天的损失。

（2）修理对象的特征参数集：

$$X_o = <i, \tau_{io}, \tau_{i\delta}, P_{ikp}, P_{i\delta n}, \omega_{io}>$$

其中：i 为装备的种类标识；τ_{io} 为技术故障装备的平均修理工作量；$\tau_{i\delta}$ 为战损装备的平均修理工作量；P_{ikp} 为战损装备中需要大修的概率；$P_{i\delta n}$ 为战损装备中不可修复的概率；ω_{io} 为第 i 种装备的故障流参数。

（3）维修保障系统的特征参数集：

$$X_m = <j, B_j, T_{uj}(a_{uj}), T_{nj}, n_{ij}, m_j, k_{uj}, k_{cj}>$$

其中：j 为修理机构的级别标识；B_j 为维修保障系统中拥有第 j 级修理机构的个数；$T_{uj}(a_{uj})$ 为第 j 级修理机构修理周期的持续时间；T_{nj} 为第 j 级修理机构在修理周期内的非生产时间；n_{ij} 为第 j 级修理机构中拥有第 i 种装备修理小组的数量；m_j 为第 j 级修理机构修理小组拥有的人数；k_{uj} 为修理中工作时间的利用系数；k_{cj} 为专业修理人员技术熟练程度系数。

2. 计算模型

定义：在作战行动限定的时间内，需要修理的装备数与作战时间之比称为修理流，用修理流强度 λ 表示，单位为台/天。

1）修理流强度计算模型

由于战时装备的损坏主要是由技术故障和战斗损伤两种原因造成的，所以分别考虑两种情况产生的修理流强度。

（1）由于技术故障原因产生的第 i 种装备的修理流强度。按战斗行动推进过程逐日计算，得到每天平均的故障流为

$$\lambda_{ijo}^d = N_i^{d-1}(1 - P_i^d)L^d k_{mi}^d \omega_{io} \tag{9.1}$$

上式计算得到的就是第 d 天第 i 种装备因技术故障原因需要进行修理的装备数量。

（2）由于战损原因产生的第 i 种装备的修理流强度。战役第 d 天造成的战损装备数为 $N_i^{d-1}P_i^d$。由于实际的修理流强度在战损装备中应扣除直接送大修以及不可修的概率，即 $(1 - P_{ikp} - P_{i\delta n})$。

则由于战损原因实际产生的第 i 种装备的修理流强度为

$$\lambda_{ij\delta}^d = N_i^{d-1}P_i^d(1 - P_{ikp} - P_{i\delta n}) \tag{9.2}$$

2）第 i 种装备进入第 j 级修理机构进行修理的概率计算模型

损伤装备并非是由一级或一个修理机构承担全部修理任务，而是根据每台装备修理所需时间以及每级修理机构的实际修理能力进行任务区分，分别送到各级修理机构。假设装备战时修理工作量服从指数分布，则装备修理工作量的分布概率为

$$P(\tau) = 1 - \exp(-\tau/\tau_i) \tag{9.3}$$

式中：τ_i 为第 i 种装备修理工时的数学期望。

（1）由于技术故障原因进入第 j 级修理机构的概率。对于进入第 j 级修理机构的待修装备，需扣除进入前一级修理机构的装备，因此进入第 j 级修理机构的概率为

144

$$P_{ijo}^d = \left[1 - \exp(-\tau_{\phi j}^d / \tau_{io}) \right] - \left[1 - \exp(-\tau_{\phi(j-1)}^d / \tau_{io}) \right]$$

$$= \exp(-\tau_{\phi(j-1)}^d / \tau_{io}) - \exp(-\tau_{\phi j}^d / \tau_{io}) \tag{9.4}$$

式中:τ_{io}为由于技术故障第 i 种装备的修理工时均值;$\tau_{\phi(j-1)}^d$为第 $(j-1)$ 级修理机构的修理工时上限;$\tau_{\phi j}^d$为第 j 级修理机构的修理工时上限。

(2) 由于战损原因进入第 j 级修理机构进行修理的概率。理由同上,可直接写出其表达式为

$$P_{ij\delta}^d = \exp(-\tau_{\phi(j-1)}^d / \tau_{i\delta}) - \exp(-\tau_{\phi j}^d / \tau_{i\delta}) \tag{9.5}$$

式中:$\tau_{i\delta}$为第 i 种战损装备的平均修理工作量。

第 d 天第 i 种装备由于技术故障原因和战损原因需要进入修理机构的修理流强度为

$$\lambda_{ij}^d = \lambda_{ijo}^d P_{ijo}^d + \lambda_{ij\delta}^d P_{ij\delta}^d \tag{9.6}$$

9.2.3　系统维修保障能力计算模型

维修保障系统的能力模型可以描述为

$$C = \langle T_{\phi j}, m_j, a_{uj}, n_{ij}, k_{uj}, k_{cj}, B_j \rangle$$

式中:$T_{\phi j}$为第 j 级修理机构的修理小组在一个地点的可工作时间;m_j为第 j 级修理机构的修理小组拥有的人数;a_{uj}为第 j 级修理机构修理周期的持续时间;n_{ij}为装备修理小组数;k_{uj},k_{cj}为第 j 级修理机构的时间利用系数和修理工技术熟练程度系数;B_j为维修保障系统中拥有第 j 级修理机构的个数。

对各级修理机构修理能力的计算是以修理机构能提供的工作时间作为基本计算依据,而将人员技术熟练程度、备件供应等对工作时间有影响的因素作为修正系数对修理能力进行修正。

(1) 第 j 级修理机构的一个修理小组在一个地点每天的修理工作量 $\tau_{\phi j}^d$:

$$\tau_{\Phi j}^d = (T_{uj} - T_{nj}) \times m_j / a_{uj} = T_{\phi j} \times m_j / a_{uj} \tag{9.7}$$

式中:T_{uj}为修理小组在一个地点修理周期持续时间;T_{nj}为修理小组在一个地点修理周期中非生产时间。

由于各级修理机构的 T_{uj}、T_{nj}、a_{uj}在进攻和防御战役(战斗)中都有所不同,必须分别进行计算。

(2) 第 j 级修理机构对第 i 种装备每天的修理(生产)能力 q_{ij}:

q_{ij} = 每天可提供的修理工时/修理单台装备所需的平均工时

$$q_{ij}^d = n_{ij} \times \tau_{\Phi j}^d \times k_{uj} \times k_{cj} / \overline{\tau}_{\phi j}^d \tag{9.8}$$

式中:$\overline{\tau}_{\phi j}^d$为第 j 级修理机构修理单台装备所需的平均修理工时数。

(3) 考虑修理机构损失时修理能力的计算:

在作战行动中,各级修理机构经常会遭到敌方火力的袭击。当考虑修理机构损失时,战斗第 d 天第 j 级的修理机构对第 i 种装备的修理能力为

$$Q_{ij}^d = B_j \times q_{ij}^d \times \left(1 - \sum_{k=1}^d f_j^k \right) \tag{9.9}$$

式中：f_j^k 为战役第 k 天第 j 级修理机构的损失率；$\sum\limits_{k=1}^{d} f_j^k$ 为从战斗第一天开始到第 d 天的累积损失率；$1 - \sum\limits_{k=1}^{d} f_j^k$ 为到战役第 d 天结束时第 j 级修理机构的剩余率；Q_{ij}^d 为第 j 级的修理机构在战斗第 d 天的修理能力。

9.2.4　系统决策模型

前面给出了进入各级修理机构的修理流强度的计算方法和各级修理机构修理能力的计算方法。在此基础上，可以用对比的方法计算得出各级修理机构实际完成修理的装备数量，并锯此调整各级修理机构的修理任务。

（1）如果 $\lambda_{ij}^d \leqslant Q_{ij}^d$，说明修理机构任务不满，实修装备数量为修理流强度。

（2）如果 $\lambda_{ij}^d > Q_{ij}^d$，说明待修装备数量超过修理能力，实修装备数量为修理能力数。

则第 d 天第 j 级修理机构对第 i 种装备实际完成修理的装备数为

$$M_{ij}^d = \min\{\lambda_{ij}^d, Q_{ij}^d\} \tag{9.10}$$

如果是第二种情况，本级机构的修理能力不能承受送来的待修装备数量，则应将不能承担的待修装备移交上一级修理机构，移交数量为

$$\lambda_{ij(j+1)}^d = \lambda_{ij}^d - Q_{ij}^d \tag{9.11}$$

上一级（即第 $j+1$ 级）修理机构的修理流强度调整为

$$\lambda_{i(j+1)}^{d'} = \lambda_{i(j+1)}^d + \lambda_{ij(j+1)}^d \tag{9.12}$$

式中：$\lambda_{ij(j+1)}^d$ 为第 d 天第 i 种装备，由第 j 级修理机构移交到第 $j+1$ 级修理机构的修理流强度；$\lambda_{i(j+1)}^d$ 为正常进入第 $j+1$ 级修理机构的修理流强度。

各级修理机构实际对第 i 种装备的修理总量为

$$M_i^d = \sum_j M_{ij}^d \tag{9.13}$$

上述决策过程的流程如图 9.6 所示，其中的决策模块由修理机构的环节数 j 控制，图中所有符号的含义同上。

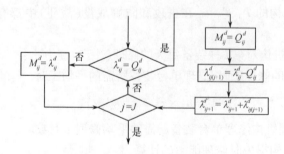

图 9.6　决策模块流程图

9.2.5　系统输出模型

模型的输出参数也是对战时维修保障系统效能的评价指标，反映了维修保障系统通

146

过具体的编组、行动达成对损坏装备修理的效果。因此,提出的评价指标必须能够进行统计和计算,反映对装备的使用要求,并直接与装备的战备完好、任务成功、维修编组和人力以及保障资源相关联。

在上述计算的基础上,通过对各级修理机构修理能力与其相应的修理流强度进行比较,就可以得出各级修理机构的修复流强度(装备的实际修理数),从而对维修保障系统的维修保障效果进行分析。在具体计算中,还需要求出中间结果和最终结果,以评价维修保障系统维修保障效果的好坏。

保障系统模型计算的最终结果包括:

(1) 装备完好率 K_{yk};

(2) 战术和战役以及战术战役总的维修保障系统的装备修复率(K_b^{ty}, K_b^{oy}, K_b);

(3) 修理系统的总费用 C_{Pu}、修理效益扣除修理费用支用后产生的经济效益 C_{ypu}。

战时维修保障系统的输出模型可以描述为

$$U = < K_{yk}, K_b^{ty}, K_b^{oy}, K_b, C_{Pu}, C_{ypu} >$$

9.3 基于遗传算法的战时维修保障系统优化

战时维修保障系统的优化是根据具体的优化准则和作战任务,确定维修保障系统最佳结构组成的动态多目标决策问题。本节在研究维修保障系统解析模型的基础上,以陆军通用装备维修保障系统为背景,建立基于最小二乘法原理的维修保障系统优化模型,给出优化准则和优化函数,并给出基于遗传算法的系统优化解算方法。

9.3.1 基于最小二乘准则的维修保障系统优化模型

1. 各级维修保障机构的修理能力计算模型

作战第 d 天,第 j 级维修保障机构的平均修理能力用 Q_j^d 表示,则

$$Q_j^d = B_j k_{fhj} n_j T_{\phi j} m_j k_{uj} k_{cj} / a_{uj} \bar{\tau}_{\phi j}^d \tag{9.14}$$

式中:k_{fhj} 为第 j 级维修机构对损坏装备的发现并后送的概率,其他参数参见前文。

通过式(9.14)的计算可以得到各级维修保障机构在各种参数的指标值下,每天的平均修理能力 Q_j^d。

2. 修理流强度的计算模型

修理流是指作战过程中,每天进入维修保障系统的损坏装备总数,包括技术故障流和战伤流,作战第 d 天的修理流用 λ^d 表示。

$$\lambda^d = \sum_j k_{fxj} k_{hsj} \lambda_j^d \tag{9.15}$$

$$\lambda_j^d = N^{d-1} k_{fxj} k_{hsj} \left[(1 - P^d) L^d k_{mi} w_{io} P_{jo}^d + P^d (1 - P_{ikp} - P_{i\delta n}) P_{j\delta}^d \right] \tag{9.16}$$

$$P_{jo}^d = \exp(- \tau_{\phi(j-1)} / \tau_{io}) - \exp(- \tau_{\phi j} / \tau_{io}) \tag{9.17}$$

$$P_{j\delta}^d = \exp(- \tau_{\phi(j-1)} / \tau_{i\delta}) - \exp(- \tau_{\phi j} / \tau_{i\delta}) \tag{9.18}$$

式(9.15)中,λ_j^d 为作战第 d 天,第 j 级维修保障机构的修理流;k_{fxj} 为发现概率,k_{hsj} 为

后送概率。

式(9.16)中,N^{d-1}为作战第d天参战装备数的初始值;P^d为作战第d天装备的战损率,其值的确定方法如下:

$$P^d = P_0^d \cdot K_F \cdot K_E \cdot K_O \cdot K_M \tag{9.19}$$

式中:P_0^d为参战装备第d天的基本损失率;K_F为战役(战斗)类型系数;K_E为作战地形系数;K_O为作战对象系数;K_M为作战行动系数。

$P_{i k p}$为战伤装备中需大修的条件概率;$P_{i \delta n}$为战伤装备中报废的条件概率;$P_{j o}^d$为由于技术故障损坏的装备进入第j级维修保障机构的概率,$P_{j \delta}^d$为由于战伤进入第j级维修保障机构的概率。

式(9.17)中,$\tau_{\phi j}$为第j级维修保障机构的维修工作量上限;$\tau_{\phi(j-1)}$为第$(j-1)$级维修保障机构的维修工作量上限;τ_{io}为技术故障装备的平均维修工作量。

式(9.18)中,$\tau_{i \delta}$为战损装备的平均维修工作量,以上公式中其它各参数参见前文。

作战第d天参战装备数的初始值N^{d-1}的计算公式如下:

作战第1天:

$$N^0 \tag{9.20}$$

作战第2天:

$$N^1 = N^0 - \lambda^1 + \sum_{j=1}^{3} Q_j^1 \tag{9.21}$$

作战第3天:

$$N^2 = N^1 - \lambda^2 + \sum_{j=1}^{3} Q_j^2 + \sum_{d=1}^{2} Q_4^d \tag{9.22}$$

作战第4天:

$$N^3 = N^2 - \lambda^3 + \sum_{j=1}^{3} Q_j^3 + \sum_{d=1}^{3} Q_5^d \tag{9.23}$$

作战第5天:

$$N^4 = N^3 - \lambda^4 + \sum_{j=1}^{3} Q_j^4 + \sum_{d=3}^{4} Q_4^d \tag{9.24}$$

作战第6天:

$$N^5 = N^4 - \lambda^5 + \sum_{j=1}^{3} Q_j^5 \tag{9.25}$$

作战第7天:

$$N^6 = N^5 - \lambda^6 + \sum_{j=1}^{3} Q_j^6 + \sum_{d=5}^{6} Q_4^d + \sum_{d=4}^{6} Q_5^d \tag{9.26}$$

作战第8天:

$$N^7 = N^6 - \lambda^7 + \sum_{j=1}^{3} Q_j^7 \tag{9.27}$$

依此类推……

为了使计算简化,增强用计算机程序实现公式计算的可操作性,式(9.21)~ 式

148

（9.27）中的第 j 级维修保障机构第 d 天的修竣装备数 Q_j^d，由可控参数 $T_{\phi j}$ 取正常工作时间，B_j、n_j 取其所有指标值计算所得的平均值；各级维修保障机构第 d 天的修理流之和 λ^d 由可控参数 k_{fxj}，k_{hsj} 取其指标范围的平均值计算所得。

通过式（9.14）～式（9.27）的联立并进行迭代计算，可以得到每天进入各级维修保障机构的修理流 λ_j^d。

3. 维修保障系统的优化准则及优化函数

维修保障系统的优化准则是指在既定的战役战术数据和战损装备修复率要求下，使维修保障系统能以较小的力量投入达到最佳的维修保障效果。在这个准则下，要求整个战役过程中，各级维修保障机构每天的修理流强度与其修理能力之差最小。

设动态多目标决策有 d（d 为变量）个规定值 $\widehat{f_1}, \widehat{f_2}, \cdots, \widehat{f_d}$，要求函数 $f_1(a_1, a_2, \cdots, a_m; x, y, \cdots)$，$f_2(a_1, a_2, \cdots, a_m; x, y, \cdots)$，$\cdots, f_d(a_1, a_2, \cdots, a_m; x, y, \cdots)$ 的参数 $a_1, a_2, \cdots, a_m$ 取值使得规定值 $\widehat{f_i}$ 与函数值 $f_{0i}(a_1, a_2, \cdots, a_m; x_0, y_0, \cdots)$ （$i = 1, 2, \cdots, d$）达到最佳拟合，则可应用最小二乘法建立下面准则函数：

$$\min U(a_1, a_2, \cdots, a_m) = \sum_{i=1}^{d} \left[f_{0i}(a_1, a_2, \cdots, a_m; x_0, y_0, \cdots) - \widehat{f_i} \right]^2 \qquad (9.28)$$

如果考虑各个规定值 $\widehat{f_1}, \widehat{f_2}, \cdots, \widehat{f_d}$ 的重要程度，则

$$\min U(a_1, a_2, \cdots, a_m) = \sum_{i=1}^{d} \lambda_i \left[f_{0i}(a_1, a_2, \cdots, a_m; x_0, y_0, \cdots) - \widehat{f_i} \right]^2 \qquad (9.29)$$

式（9.29）中，$\lambda_i (i = 1, 2, \cdots, d)$ 为各个规定值 $\widehat{f_1}, \widehat{f_2}, \cdots, \widehat{f_d}$ 的权重，取值范围为 $[0,1]$。根据上述原理，建立维修保障系统的优化函数为

$$\min J = \min \sum_{d} \sum_{j} (\lambda_j^d - Q_j^d)^2 \qquad (9.30)$$

将维修保障系统的可控参数所有的取值分别代入目标函数 $J = \sum_{d} \sum_{j} (\lambda_j^d - Q_j^d)^2$ 中进行计算，得到的最小目标函数值记为 J_0，并计算 J_0 所对应的各级维修保障机构的实际修复率 K'_{0j}。

$$K'_{0j} = \sum_{d} Q_j^d \Big/ \sum_{d} \lambda_j^d \qquad (9.31)$$

如果第 j 级维修保障机构的实际修复率 $K'_{0j} >$ 规定的修复率 K，即实际修复率达到了规定的修复率要求，则此时的第 j 级维修保障机构各可控参数的取值即为该机构保障力量的最佳匹配值。

如果第 j 级维修保障机构的实际修复率 $K'_{0j} < K$，即实际修复率不能满足规定的修复率要求，则说明第 j 级维修保障机构的修理能力不足，应按可控参数 $T_{\phi j}$、n_j 和 B_j 的优先级（优先级 $T_{\phi j} > n_j > B_j$）逐个调整其取值大小，使得 $\sum_{d} Q_j^d$ 值增大，直到 K'_{0j} 恰好大于 K 为止，则此时的第 j 级维修保障机构各可控参数的取值即为该机构保障力量的最佳匹配值。

4. 维修保障系统优化算法流程

维修保障系统优化算法的流程图如图 9.7 所示。

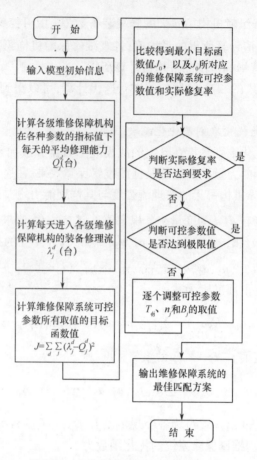

图 9.7　维修保障系统优化程序流程图

9.3.2　基于遗传算法的维修保障系统优化方法

对于前面建立的维修保障系统优化模型可用遗传算法进行优化解算,基于遗传算法的维修保障系统优化算法具有以下特点。

（1）遗传算法适合求解那些带有多变量函数的优化问题,基于遗传算法的维修保障系统优化算法可以方便地求解单目标函数下模型的最优解。

（2）优化模型建立的目标函数是单峰的,而遗传算法对于单峰值的函数具有很高的计算效率。

（3）优化模型给出了解的区间,满足遗传算法要求给出函数解区间的条件。

1. 遗传算法的构建方法与步骤

1）建立优化目标函数

$$\min J = \min \sum_d \sum_j \left\{ N^{d-1} k_{fxj} k_{hsj} \left[(1-P^d) L^d k_{mi} w_{io} P_{jo}^d + P^d (1-P_{ikp}-P_{i\delta n}) P_{j\delta}^d \right] - \right.$$
$$\left. B_j k_{fhj} n_j T_{\phi j} m_j k_{uj} k_{cj} / a_{uj} \bar{\tau} \right\}^2$$

2）确定编码方法

150

由问题空间向 GA(遗传算法)空间的映射称为编码(coding)。编码实质上就是创造染色体模型,建立个体的数据结构。它把问题的可行解与 GA 中的个体相对应起来。根据变量的数据特点,直接把可行解向量

$$(B_1, B_2, B_3, B_4, B_5, n_1, n_2, n_3, n_4, n_5, K_{fxj}, K_{hsj})$$

作为个体的数据结构,根据约束条件中每个分向量的上下限确定 GA 搜索的边界。

3) 确定适应度函数

在研究自然界中生物的遗传和进化现象时,生物学家使用适应度这个术语来度量某个物种对于其生存环境的适应程度。与此相类似,遗传算法中也用适应度这个概念来度量群体中个体在优化计算中可能达到、接近于或有助于找到最优解的优良程度。

遗传算法的一个重要特点是它仅使用所求解问题的目标函数值就可以得到下一步的有关信息,而对目标函数值的使用是通过评价个体的适应度来体现的。评价个体的适应度的一般过程是:对个体编码串进行解码处理后得到个体的表现型,由个体的表现型可计算出对应的个体的目标函数值,然后根据最优化问题的类型,由目标函数值按一定的转换规则求出个体的适应度。

适应度函数值是一个大于 0 的数,这里的优化模型是一个求最小值的问题,所以定义适应度函数 J_{sy} 为

$$J_{sy} = \begin{cases} C_{\max} - J, & J < C_{\max} \\ 0, & J \geqslant C_{\max} \end{cases}$$

需要说明的是,$C_{\max}$ 是一个与群体无关的取值,只是为了保证大于 J 的最大值,以确保适应度函数值的非负性。

4) 选择算子

比例选择方法是一种回放式随机采样的方法,其基本思想是每个个体被选中的概率与其适应度大小成正比。

设群体大小为 M,个体 i 的适应度为 J_{syi},则个体 i 被选中的概率 P_{is} 为

$$P_{is} = J_{syi} / \sum_{i=1}^{M} J_{syi}$$

显然,适应度越高的个体被选中的概率也越大;反之,适应度越低的个体被选中的概率也越小。

5) 交叉算子

以随机单点交叉为例,交叉运算就是把给定两个个体的给定位之后的子串进行交换,交叉操作的发生概率称为交叉率。

设第 t 代的两个体分别为 $(B_{ja}^t, n_{ja}^t, K_{fxja}^t, K_{hsja}^t)$ 和 $(B_{jb}^t, n_{jb}^t, K_{fxjb}^t, K_{hsjb}^t)$。

首先,把交叉点限制在 $(10, 20)$ 位的范围内,然后对 K_{fxja}^t 和 K_{fxjb}^t 进行通常意义下的交叉得到 $K_{fxja}^{t+1} = K_{fxjb}^t$,而 $K_{fxjb}^{t+1} = K_{fxja}^t$;同理,$K_{hsja}^{t+1} = K_{hsjb}^t$,而 $K_{hsjb}^{t+1} = K_{hsja}^t$。

再对 B_{ja}^t 以及 B_{jb}^t 进行如下的线性组合:

$$B_{ja}^{t+1} = \gamma \cdot B_{ja}^t + (1 - \gamma) B_{jb}^t, \quad B_{jb}^{t+1} = \gamma \cdot B_{jb}^t + (1 - \gamma) B_{ja}^t$$

其中

$$\gamma = J_{sya}^{t}/(J_{sya}^{t} + J_{syb}^{t})$$

同理，$n_{ja}^{t+1} = \gamma \cdot n_{ja}^{t} + (1-\gamma)n_{jb}^{t}$，$n_{jb}^{t+1} = \gamma \cdot n_{jb}^{t} + (1-\gamma)n_{ja}^{t}$。

6）变异算子

以随机单点变异为例，变异就是把给定个体的给定位的数据改变，变异操作的发生概率称为变异率。

假设在第 t 代对某个个体 $(B_{j}^{t}, n_{j}^{t}, K_{fxj}^{t}, K_{hsj}^{t})$ 的第 k 位进行变异，若变异位是 B_{jk}^{t}，则定义 $B_{jk}^{t+1} = \mathrm{random}(B_{ju}, B_{jl})$，同理，若变异位是 n_{jk}^{t}，则按照同样的道理定义，而保持其他位不变；其中函数 $\mathrm{random}(a, b)$ 是返回区间 $[a, b]$ 间的随机整数，而 B_{ju} 是 B_{j} 的最小值，B_{jl} 是 B_{j} 的最大值。若变异位是 K_{fxjk}^{t} 或 K_{fxjk}^{t}，则随机取其取值中的一个数。

7）系统参数及迭代中止条件

设定群体规模为 m，交叉率 P_{c} 和变异率 P_{m} 等参数，若给定进化代数 T，则进化 T 代后就终止运行。当然也可以根据需要采取其他终止条件。

2. 遗传算法的程序结构

具体的遗传算法程序结构如下：

procedure of GA

begin   /＊开始＊/

t← 0   /＊初始化遗传代数 t＊/

initialize P(t)；   /＊初始化群体 P(0)＊/

repeat   /＊进入迭代循环＊/

{evaluate   /＊用评价函数计算各个个体的适应度＊/

Select P(t+1) from P(t)   /＊从第 t 代中选择产生

                                  第(t+1)代＊/

Crossover：   /＊交叉操作＊/

Mutate   /＊变异操作＊/

t← t+1；   /＊更新遗传代数＊/

}until(t=T)   /＊如果满足终止条件就终止循环＊/

End   /＊结束＊/

通过示例检验，运用遗传算法优化时的收敛过程如图 9.8 所示。可以看出，经过 200 次优化计算后，目标值收敛过程开始趋于稳定。

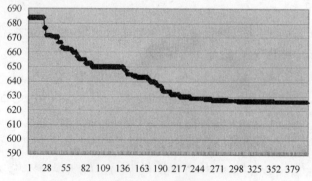

图 9.8　优化收敛过程

本章通过对战时维修保障系统进行总体规划，给出了维修保障系统的组成、工作流程和逻辑结构，构建了战时维修保障系统的输入、输出和系统结构三者之间的量化关系，建立了系统分析模型和优化模型，有效解决了维修需求、维修能力和维修任务划分的定量分析和决策支持问题。

第10章　精确保障系统建设

10.1　精确保障系统建设的目标

精确保障系统建设要以未来信息化战争需求为牵引,以装备保障转型为契机,以国家、军队信息基础设施为依托,以信息技术为推进手段,根据武器装备的发展,围绕构建信息化条件下装备保障新模式这个主题,突出建设重点,完善体制编制,加强保障配套,完善指挥手段,优化资源配置,分阶段、有计划地实现信息化条件下的装备精确化保障。

确立精确保障系统建设目标,应该根据军事战略发展、未来科学与技术的发展以及当前部队装备保障的实际情况,充分论证、科学规划未来装备保障各要素建设进程,构建合理的框架体系,确定全面的系统能力,谋求整体的保障效能。

图10.1给出了精确保障系统建设的目标体系示意图,可以分为保障力量目标、保障能力目标、保障行动目标以及保障终极目标。通过构建"信息主导、军民一体、平战兼容、专业融合"的保障力量体系,形成"敏捷反应、快速部署、精确供应、主动维修"四个核心能力,达成"指挥控制自动化、保障资源可视化、保障作业标准化、力量编组模块化"的保障行动,实现精确保障系统的终极目标即精确化保障。

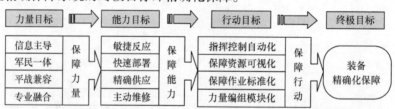

图 10.1　精确保障系统建设的目标体系

精确保障系统建设的四个核心能力描述如下。

敏捷反应,是利用信息化技术的优势,通过多种手段,全方位、大范围地获取保障信息,并对其及时处理,确保保障信息网络实现战场情报的实时共享、信息的快速流动和保障要素的系统协调,做到指挥准确高效、控制精确。

快速部署,是通过主动机动,根据战场实时情况、保障态势,在广泛分散的地域内快速、高效、灵活地调配部署适当的保障机构,确保保障的实时性,做到机动速度快、力量配置精。

精确供应,是依靠自动识别技术和数字化的通信技术,准确、及时获取保障资源状态信息,灵活调遣保障资源,在需要的时间和需要的地点将保障资源主动配送给作战部队,做到适时、适地、适量。

主动维修,是依靠信息技术和模块化集成技术,把装备动用和技术监控信息与维修服务融为一体,利用自动化网络系统跟踪监测作战装备,及时了解装备维修保障需求,并将所需维修服务及时、准确地送到作战部队,做到主动、精确、快速维修。

精确保障系统建设目标体系的核心是"敏捷反应、快速部署、精确供应、主动维修"四个核心能力,这四个核心能力是第 2 章论述的目标体系的概括与延伸,与信息能力、指挥管理与控制能力、投送能力、保障行动能力等四个能力目标以及装备管理、装备维修、保障资源管理、装备保障训练等四个功能目标是一种相互的映射关系。精确保障系统的所有建设都要围绕这些核心能力展开,以其理论研究、具体实施为开端,以其实现为终点,开展持续的装备保障转型建设。

10.2　精确保障系统建设的思路

开展精确保障系统建设,需要明确建设基本流程、建设内容,把握建设方向,通过清晰的建设思路和可行的方法步骤,利用有限的资源投入,在一定的时间内完成建设任务,达成建设目标,实现"敏捷反应、快速部署、精确供应、主动维修"四个核心能力,确保高水平的战备完好率以及执行保障任务的成功率。

10.2.1　基本流程

精确保障系统建设的基本过程就是从概念抽象出建设目标,把目标落实到建设中,从而实现支持信息化条件下联合作战要求的过程,即运用抽象→分解→集成→实验评估→修正的方法,实现概念→目标→能力的过程。精确保障系统建设的基本流程如图 10.2 所示。

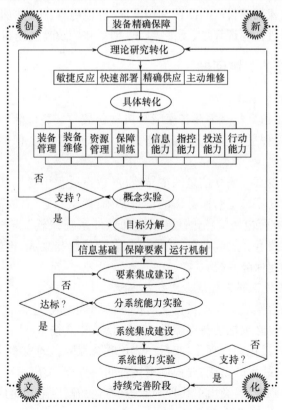

图 10.2　精确保障系统建设的基本流程

155

（1）首先是理论创新,通过装备保障基础理论的深入研究,从概念抽象出总体目标体系,把四个核心目标以"多对多"的映射关系具体转化为四个功能体系和四个能力体系。这种转化是否从理论上达到了支持信息化条件下联合作战所需的装备保障能力,需要进行概念实验评估,进行理论修正与再创新。

（2）将具体的功能体系、能力体系以"多对多"的关系映射到具体的系统建设中,即将功能属性、能力属性分解到信息基础建设、保障要素建设、运行机制建设中,明确三者要建设的具体内容。

（3）需要对大量分散的建设内容进行集成后才能开展分系统建设,以避免产生条块分割现象,比如,信息能力的一些共性的要素在信息基础建设、保障要素建设和运行机制建设中都有分布,这就需要根据分系统的要求进行集成、统一归口建设。

（4）要素集成建设后的分系统是否达到了能力标准,需要实验评估验证,若不达标则需要修正、改造、创新。

（5）系统集成建设中从分系统到系统的集成是一种"多对一"的映射关系。

（6）整个系统是否具备四个核心能力,是否能够支持信息化条件下的联合作战,需要进行最后的实验评估验证,这是对理论与建设实践同时检验的过程。

（7）精确保障系统建设是一个持续的过程,需要不断地进行完善。

其中创新文化是精确保障系统建设的文化背景,创新文化植根于整个建设过程。这个基本流程只是一种建设思路,并不是建设的时间段划分。建设过程中需要以全系统、全寿命、全过程的观点,根据建设的时间段利用推演、虚拟仿真、作战模拟等手段,对技术、流程、分系统、系统不断进行验证评估、反馈、修正、创新和持续改进提高。

10.2.2　需要把握的关键问题

1. 突出信息的主导地位

信息主导,决定了信息化战争装备保障与机械化战争装备保障的本质区别。信息把整个保障系统、保障过程贯穿起来,使保障能力得到跃升,使装备保障走向一个更高的发展阶段。

精确保障系统建设必须确立信息的主导地位,建设过程中要用基于信息的思想指导所有要素的建设。建立系统运行所必需的信息基础,要从"硬"、"软"两个方面突出信息的主导地位,"硬"的方面包括信息化硬件设施和软件系统,"软"的方面要围绕信息来进行流程再造。通过对要素、结构、业务、运行机制进行分解与集成,把信息流放在能量流、物质流之首来重新构建保障系统。

2. 突出信息化条件下联合作战方式的基本地位

信息化条件下联合作战不同于机械化时代的协同性作战,一体化、网络化是其基本要求。精确保障系统建设必须把装备保障活动融入信息化战场中,依托信息网络,实现装备保障活动的网络化、可视化和远程化,实行一体化联合保障。要模糊战略、战役、战术相互间的界线,突出战略与战术的衔接;要模糊军兵种间的界线,突出军兵种间的联合保障;要改革业务间的条块分割现象,突出军兵种间业务、专业的高度融合集成。

3. 突出军民一体化保障的重要地位

精确保障系统建设必须突出军民一体化保障的重要地位,充分利用地方保障资源,增强效率、效能、转型变革的弹性、创新能力和创新倾向。不仅要在管理、物流、业务流程、人才培训、激励文化、团队创新等基础工作方面运用合同商运作思想进行改革,而且要逐步在组织结构与财务机制方面进行相应的商业化改革,增强组织结构的灵活性与组织的创新性,以商业性的支出与收益(价值)思想来决定资源的分配与流动以及管理单位的投资与基本活动。

10.3　精确保障系统建设的方法步骤

精确保障系统的建设必须结合装备保障模式转型进行,通过装备保障模式转型来实现精确化保障的目标,形成符合实战需要、经得起实战检验的核心能力。因此,精确保障系统建设是依据武器装备发展规划、军事技术发展,不断创新装备保障模式和运行机制,以信息系统为支撑,运用综合集成的方法对各种装备保障力量和资源高度整合,对保障任务进行调整,对保障体制与方式进行改革,逐步建立精确保障新模式的过程。

10.3.1　制定战略规划

装备精确保障系统建设具有持续发展、持续升级、全面兼容和阶段更新的特点,既要把握建设的外在方向性,又必须遵循其内在规律性,既要以现实军事斗争准备为着眼点,依据武器装备体制、国防科技水平、经费投入情况以及国情、军情的实际,又要着眼未来战争形态,把握武器装备与技术的发展趋势,突出系统建设在关键领域的先进性。因此,必须从整体上做出远近结合的发展规划,制定合理的路线图,作为装备保障转型的重要组成部分指导精确保障系统建设。

(1)长远规划。从确定转型的目标、重点和领域出发,制定《装备保障转型构想》(或指导手册)、《装备保障转型建设总体规划或路线图》等文件,阐述装备保障转型建设的核心能力、建设过程、方法步骤及途径等。

(2)着眼急需。从转型的可操作性和实用性出发,制定未来若干年内分阶段的转型规划,类似于《装备保障转型信息系统建设五年规划》等文件,明确各阶段转型建设目标与要求,把各阶段的具体目标和战略重点落实到具体计划中来。

(3)考虑先进。从技术标准和性能出发,制定相关的装备保障转型建设标准与实验评估性计划,如《装备保障转型阶段目标评估手册》、《装备保障转型建设技术标准》、《装备保障转型阶段实验与对比规划》等,确实使装备保障转型建设的技术水平达到或超越国际水平。

装备保障转型规划和计划的制定是在研究和确定阶段发展水平测评指标的基础上,经过有关专家、学者和实际工作者的反复检查、评估和论证,从不同角度、不同要求、不同情况、不同结果提出不同看法,通过决策优化分析,最终制定出行之有效的规划计划和应变方案,确保能够有效地指导装备保障转型的顺利实施,保持精确保障系统建设螺旋式发展,为最终实现信息主导的精确保障提供纲领性的指导。

10.3.2　进行持续创新

装备精确保障系统建设是一个改革创新的过程。精确保障系统建设要从组织机制、政策法规、科学技术、教育训练等方面进行连续、统一的创新改革。创新改革的目的是持续地实验和补充新理念、新理论和新技术,改进各个保障要素、运行机制,其目标是及时地采用这些新理念、新理论和新技术并将新的或改进的技术、能力、理论和程序综合到精确保障系统建设中。

1. 体制变革与机制创新

从某种意义上讲,组织体制是精确保障系统的基石,解决好了体制上存在的制约问题,也就可能从根本上顺畅了系统运行的机制。体制转型处于保障转型的顶端,迫切需要持续地分阶段地创新变革,保持装备保障转型的动力。体制创新需要认清精确保障系统与原有的保障系统之间的根本区别,旧的体制在哪些方面不适应新的保障模式以及不适应的原因。体制创新还要解决变革后的体制在多大程度上适应了保障模式的问题,这是一个持续的过程。随着精确保障系统建设的深入,体制的固化会不可避免地存在制约新思想、新技术运用的问题。体制创新风险大,需要进行谨慎地评估、验证其效果,需要控制范围与进度,把风险控制在最小范围。相反,机制创新或许会更加有效和更加易于实施。

2. 集成创新与技术发展

精确保障系统建设从信息基础建设到保障要素建设,包括信息网格、指挥控制系统、资源可视系统等,需要引入许多新技术,有些技术是整个军队军事转型建设所共同需要的,有些信息技术、保障技术、系统技术是需要在精确保障系统建设中进行独立创新的,是从无到有的一种创新。要根据精确保障系统的思想和理论指导,主动去探索、发现、验证、采纳一些新的技术,这些技术与原有技术有哪些根本差别,是一种全新技术,还是一种提升技术,把这种技术用在系统中能够产生多大的效应,有多大的风险,有多大的不确定性,尤其是一些关键技术,需要对其可行性、成熟性、经济性进行实验验证评估。要不断发现技术发展的变化,通过实验、模拟,确定那些最有潜力的技术,以更快的速度和更高的效率把这些技术转化为保障能力。

3. 理论实验与评估

精确保障系统建设需要理论的指导,需要理论的不断更新,需要新的思想,这直接关系到系统建设的成败。这需要成立专门的研究机构或实验室,对理论、政策、法规运用仿真模拟技术进行预实践和实验评估,这个过程也是创新理论、产生新思想的过程。

4. 方案试验与验证

保障方案试验与验证是一种探索过程,这个过程通过检验、审查保障方案的创新性,鉴定这些方案和相关的能力,并向相关机构反馈意见。创新方案通常只能包括近期、中期的解决方案,这种方案具有一定的确定性和预见性才有实用价值。通过方案创新以及试验、模拟、演习,检验新方案、新能力,提高精确保障系统的核心能力,帮助装备保障成功转型、持续发展。

10.3.3　分段分步实施

精确保障系统建设目标的实现,纵向上受国防和军队"三步走"发展战略的指导、制约和控制;横向上要与国家"三步走"发展战略和全面建设小康社会的阶段性战略目标,以及国家以信息化带动工业化实现跨越式发展的战略相适应。根据未来信息化战争的发展趋势、我军战略方针和军事斗争任务以及我军信息化建设的目标和步骤,我军未来精确保障系统建设要按照装备保障转型建设目标的总体构想来实施,可通过三个步骤,层层深入,步步递进,以保持建设总体构想的灵活性、可操作性,最终实现建设目标。

建设第一阶段应该重点解决精确保障系统建设的组织领导与发展规划,梳理出当前装备保障要素和机制与精确保障系统要素和机制之间存在的差距,使信息基础建设由低水平向高水平发展。首先要挑选重点部队进行信息化建设和装备保障转型试点,使重点建设部队初步形成精确保障系统的核心能力。保持试点部队和研制单位之间良好的沟通机制,以实际运用为主线,反复试验,反复修改完善,总结出建设的客观规律。

建设第二阶段应该着手在全军范围推广运用试点部队的建设经验,按照新的业务模式开展装备保障的各项业务,精确保障核心能力要在重点建设部队取得重大突破。突出抓好重点领域、重点部队、重点建设工程,初步实现装备保障的一体化、信息基础设施网络化和保障装备信息化。继续充分发挥信息技术的作用,开展更深层次的保障资源信息挖掘研究,进入更高一层的"研究—试用—完善—推广"的循环建设阶段。

建设第三阶段应该全面推进并实现信息化、网络化和一体化,建成完善的装备保障指挥自动化系统,建成要素齐全的信息资源数据库,建成高素质的装备保障队伍,装备一批系统配套的信息化保障装备,全面实现精确保障系统的四个核心能力。

10.4　精确保障系统信息基础建设

信息基础是信息化装备、信息化系统、网络环境、信息技术等元素的总称。实现精确保障除了必要的保障基础要素、外部环境和运行机制外,还必须具备先进的信息基础。信息基础设施,主要是指获取、传递和存储信息、为广大用户提供信息服务的网络化体系,是保障信息化、精确化的支柱,主要由电缆、光缆、卫星系统、信息中心等组成。

保障信息网络建设是装备精确保障系统信息基础建设的核心内容之一,是军队信息网络建设的重要组成部分,应该纳入到国家和军队信息建设的体系之内。以陆军师保障信息网络建设为例,从纵向上看,对下要考虑到团营以下直属单位的保障信息网络建设发展情况,对上要考虑到集团军保障信息网络建设的要求,由此向上追溯,依次有军区保障信息网络建设、总部保障信息网络建设、军队信息网络建设、国家信息网络建设;从横向考虑,保障信息网络应该在陆军师信息网络建设范围内,与作训信息网络建设、后勤信息网络建设、人事兵员信息网络建设同步。

保障信息网络建设,必须有具体的标准和要求。一是覆盖范围要大,能够辐射到战场的各个保障单元和保障对象,构成保障信息化的依托。二是要实现互联、互通、互操作,要确保网络的可靠性,能够经得起战争和特殊环境的冲击,保证网内任何一个局部损坏都不会影响整体的正常工作。三是技术要先进,可实时处理语音、数据和图像等多种信息,向用户提供信息处理和共享的各种便利功能。四是控制能力要有冗余,操作使用方便,网络故障损伤处理快。五是要具备安全保密和防护能力,能够经受住敌人的信息攻击和火力打击。

保障信息网络建设,要以军队指挥自动化网、综合业务数据网为依托,建立覆盖营区内机关、各保障分队及库所场室的计算机局域网和有线电话网,加快网络硬件和软件建设,加强"信息高速公路"建设。借鉴外军做法,利用商业技术进行网络改造,如利用国际互联网技术组建战术互联网,利用商用 ATM 技术改造野战地域网,利用商用直播卫星分发态势信息等。以总部、战区和分部为重点,按局域网、区域网、广域网的顺序进行建设,构成纵向上至总部,下至战区和部队,横向至各军种保障部门,战略、战役、战术一体化的全域保障信息网络体系,其框架示意图如图 10.3 所示。

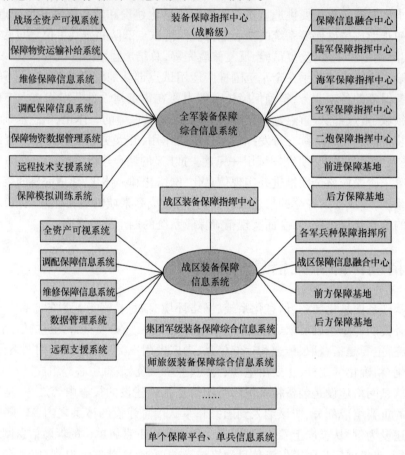

图 10.3 装备保障信息网络体系示意图

信息标准化是加强网络互连、互通和互操作能力的关键,只有很好地实现标准化,才能使纵向和横向的信息系统实现信息流通的一体化。按照国家和军队有关标准,对信息实行标准化规范,制定相关的技术标准和应用标准。一是统一技术标准,如网络、接口、软件等方面要采用统一的标准和规范,做到各军兵种共用;二是统一应用标准,如文件、报表、图形标绘、实力统计等,按照信息化的要求,对各类保障数据进行科学的分类和编码,统一报表格式。

精确保障系统具备保障动态全域可视、保障需求即时掌握、保障状态实时可控、保障资源即时到达、保障决策科学合理、保障行动快捷有效的特点,按照第 2 章中给出的精确保障系统框架结构,进行包括情报与决策支持子系统、指挥控制子系统、保障行动子系统、资源管理子系统、保障评估与信息反馈子系统等各个子系统的信息基础建设,各个分系统的应用示意图如图 10.4 所示。

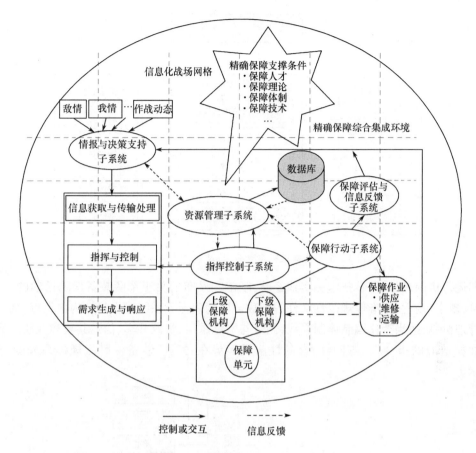

图 10.4 精确保障系统框架中 5 个子系统信息基础应用示意图

10.5 精确保障系统要素建设

精确保障系统是一个复杂巨系统,是一个由适应信息化战争装备保障需求的保障人员、保障装备(设备)、技术资料、物资器材(备件、油液气等消耗品)、保障法规、保障设施等要素经过综合集成而构成的有机整体。这些要素相互依存、相互制约,是构成和影响装备保障活动的基本因素。

精确保障系统的目标实现是保障人员、保障装备(设备)、保障法规、保障设施以及其他要素相互影响、共同作用的结果,这些要素作为精确保障系统的组成部分是相互联系、不可分割的,如图 10.5 所示。其中,保障人员是精确保障系统运行的主体,在系统运行中发挥着主导作用;保障装备(设备)是精确保障系统运行的有效工具;保障法规是精确保障系统运行的可靠依据;保障设施是实施装备精确保障的基本依托;保障信息是精确保障系统运行的神经纽带,是实现精确保障的基础。为适应未来战争需要,推进装备保障跨越式发展,必须从精确保障系统的要素着手,对精确保障系统的各要素进行建设。

10.5.1 保障法规建设

装备保障法规是指由有关部门根据宪法和军事法律的有关条款、装备保障的组织系

161

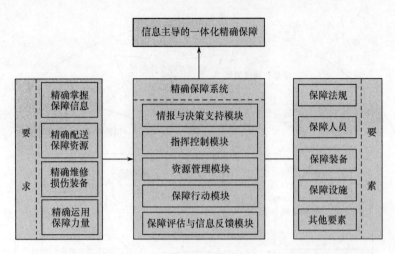

图 10.5　精确保障系统要求、功能模块及要素构成

统和运行机制,以及科学技术和实践经验,制定和发布的关于军队装备保障活动的条令、条例、规定、规程、标准等规范性文件的统称。以精确保障系统建设目标为出发点,结合柔性管理机制,适当淡化编制体制界线,制定与资源重组、资源共享、信息共享和互联互通等方面相适应的指令性、协调性、合同性法规等势在必行。装备保障法规体系如图 10.6 所示。

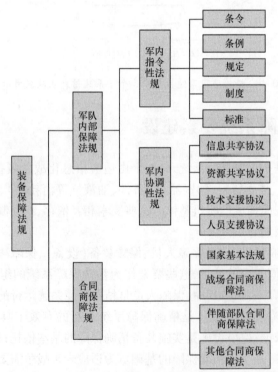

图 10.6　装备保障法规体系

装备保障法规建设主要包括两个方面的内容:一是军队内部保障法规;二是合同商保障法规。

162

1. 军队内部保障法规

建立军队内部适用的精确保障法规涉及面宽、层次较多、关系复杂,构建完善的精确保障法规体系需要较长时期的努力。应该尽快健全完善适用于军队内部的精确保障法规,从宏观上明确装备精确保障工作的地位作用、指导思想、基本任务、基本原则,明确各级保障机关的职责和精确保障工作各个环节的运行关系、工作程序、技术标准等内容。

1)指令性法规

指令性法规是指用于规范军队精确保障系统内部以及精确保障系统与保障环境之间的运行关系、业务流程、技术标准和操作规范的条令、条例、规定、制度、标准等法规。指令性法规涉及精确保障系统和保障环境内所有保障机构和部门,具有强制性。

指令性法规包括现有的各项装备保障法规,以及信息格式标准、通信接口标准等。精确保障系统内部和精确保障环境内各个单位的精确保障工作必须严格依照相应的指令性法规执行。如为规范精确保障信息化建设而制定的信息技术标准,要求军队各单位凡是涉及信息格式、通信接口、网络接口、系统接口等信息技术标准问题,必须严格按照规范执行,才能有效实现信息共享和互联互通。

2)协调性法规

协调性法规是指用于加强和促进精确保障系统实现信息共享、资源共享与重组、技术支援和人力支援等保障行为的协议、制度、规范、标准等法规。协调性法规涉及保障环境和精确保障系统内无隶属关系的保障机构,不具有强制性,应在双方协作的条件下,通过采取经费调节等方式取得双方的利益平衡。

协调性法规包括精确保障系统内部资源共享协议、信息共享协议、人员和技术支援协议等。

资源共享协议的内容有:在资源共享协议中将资源共享作为指令性条款;划分各军兵种内可以被共享和被重组的资源的范围,如油料、有关的备品备件等,并且为这类资源制定标准,提高其通用程度;对提供资源共享的单位,要为保障资源的补给做出规定等。

信息共享协议的内容有:制定各个保障部门之间信息共享的接口标准;为提高共享信息的流动速度,规定保障信息和其他信息的信息格式;为提高各个保障部门的决策速度,统一制定各类保障信息的重要程度标准;规范文书内容,实现装备保障文书的格式化。

人员和技术支援协议的内容包括:在人员和技术支援协议中,将人员和技术支援作为指令性条款;明确可以调配的人员种类,主要有信息技术人员、资源筹供人员、资源管理人员以及决策支持人员;明确技术支援的种类,主要是快速制造系统、应急维修技术以及远程支援系统等;对支援人员和支援机构的隶属关系做出规定,避免出现指挥矛盾;规定被协助方通过经费或其他方式给予协助方利益补偿,并且制定利益补偿的限额标准;针对支援人员和支援技术的使用,做出使用规定。

隶属于不同机构或部门的单位,根据相应协议可以共享精确保障系统内部其他单位的保障信息、保障资源、获取人力和技术的支援。如根据保障资源共享与重组协议,被协助方可以直接与协助方协商获取所需的保障资源,同时被协助方通过经费或其他协助等方式给予协助方利益补偿。各保障实体通过协调性法规可以高效、快捷、经济的获取所需的信息和资源,以及人力和技术支援,有力保证装备精确保障的实现。

2. 合同商保障法规

随着武器系统的日趋复杂,高新技术在武器装备中大量使用,而且在现代形式的战争条件下,保障任务极其繁重,合同商保障成为我军未来战争中必不可少的保障形式。合同商保障的特点突出在"合同"二字上,"合同"的基石就是一套完整的法规体系,合同商保障法规建设是精确保障系统建设的重要组成部分。

1) 合同商保障法规的体系

合同商保障的法规总体上来讲,应当分为两个层次:一是国家法规;二是军队法规。在国家法规中,既可以有专门的合同商保障法规,也可以在国家的各种法规中的不同章节体现。例如,美国在其《国防基本法》、《战略与重要物资储备法》等多部国家法律中对合同商保障所涉及的问题都制定了专门的条规。

军队是合同商保障的指挥者和用户,针对合同商保障的迫切需求,军队必须建立各种相关的法规,应当涉及合同商保障的组织编制、任务功能、指挥控制、计划制定、保险赔偿、经费管理等。

2) 合同商保障法规建设的主要内容

借鉴美军合同商保障法规的相关内容,应该制定以下合同商保障法规。

战场合同商保障法规,其内容有:对如何获得合同商的保障服务做出规定;规定合同商的作用和任务,明确合同商保障和军队保障的区别;制定使用合同商保障的政策;规定使用合同商保障中的一般性职责;确定出研究合同商保障问题的框架。

伴随部队合同商保障法规,其内容有:确定使用合同商保障战场行动时的政策;对如何管理战场合同商行动提出政策,并进一步细化相关规定;明确伴随部队合同商保障法的适用范围;规定军方在对合同商力量进行保护方面的职责;规定被部署合同商应遵守的要求。

合同商赔偿和补偿法规,其内容有:明确对参与保障任务的合同商,提供政策上的优惠,并为其提供经济上的补偿;对因执行任务而受伤、被俘和遭杀害的合同商和雇员如何进行赔偿做出规定。

合同商动员法规,其内容有:针对保障任务规定出动员的范围,包括工业、农业、交通运输、邮电通信、科技、医疗卫生、城市建设、商业贸易、财政金融等领域的动员,针对不同的保障任务,规定动员规模;规定进行合同商动员的内容和实施程序。

10.5.2 保障人才建设

未来战争是信息化战争,胜负取决于人的素质与智能化武器的结合程度。"国以人兴,政以才治",人才是国家兴盛、军队强盛的根本保证。高素质的装备保障人才是打赢未来信息化战争,实现装备保障建设跨越式发展的基础,是装备保障建设的第一要素,在实现装备精确保障中起着关键性作用。按照装备保障工作岗位的需求以及完成装备保障任务的需要,保障人才的划分如图10.7所示。

信息化条件下,装备保障内容多样、关系复杂,决定了精确保障人才队伍中不仅需要有掌握现代信息技术、熟悉现有装备、训练有素的指挥管理人才,而且还必须拥有一批专业技术人才,对其能力素质提出了更高的要求。只有充分发挥各种保障人才的整体合力,才能实现精确保障。

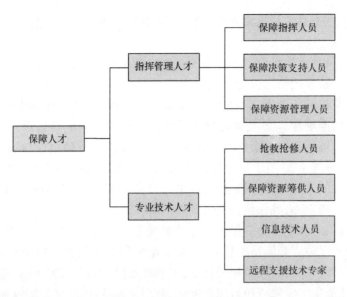

图 10.7　保障人才的分类

指挥管理人才主要包括保障指挥人员、保障决策支持人员、保障资源管理人员等。

保障指挥人员是装备保障指挥的核心,是装备保障活动的决策者和保障进程的控制者。保障指挥人员应熟练掌握信息化战争的基本特点、主要战法、战役发展的一般规律和关键环节,准确选择、把握、转换和突出保障重点,能够利用传感器、计算机、网络、通信、全球定位系统等信息技术,实时掌握战场装备保障的进程和决策所需的信息,并实时做出决策,确保装备保障指挥的时效性和装备保障行动的实时化,并能够根据瞬息万变的战场情况及时调整各种保障力量,增强相互间纵向、横向、交叉联系,实现各种装备保障力量的有效聚合,提高装备保障整体效能。

保障决策支持人员是保障指挥人员的助手,通过对精确保障任务相关信息的收集、处理,拟制预选方案,为保障指挥人员提供决策支持。要求保障决策支持人员一方面能够充分利用保障指挥自动化系统,对保障力量需求、保障资源需求、保障能力等进行精确计算,实施精确投放,实现装备保障的实时高效指挥调度;另一方面要求保障决策支持人员能熟练地使用具有智能化的保障辅助决策系统,对保障需求、保障资源等实时信息进行快速分析和处理,提出保障决策建议并拟制保障方案。此外,保障决策支持人员还应能准确模拟、科学推演保障行动,为保障指挥提供辅助决策手段,并对保障活动进行辅助指挥、控制与协调,从而实现对装备"适时、适地、适量"地保障。

保障资源管理人员主要负责保障资源的规划、建设、统计、管理、调配、筹措、供应、投送等计划的制定、监督、控制。精确掌握保障资源,既是实施精确保障的前提,也是实施精确保障的基本内容。因此,保障资源管理人员一方面应精确掌握保障资源的静态信息,主要包括保障系统及其相关系统中的人员、财产、物资等资源的种类、地点、数量等信息,即解决保障资源"有什么、在哪里"的问题;另一方面保障资源管理人员应能精确掌握保障资源的动态信息,全程控制保障资源的动态情况,实现储备、配送及保障过程的"全资可视化",做到准确预见、精确调度各种保障资源,变传统的"被动补给"模式为先进的自上而下的"主动配送"模式。

专业技术人才主要包括抢救抢修人员、保障资源筹供人员、信息技术人员、远程支援技术专家等。

抢救抢修人员负责战场上损坏装备的快速拖救和快速修理。为适应信息化战争,顺利完成保障任务,抢救抢修人员应满足以下三点要求:① 要求抢救抢修人员能依托信息可视网络,随时掌控装备动态,能通过远程支援技术对损伤装备的抢救抢修进行远程技术咨询,提高保障的准确性。② 抢救抢修人员应能熟练掌握新的技术保障手段,运用自动检测和诊断技术,准确掌握装备的战术技术状态,快速进行故障定位和隔离,实施精确可靠的排故和维护修理。③ 要求抢救抢修人员精通业务、灵活多变,根据装备的损伤程度和部位,有针对性的进行抢救抢修,能实施单元置换、拆拼修理等多种修理方式,缩短抢救抢修时间,提高保障效率,确保装备的战场再生率。

保障资源筹供人员主要负责保障资源的准确筹措、快速投送和持续供应。在未来信息化作战中,为使保障资源满足作战需求,要求保障资源筹供人员精通保障资源的筹措、供应、包装、封存和投送的程序及相关技术,了解装备保障的方式方法,具备很强的实践操作能力。信息化战争中保障资源呈现标准化、通用化等特点,要求保障资源筹供人员能实时掌握信息化战场上装备的技术状态,采取军民结合、按需筹集、就近动员、就便筹集等方式,适时聚焦规模适度、具有质量优势的保障资源,实现保障资源的精确筹供。

信息技术人员主要负责通过各种信息网络,将所收集到的各类保障信息,进行必要的处理、分析,形成初步结论,实时提供给各级保障指挥员,为保障指挥员提供信息支持。因此,信息技术人员一方面要求精通信息网络知识,能维护整个信息网络的正常运行,管理好信道和数据流向,保证战时保障系统各部门能共享信息资源,运用信息网络实时、准确地传送和接收信息,进而以信息流引导物质流,确保在准确的时间和地点投入适当的保障力量和保障资源,充分利用保障信息流的价值;另一方面,要求信息技术人员能保证整个信息系统免遭敌方侵袭,防止无关信息侵入,维护网络信息的可读性、有效性和安全性。

远程支援技术专家负责对战场上出现的复杂技术问题提供咨询并帮助解决问题。在信息化战争条件下,一方面由于各种火力的精确打击而使损伤装备的数量迅速增加,另一方面由于损伤装备本身技术程度高,前方人员维修技术掌握不专、不深,迫切需要后方专家为前方抢救抢修人员进行指导,提出维修建议或维修方案。因此,要求远程支援技术专家精通专业知识,具有很高的专业技术水平、丰富的实践经验和很强的实践操作和指导能力,通过与前方抢救抢修人员进行交互,使前方抢救抢修人员能从后方获得技术指导和维修信息,减少战时装备保障压力,提高故障损伤诊断的准确性,从而实现对维修进行实时、高效、可靠的技术支持。

保障人才建设既是一个渐进的过程,又是一项十分复杂的工程,应该采取超常的措施,才能培育出高素质装备保障人才,实现保障人才建设的跨越式发展。

1. 培育创新文化

精确保障系统建设必须创建新的文化、激励杰出的保障人才,以对新型的保障环境、新型的保障任务和新出现的紧急情况迅速做出反应。培育创新文化要求军队在保障人才建设中重新审视一切事务,创新文化本身非常艰难,因为创新文化往往是与传统的规章制度和现行的人事系统相悖的。

建立导向性的创新政策和制度。将创新性作为保障人员能力考核的重要指标,为有创新精神和创新能力的保障人员提供更多的机遇,优先提供培养、深造和培训的机会;对创新型保障人才的使用给出指导,鼓励大胆提设想、搞创意,创新装备保障思想,开发装备保障新技术;规范创新性成果的推广,并对应用创新性成果好的集体或个人采取激励性措施,对应用创新性成果缓慢的单位采取适当的惩罚措施。

应增加创新型人才队伍建设的经费投入。培养创新人才的资金投入主要集中在以下方面:一是对确信具有创新价值的具体技术和理论进行投资;二是增加创新人才培养经费,改进和完善院校创新教育,为指挥人员接受院校创新教育提供资金支持,研制部队各级指挥官可以使用的保障模拟手段,为指挥创新提供新途径;三是促进具有创新意义的研究、发展、实验和评估方案的产生,为有创新价值的科研课题建立相应的实验室,提供高级技术人员的科研创新平台;四是为基层部队官兵设立创新基金,鼓励基层官兵革新技术、改进管理方式;五是保证军事演习中的保障行动有足够的资金支持,使各层面的保障人员有机会检验新的理论、技术和保障方式。

2. 丰富培训内容、改革培训方法、拓宽培养渠道

人才培训内容的构成一定程度上决定了所培养人才的知识结构和综合素质,因此,在保障人才培训内容上应注重以下两个方面:一是增加高新技术知识,诸如信息技术、网络技术、计算机技术,以及数字化部队和信息化武器系统等课程,更新装备保障人才知识,培养信息意识,提高利用信息的能力;二是增加在复杂电磁环境下贴近实战的装备保障的培训内容,提高驾驭信息化条件下作战的装备保障能力,以适应信息化战争对装备保障的要求。

在信息时代,必须改革落后的人才培训方法,充分利用现代信息网络,采用新的教育训练方法。一是搞好远程网络教育。充分运用计算机网络技术,以网络技术为依托对保障人才进行教育培训,采取灵活、科学的教育方式,以网络为载体开展远程网络教学,充分利用网上资源,提高信息资源共享水平,缩短教育与培训的时间,提高教育培训效果。二是加强模拟(仿真)训练,提高实战水平。采用模拟、虚拟现实、分布交互等计算机技术手段,通过对信息系统、信息环境及各种武器装备作战效应的仿真模拟,逐步建立体现信息环境、满足信息化战争需要的教学实验室和训练中心,进行战场模拟,使保障人才熟悉信息化战场环境和保障方式、手段,提高应变能力和决策水平。

加速保障人才的培养,应该建立多渠道的人才培养机制,实行院校教育和在职培训相结合,把院校教育、函授、集训和在职自学有机结合起来,拓宽人才培养途径。实行部队自训和社会培养相结合,对装备保障建设所需要的军民通用人才,可从地方院校、科研机构和工厂中择优录用,以弥补单纯依靠军队院校培养人才的不足;有计划、按比例选派优秀的保障人才到军内外有关院校进行深造,进一步改善知识结构,提高业务素质和创新能力;对于掌握尖端技术的专家型人才,可选送到军队或地方重点院校乃至出国深造,确保保障人才建设始终处于未来军事发展的前沿。

3. 合理规划、军民结合、平战结合共建保障人才队伍

优化保障人力结构,使得精确保障系统的人力结构中各类人才之间的比例及衔接方式合理,能够充分发挥各类人才的最大效能,并能发挥最佳的保障人才队伍整体效益。在专业结构优化方面,要增大掌握信息技术知识的保障人员比例,包括增大具有较高科学文化素质的保障人员、智能型保障人员比例。在年龄结构优化方面,梯次配备比例合理的

老、中、青保障人才,形成上窄下宽的人才队伍总体结构。在职称结构优化方面,应当根据人才的变化规律,调整具有高级、中级、初级技术职称的人才在各专业、各层次上的分布。

实施保障人才队伍的模块化建设。一方面,进行各保障模块的建设要充分考虑模块的规模、作用和属性;另一方面,要从解决模块与指控系统之间、模块与模块之间的互联互通着手,进行模块化集成建设。在平时按照积木的原理组建同一类型的保障机构及分队,模块与模块之间统一建设,一体训练;在战时根据保障需求,利用这些保障机构和实体模块,连接成有机的整体,按任务、专业灵活编组成所需要的保障力量,实现保障人才队伍整体保障能力的优化与提高。

进行保障人才队伍的平战一体化建设。精确保障的目标要求在平时必须构建一支平战衔接的保障力量,避免战时保障资源的浪费和保障效能的低下。构建平战一体化的精确保障力量体系,应该搞清楚平时保障力量在战时需扩编到的规模、战时需要地方动员力量的规模,上级在战时需要编配的加强保障力量、预备役需储备的保障力量规模,通过分类制定建设计划,构成以现役保障力量为主、预备役为辅、地方保障力量为补充的保障力量体系。

按照平战结合、军民结合、寓军于民的要求,发挥军队保障和地方保障的互补作用,建立以军队保障力量为骨干,地方保障力量为补充,既能适应平时保障需要,又能遂行战时支援保障的保障力量体系。

10.5.3　保障装备建设

未来战争是以高技术武器装备为主要作战平台的信息化战争。高技术武器装备需要由高新技术保障装备(设备)来进行保障,主战装备与保障装备应统筹规划,同步发展,这样才能真正提高部队的战斗力。现代保障装备,是多种高新技术和先进工艺的综合体,微电子技术、信息技术、新材料、生物工程等高新技术的应用使保障装备的技术含量大大提高。根据精确保障系统建设目标,保障装备的建设应抓住重点、把握方向。保障装备主要包括保障指挥装备、补给装备、检测装备、维修装备等,如图10.8所示,应从保障指挥装备、补给装备、检测装备、维修装备四个方面进行重点建设。

保障指挥装备是用于保障指挥的各种装备、设备和器材等资源的统称,是保障装备的重要组成部分,也是军队指挥自动化系统的重要组成部分。主要包括指挥装备、各类技术侦察装备以及无线通信、光纤通信等各类通信系统。要求保障指挥装备能够实现保障指挥一体化,具体体现为两个方面:一是系统功能的一体化,即装备指挥信息系统实现指挥、控制、通信、情报和电子对抗等功能的一体化,通过将指挥、控制、通信、情报和电子对抗等分系统连为一体,提高保障指挥能力以及系统的对抗和生存能力;二是各军兵种保障指挥信息系统融为一体,形成真正意义上的保障指挥信息系统,使各保障子系统、诸军兵种和各个战场形成一个有机整体,以提高保障指挥的效率和部队的整体保障能力。

补给装备是连接前方战场和后方资源的桥梁,是实现精确保障的重要保证。补给装备包括弹药补给、油料补给、器材补给和其他补给装备。未来信息化战争,战场高度透明,精确打击使装备的损伤程度大大提高,需要补给装备对作战部队实施精确可靠的即时补给。要求补给装备具备以下能力:一是快速保障能力。未来作战补给装备必须紧随部队的作战节奏,在机动中实施保障,做到部队走到哪里、打到哪里就保障到哪里,尽量缩短损

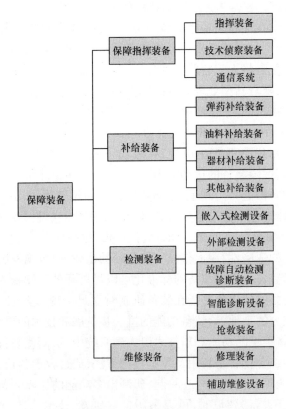

图 10.8　保障装备的分类

伤装备现场抢修、后送修理、器材补给等各项工作的时间,提高保障的效率。二是远程投送能力。要求补给装备具有远程投送能力,充分运用战场感知、信息处理和传输技术,及时识别、定位和统计保障资源,运用空中、海上、陆地等多种投送力量,对作战部队实施主动的点对点的保障。

　　检测装备是由多种检测仪器、设备或系统综合而成的有机整体,是实现快速、高效、精确维修的前提和基础之一。检测装备包括嵌入式检测设备、外部检测设备、故障自动检测诊断装备和智能诊断设备等。随着武器装备的现代化、复杂化程度日益提高,装备检测的技术难度增大,耗费的时间和资源增多,严重影响了装备的维修效率。因此,要求检测装备实现配套化、系统化、通用化和智能化。在建设时应该充分利用微电子集成技术、计算机技术和人工智能技术,通过智能微处理器自动提供装备系统的运行信息、发生的故障及具体维修方法,并能对故障装备实时诊断,节约测试和诊断时间,提高维修保障效率。

　　维修装备是实现精确保障的重要物质基础,包括抢救装备、修理装备、辅助维修设备等。信息化条件下,保障时间短,保障任务重,需要大量先进的抢救装备、修理装备、专用工具等,对损坏装备进行快速修理,确保在有限的时间内恢复装备的作战能力。因此,应重点发展适用于野战条件下的抢救装备、修理装备等。要求维修装备建设要齐全配套,具备与所保障部队同样的机动能力,并具备必要的防护、隐蔽能力,提高维修装备的生存性。

　　根据精确保障系统的核心能力目标,保障装备(设备)建设应该在以下几个方面发展。

1. 发展具有信息化、智能化特征的高技术保障装备

不断加大高新技术在保障装备中的应用力度,加强新研制装备的信息化设计和现役装备的信息化改造,利用信息技术发展远程故障诊断与维修技术,使保障装备的总体性能得到显著提高。智能化是将人工智能技术应用于状态监测和故障诊断设备中,并具有一定的分析和判断能力,随着新型处理芯片的问世和人工智能技术的不断发展,保障装备正朝着智能化的方向发展。

2. 提高保障装备的机动能力和防护能力

为改变保障装备在几乎完全透明的现代战场环境下易受攻击的状况,提高保障装备的生存性,要努力提高保障装备的机动能力和防护能力,使保障装备具备多层次、全方位、主动与被动相结合的防护能力。其中,主动防护能力通过使用主动防护系统摧毁来袭威胁而获得,被动防护能力主要通过使用隐蔽、伪装、采用智能材料与结构等手段获得。

3. 努力实现保障装备的通用化、标准化、模块化、综合化

为提高保障设备的适应性,跟上作战装备更新的步伐,应重视发展多功能、高效率、综合性强的通用化保障装备。保障装备的标准化可以显著降低开发费用和寿命周期内的使用保障费用。保障装备的模块化是指在装备研制时立足于现有要求和技术水平,但在功能上和技术上留有充分的余地,给装备功能的进一步扩展和技术的更新做好准备,一旦条件成熟,即可适时地将扩充的功能和新技术引入到系统中,从而使装备随技术的更新而逐步升级。保障装备的综合化就是利用系统工程的方法,通过权衡分析,把与保障有关的新工艺、新技术和新方法等有机地融合在一起,研制出多功能的保障装备。

在进行保障装备(设备)建设时,可以采用自主研发、技术改造、直接引进等途径,有计划、有重点地逐步实施。

自主研发是采取"主动超前"意识,改变跟踪模仿的被动做法,摆脱保障装备设计思路的束缚,严格按信息化的标准设计、研制和生产关键性的信息技术和信息化保障装备,使之跨越机械化阶段而直接实现信息化。

技术改造是通过嵌入或融合把高新技术嫁接到现役装备上,对现有机械化装备进行信息化改造,以信息化提升机械化质量,从而实现保障效能的跃升。可以广泛利用数字通信、网络、信息处理等技术,对现有保障装备进行信息化改造和技术集成,使其具有横向协调性和联动性,具备信息自动采集能力、处理能力和各保障单元之间、保障单元与指挥单元之间的战术互联能力,提高整体保障效能。

直接引进是通过直接引进国外或者利用先进的民用保障装备,迅速提高保障能力,填补装备保障空白,并对其技术进行消化吸收和积累,为自行研制打下基础。通过引进与吸收外军和民用先进技术产品,提高保障装备的开发效益和开发速度,这是实现保障装备跨越式发展的一条有效途径。

10.5.4　保障设施建设

保障设施包括维修设施、储供设施、指挥设施、战备工程及防护设施、信息基础设施等,其分类如图10.9所示。

保障设施是实施精确保障的基本依托,是实现精确保障的重要物质基础,其建设主要是对维修设施、储供设施、指挥设施、战备工程及防护设施和信息基础设施进行规划、建设

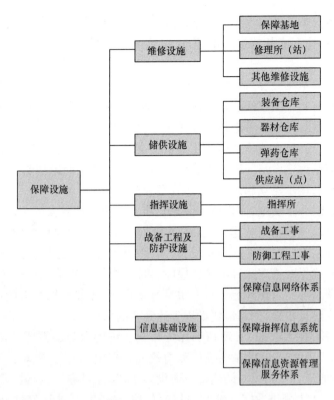

图 10.9　保障设施分类

以及协调等。

　　信息基础设施是保障设施建设的主要内容和核心,是通过装备信息资源的开发和利用,依托计算机互联网络,将战略、战役和战术各层次各级装备保障部门、各种保障单元、保障平台和保障资源,以及地方保障力量联结成一个统一整体,进行统一的筹划、管理、组织、指挥和保障,有效地解决装备保障活动中效率和协调问题,最大限度地提高装备保障的时效性和精确性,优化资源配置,形成装备保障的整体优势。

　　战略级保障基地(设施)建设应以国家经济建设为基础,以各军种装备保障力量为骨干,形成军民结合、上下衔接、综合配套,适应未来信息化战争装备保障需求的一体化保障体系;战役级、战术级保障设施建设应在战略级保障基地(设施)建设的总体规划下,努力提高保障设施的野战化、通用化、信息化、多功能化水平。

　　保障设施建设是一个复杂的过程,周期长、内容多、经费开支大,需要地方政府的大力支援,需要军队上下共同努力,其建设的规划、布局是否科学合理,直接影响着未来装备保障能力。因此,在进行保障设施建设时,应着力把握以下几个方面。

　　(1) 合理布局,综合配套,形成全方位的保障能力。保障基地建设,应根据总的战略意图、地理环境和交通运输等情况进行统筹规划,合理布局、综合配套,构成基地网络,使之具有对不同方向、不同类型的军事斗争和不同规模、阶段的战争实施装备保障的能力。坚持建为战和建为用的指导思想,在布局上应结合各战区、各战略方向的作战方案通盘考虑,既要与战役方向的作战部署相适应,又要与国家的总后方布局相适应;既要有良好的交通运输条件,又要注意疏散隐蔽,便于指挥管理,逐步达到各种保障力量和保障设施的

171

配套。同时,装备保障基地建设还应根据各战略方向的作战任务,做好战时建立兵站网、扩建保障力量和迅速完成战略展开的建设,做到一旦需要,就能对各战略方向实施装备保障。

(2) 平战结合,军民兼容,增强持续保障能力。平战结合、军民兼容,既有利于军队的保障基地建设,又有利于国家经济建设的军民互利、互相促进。新时期保障基地建设要充分考虑到战时的需要,特别要考虑执行多样化军事任务的要求,预有准备预置,集中筹措建设,随时做好应付高技术战争和信息化战争的准备。根据打赢未来信息化战争的要求统筹规划,使保障基地建设与国家经济建设融为一体。同时,保障基地的某些设施设备还应与社会交互使用,逐步建立起兼容型、开放型的保障基地。

(3) 先急后缓,分步实施,优化整体保障效能。设施建设开支巨大,而且又要向前发展,这就要求要服从国家和军队建设大局,合理使用军费,优化建设规模,突出建设重点。首先,突出主要战略方向的保障基地建设,其次,重点加强担任主要作战任务军兵种的战略后方设施建设,确保对诸军兵种的装备保障,再次,根据未来信息化战争对装备保障的要求,集中力量建设那些对保障能力具有举足轻重作用、需要长期经营的项目,并按此调整工作内容,确立建设步骤,使基地建设逐步达到新的水平。

(4) 信息支持,技术改造,实现精确保障目标。精确保障的鲜明特点之一是"信息流"导引"物质流",决定了信息在精确保障中的主导作用。因此,在对保障设施建设时,应注重信息传输通道等基础设施的建设。建设多手段、高可靠、大容量、宽频带的数字化"信息高速公路",大力推进数字光纤与卫星通信网络建设,建成可靠性好、保密性强、传输速率高,且具有一定抗毁能力的宽带数字通信网。大力开发和充分运用各种信息技术,对保障基础设施进行信息化改造。通过嵌入计算机技术、网络技术、自动识别技术、全资可视化系统等新技术,使维修设施实现智能化、数字化,保障资源实现可视化,大大提高保障设施的信息化水平,实现精确保障。

10.6 精确保障系统运行机制建设

精确保障系统运行机制是指精确保障系统在一定的组织结构基础上,各子系统的相互关系的规范和它们发挥作用的机理、过程和方式方法等的总和。具体地讲,保障系统运行机制的概念应包含以下三层含义:第一,保障系统运行机制是有效协调装备保障活动过程的作用机理的总称;第二,保障系统运行机制,反映了系统运行过程中各个构成要素之间相互依存、相互影响、相互制约的关系;第三,保障活动最终是有规律地按一定的方式运行而发挥其功能的。由以上几层含义,可以推断出精确保障系统的有效运行依赖于良好的运行机制。

精确保障系统要素关系复杂,多种运行机制并存,主要有精确保障系统指挥机制、协调机制、动员机制、作业机制。指挥机制是精确保障系统纵向关系的体现,是以各级保障指挥机构为支撑的;协调机制是精确保障系统横向关系的体现,是建立在体制内与体制外各种协调关系的基础上的;动员机制是精确保障系统与外部环境交互关系的体现;作业机制是精确保障系统各要素运行方式的体现。

只有将精确保障系统各个要素整合为统一的整体,并遵循特定的运行机制,才能确保系统快速、高效地运转,顺利实施精确保障各项活动,实现装备的精确化保障。因此,建设好精确保障系统的指挥机制、协调机制、动员机制、作业机制,实现各子系统的整体联动,对于精确保障系统建设具有十分重要的意义。

10.6.1 精确保障系统运行流程

未来信息化条件下,要实现装备保障从前沿存在型向战场预置型、从数量规模型向质量效能型、从被动补给型向主动配送型转变,必须创新保障理论,整合现有保障系统中的各种信息系统,整合各类保障资源,简化装备保障体制,重构保障系统运行流程。

精确保障系统运行流程是以信息技术和柔性管理机制为基础,通过情报侦察搜集系统,准确掌握任务类型、装备数量、装备类型等信息,并对信息进行分析处理,精确预测保障需求,通过情报信息传输系统将有价值的信息传输到指挥控制中心;指挥控制中心根据资源管理系统的反馈信息,实时掌握现有保障资源储备情况,通过信息网络平台从不同方向、以不同的方式精确调控和动员、筹集保障资源,将所需资源适时、适地、适量地投送到作战部队;保障力量借助智能检测诊断技术、嵌入式诊断技术、数字化维修技术等先进维修作业系统对装备实施精确的维修。精确保障系统运行流程示意图如图10.10所示。

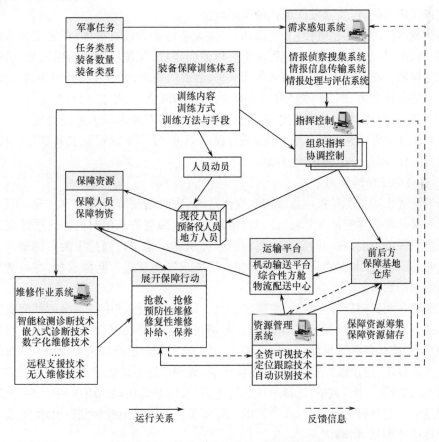

图 10.10　精确保障系统运行流程示意图

由图10.10可知,精确保障系统运行由一系列保障活动组成,主要有以下几个方面。

173

1. 精确掌握保障资源

精确掌握保障资源,是实施装备精确保障的前提。一方面通过资源管理系统,精确掌握前后方保障基地、仓库中保障资源的种类、数量;另一方面,通过卫星、网络技术、全资可视技术、自动识别技术等先进技术,建立全资可视系统,实现全资全时全域可视,动态掌握保障资源各种信息,通过系统中的信息过滤功能,对各种信息进行加工和再处理,形成真正有用的信息,并传递到指挥决策层,辅助装备保障决策。

2. 精确预测保障需求

作战任务产生装备保障需求,作战类型、作战规模不同,保障任务也不同。一方面通过雷达、侦察车、侦察机和各类传感器装置等情报侦察搜集系统和全资可视技术,获取保障对象需求、保障物资供应的类型、数量等信息,并及时传输到指挥控制中心和相连接的各个保障单元;另一方面,将获取的信息输入计算机模型,充分利用计算机智能模拟系统,精确预测保障资源的种类、数量。

3. 精确使用保障力量

通过充分利用全资可视技术、态势图提供的战场情况,指挥控制中心全面掌握总体作战态势,根据作战需求和战场态势的发展变化,在精确预测保障需求的基础上,使用不同类型的保障力量,编组各种保障力量模块,运用不同的保障方式方法,精细地筹划、精准地使用装备保障力量,以使其发挥最佳的保障效能。

为实现保障力量的精确使用,在纵向上,加强装备保障各级指挥,在实施装备保障过程中,战略、战役、战术界限在一定程度上可以趋向模糊,除按层次实施保障外,还可实施越级直达保障。在横向上,通过加强各军兵种、各部门协调,充分发挥各军种、各方向装备保障力量的整体合力。对于体制内力量构成,按照编成精干、要素齐全、功能优化、抽组灵活、利于保障的原则,将装备抢救抢修、远程技术支援等专业保障力量进行整合和一体化编组。对于体制外力量构成,通过加强装备保障动员,发挥军地资源的共享和互补,实施诸军兵种一体、军民一体的精确保障。

4. 精确配送保障资源

精确配送保障资源是指向作战部队提供适时、适地、适量的保障资源。适时就是配送保障资源必须准确地把握保障时机,尽可能地缩小保障与需求的时间差。适地就是精确控制保障资源的流向,按照时限要求将保障资源从储存地运送到指定的目的地。适量就是在及时、正确地控制保障资源流向的同时,还要求准确掌握部队需求量,尽可能地缩小保障与需求的数量差。

在精确预测保障资源需求后,将需求信息传输到指挥控制中心。保障部门进行保障资源准备:一是通过上级保障部门供应;二是通过军民结合、就近动员按照相关法规进行筹集,根据保障任务将筹集到的保障资源从前后方保障基地、仓库进行保障资源配送。通过全资可视技术、定位跟踪技术、全球定位系统、地理信息系统等信息技术,实时掌握配送保障资源的时间、空间、数量,选择最优的配送路径,综合运用机动输送平台、综合性方舱、物流配送中心等各种运输力量,将所需的保障资源快速正确地投放到需要地点,实现保障资源配送的透明化、精确化。

5. 精确维修损伤装备

在获得保障人员和保障资源的基础上,依托卫星、网络、全资可视技术等信息技术,运用智能故障检测技术,嵌入式诊断技术等先进技术,实时掌握装备的动态,并将损伤装备的详细情况及时传送给保障部门,保障人员根据损伤装备的损伤部位及程度,运用数字化维修技术、应急维修技术、无人维修技术等先进维修作业系统有针对性地展开维修活动,既包括战时的应急维修和抢救抢修等活动,又包括平时的预防性维修、修复性维修、保养等活动。

在对损伤装备进行维修而现地维修人员难以修复时,采用"远程咨询"、"远程诊断"、"远程指导"等远程支援技术,对装备故障定位提供实时的远程技术保障支援。通过计算机网络将前方的使用维护保障人员与后方的技术专家紧密联系起来,并为前方武器装备使用、维护、修理以及战场抢修提供及时、准确的技术指导和决策支持。

6. 精确评估保障效果

精确评估保障效果,是精确保障不可或缺的一环。通过准确可靠的反馈信息,及时评判保障效果,为而后的保障行动提供正确的信息支持,保证精确保障顺利进行。在信息化战争中,利用灵敏感知的全资可视技术和实时可控的指挥控制系统,可对装备保障全过程进行全资可视、全程可控,对一线作战部队的装备保障效果进行实时准确反馈,从而形成快速反应能力。

精确保障系统的有效运行可以归纳为故障精确定位、资源精确掌握、力量精确运用、方式精确选择、时间精确调整、体系精确协调、效能精确控制,这一切都离不开保障活动的精确指挥、协调、动员、作业,是精确保障系统指挥机制、协调机制、动员机制及作业机制的最终体现。保障训练是生成、保持、提高保障能力的重要环节,因此,精确保障系统中的保障训练也是系统运行不可或缺的组成部分。

10.6.2 精确保障系统指挥机制建设

为适应信息化战争客观要求,实现精确保障的敏捷反应,精确保障系统不仅需要建立综合程度高、反应速度快、保障能力强的一体化装备保障力量体系,而且应该建立顺畅的指挥运行机制。

1. 指挥机制的基本描述

保障指挥机构是精确保障系统的大脑,控制着整个精确保障系统的活动。在保障指挥机构的控制下,各种保障要素互相作用,共同发挥整体合力,保障行动才能顺利实施。

根据功能划分,保障指挥机构内部可以分为情报与决策支持中心、资源管理中心、指挥控制中心、保障行动中心和评估反馈中心。图10.11 给出了保障指挥控制的基本流程,从图中可以看出,保障指挥机构关系复杂,既包括纵向的指挥关系,又包括横向的协调(控制)关系。

在保障指挥机构外部,本级保障指挥机构与上级保障指挥机构、本级作战指挥机构构成被指挥关系,与下级保障指挥机构构成指挥关系,本级保障指挥机构根据上级保障指挥机构、本级作战指挥机构的指示,对下级保障指挥机构进行指挥,需要时还可以实施越级指挥。

在保障指挥机构内部,指挥控制中心与其他四个中心构成指挥关系,负责对本级保障部门进行组织指挥。指挥控制中心根据情报与决策支持中心提供的信息,结合保障行动中心提供的情况,组织指挥本级所属(含加强)保障力量。情报与决策支持中心通过信息

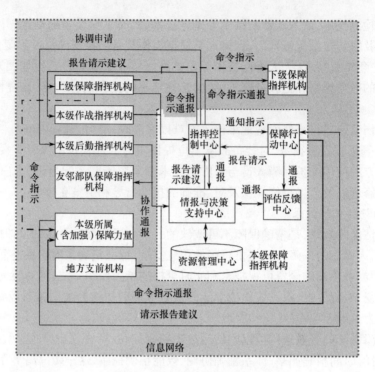

图 10.11　保障指挥控制的基本流程

网络,对本级其他部门、友邻部队保障指挥机构、本级保障力量、地方支前机构的相关信息、保障资源的信息进行实时采集、处理,并将信息传输给指挥控制中心。资源管理中心实时对保障资源信息进行采集,以辅助指挥控制中心指挥。保障行动中心对开展保障行动的保障力量及时掌控,并将力量配置情况及时向指挥控制中心进行报告请示。评估反馈中心将保障行动的信息及时反馈给情报与决策支持中心,正确评估保障效果,为实现高效的保障指挥提供依据。

2. 指挥机制建设内容

一体化联合作战中的保障指挥是一种网络化的指挥,只有明确了基本指挥关系,在网络化的指挥中才能保证清晰的指挥控制信息流和权责区分,从而控制各指挥节点的顺畅运行。要实现顺畅的保障指挥,基于网格的信息网络是基础,网络化的保障指挥体系是依托,信息化的指挥手段是保障,规范的指挥程序是保证,高效的指挥方式是条件。

1) 树立信息化保障指挥观念

一体化联合作战中保障指挥实质上是利用信息优势,形成决策优势,进而转换为保障活动和行动优势,信息化保障指挥将依靠无缝隙的通信网络、全天候的实时传感器网络、完善的基础数据库等,以及由此产生的近实时态势感知来达到对保障资源、保障力量的调控。因此,要以信息网络为基础,强化信息意识,牢固树立信息化保障指挥观念。

2) 建立网络化保障指挥体系

未来信息化条件下,保障力量多元化,要求保障指挥员必须针对战场的实际,改变传统的纵长树状指挥体系,把上下级多层指挥关系改为"外形扁平、横向联通、纵横一体"的指挥关系,减少层级,把尽可能多的保障单元纳入同一个信息层次,实现信息共享,以满足实时决策、实时指挥、实时反馈的要求。"外形扁平"要求纵向减少指挥层次,缩短信息流程,确保保障信息的顺畅、有序、快速流通和指挥效能的高效。"横向联通"要求平行单位的保障机构之间直接沟通联系,实施信息交互。"纵横一体"要求实现信息流程最优化,信息采集、传递、处理、存储、使用一体化。在纵向上,建立战略级统帅部保障指挥机构、战役级联合保障指挥机构、战术级保障指挥机构的三级指挥体系;在横向上,扩大指挥跨度,建立若干方向、军兵种保障指挥机构;在内部建立职能健全的指挥中心;在指挥行动上,采取基于网络的面对面指挥。

3) 改革保障指挥程序

一是简化保障指挥流程。把握保障指挥关键环节,根据信息化战争的特点,明确不同作战阶段各级保障部门的指挥控制内容,确定保障部门之间以及保障部门内部的指挥程序,以信息为支撑,简化指挥程序,缩短指挥流程,提高指挥时效。二是要改进保障指挥决策方法。一体化联合作战中保障指挥决策需要多因素、多变量的精确计算,信息化的情报与决策支持系统为实现保障指挥决策中的精确计算提供了现代化的手段,也为指挥决策真正实现定性与定量分析相结合提供了可能,这必将提高指挥决策的科学性和时效性。

改进优化保障指挥程序,在充分发挥保障指挥员主导作用的基础上,必须充分运用先进的计算机辅助决策系统,使传统的定性决策方法转变为以定量分析为主,定性与定量分析相结合的决策方法。

4) 采用灵活高效的指挥方式

一体化联合作战要求保障指挥实时快捷。这就需要在保证"集中统一、分散实施"的原则下,充分运用遍布战场的信息网络,采用更加灵活高效的节点式指挥方式,使处于信息网络系统中的保障指挥机构或人员利用网络对下级或某个节点指挥员、人员实施无中间环节的实时、直接的指挥。

节点式指挥从本质上反映了信息流的使能性。通过将各级指挥机构之间、指挥机构与保障部(分)队之间紧密连接起来,指挥机构对各个相关节点发送指令,使节点指挥成为可能。各级机构、人员对信息的充分、实时掌握,降低这种指挥方式的副作用,使节点式指挥方式在未来装备保障中运用的机会大大增加,并在一定程度上具有普遍性。

10.6.3 精确保障系统协调机制建设

1. 协调机制的基本描述

精确保障系统协调机制,指的是在保障过程中,为确保其目标的全面达成而采取的能够实现精确保障系统组织间正常沟通和协调的所有手段、方法和形式,其内容不仅包括为保证精确保障系统正常运行而设计的必要的协调机制,而且还包括能够预防和发现精确保障系统运行过程中可能出现的矛盾或冲突的方法与措施。完善的协调机制,不仅可以确保精确保障系统的协调活动更加规范化、制度化,而且还能提高精确保障系统的工作效率和敏捷度,降低由于协调不好而导致的诸多风险。

由于精确保障系统本身具有的力量构成多元性、组织动态性、地域分散性、信息不对称性等显著特征,使得精确保障系统各组织部门之间相互依赖性增大,必然会出现各种矛盾,甚至是大的冲突,即使组织部门间拥有完善的组织、制度予以规范,仍需要通过大量复杂的协调工作来解决相互之间的矛盾,避免较大冲突的发生,维护相互之间工作的协调和有序性以及确保目标的一致性,以保证精确保障系统整体目标的实现。因此,建立科学的协调机制,保持良好的协调关系,是精确保障系统建设的重要部分,它像"润滑剂"、"胶黏剂"一样,使各层次的保障组织部门相互配合、协作,并贯穿于保障活动的全过程、全领域。

精确保障系统协调机制可以分为体制内的协调关系和体制外的协调关系,还可分为同级协调关系、内部协调关系和外围协调关系,其协调机制示意图如图10.12所示。

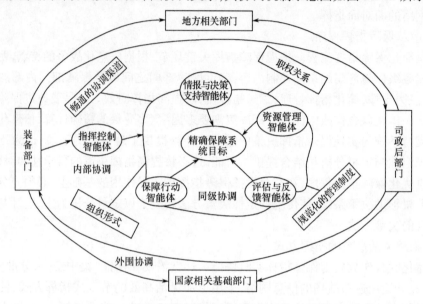

图 10.12　精确保障系统协调机制示意图

图中的最内层四个智能体是同级协调关系,是根据组织形式、职权关系、规范化的管理制度、畅通的协调渠道,围绕精确保障系统目标的一种分布式协调,所有智能体处于同等地位,通过智能体之间的协商来实现协调。这种协调无需上级部门参与,保障系统的情报与决策支持智能体、保障行动智能体、资源管理智能体和评估与反馈智能体之间,为共同实现精确保障目标,建立协调关系,并达成协议,对其他智能体所需的信息及其他请求应给予主动的支持与合作,并及时快速的做出响应。

图中的中间层是保障系统内部协调关系,主要通过指挥控制智能体进行集中协调,以提高整体性能和效率。保障系统内部的协调通过指挥控制智能体来完成,指挥控制智能体对其他智能体的行为具有完全的控制权,对协调的效果和效率起着决定性的作用。前提是总部或者上级部门做出规定或同级部门之间达成协议,对于保障机构在保障信息、技术、人才、装备、设施设备、器材、场地等方面的请求应给予全力的支持与合作,并及时快速地做出响应。集中式协调对指挥控制智能体提出很高的要求,如果指挥控制智能体协调失效往往会影响到整个系统的协调效果。

图中的最外层是外围协调,涉及装备部门与司政后部门的协调,以及与国家相关基础部门和地方相关部门的协调,同时还存在司政后部门与国家相关基础部门和地方相关部门的协调。

装备部门与通信部门,政工部门、后勤部门等其他部门没有隶属关系,不具有指挥其

178

他部门的权力,在信息化条件下,装备部门要适时、适量、适地的完成保障任务,就应该同其他部门做好协调,充分利用其他部门的功能和资源,为保障活动获取最大限度的帮助。

装备部门与国家、地方相关部门之间的协调主要是与合同商的协调,合同商保障力量主要是指国家信息部门、地方大修工厂、军工企业以及地方企业。合同商保障力量在一些先进的装备和技术上拥有优势,利用好合同商保障力量的优势和长处,有利于提高保障活动的效能。以军方为主导的保障协调机制,实行强有力的整体指导,使军地双方统一思想、协调工作,建立良好的合作伙伴关系,实现"双赢"乃至"多赢",谋求共同发展和提高,最终提升保障的建设水平。

在建设这些协调关系时,应针对不同方面协调关系的特点,制定相应的制度、法规,为系统的协调活动提供指导,形成一个高效、合理的协调机制,使协调工作快速、规范的开展,提高系统协调活动的成功率。

2. 协调机制建设的内容及措施

精确保障系统协调机制的建设内容包括:

达成一致的目标。一致的目标指的是精确保障系统各组织所承担的任务以及所要实现的协作目标相一致。唯此,系统各组织之间才能在共同的保障目标指引下积极的进行相互协调和配合。否则,系统各组织之间因有其自身的发展战略和目标,在共同的协作目标上便会难以达成一致,这将使系统各组织间的协调变得困难,甚至还会出现无法协调的情况。

形成规范的管理制度。规范的管理制度包括所有精确保障系统组织都参与制定的或愿意接受的协调性法规、各种业务标准规范等一系列约定。规范制度的确立,可以使精确保障系统各组织在执行任务过程中,有法可依,有章可循,从制度上进一步防止矛盾的发生,极大地减少协调活动环节,提高合作效益。

建立畅通的沟通渠道。畅通的沟通渠道是减少协调工作量和提高协调效率最关键的因素,在协同工作过程中,由于精确保障系统各组织的跨地域性等特征,极容易引起信息不对称而造成不协调。可以说,多数不协调因素都是因为相互间缺少沟通或沟通渠道不畅通而产生的。畅通的沟通渠道包括标准的通信软硬件设施、充分的信息共享以及定时或不定时的交流等。

针对上述建设内容,应该采取建立层次型协调组织机构、制定并采用各种标准、规章和程序、采用信息网络平台的协调方法等措施。

1)建立层次型协调组织机构

精确保障系统各组织之间的协调,涉及体制编制、部门利益、职权关系等诸多方面,没有强有力的组织机构进行统一领导,就可能会出现盲目运行和重复工作。层次型组织结构的本质是集中控制,有利于减少保障组织之间的信息交流量,减少发生矛盾的数量,同时,分层管理有利于利用上级组织机构解决下级组织部门之间发生的任务与工作冲突,避免在整个系统内进行全面协调。因此,层次型协调组织结构为系统组织协调提供了一种较好的协调机制。

2)制定并采用各种标准、规章和程序

制定标准、规章、制度或各方都认可的惯例当作规范来执行,这可大大减少协调活动和协调工作量,减小协调活动执行的难度,有利于精确保障系统组织的高效运转。

3）采用信息网络平台的协调方法

信息网络平台协调方法是在精确保障系统信息网络上利用监视系统和评估反馈系统，定期检查和掌握各保障部门对保障活动的进度、质量、效益等计划任务的执行情况，及时发现问题，进行协调、监控，并视问题严重程度来决定是否继续执行任务，还是限期整改或终止任务。这种协调办法是支持不同任务、异地分布的精确保障系统组织之间协同工作和协调管理有效的方法。

10.6.4 精确保障系统动员机制建设

1. 动员机制的基本描述

现代战争条件下，武器系统日趋复杂，保障任务日益繁重，单独依靠军队来进行保障在军队小型化趋势下变得几乎不可能，必须广泛动员民用保障资源，实现军民一体化保障。

装备保障动员，是指为适应战争或其他重大事件的需要，由平时状态转入战争或应急状态，统一调动保障力量及经济、技术和信息潜力，不断增强装备保障支援能力所采取的一系列活动。

装备保障动员是装备保障的重要组成部分，是装备保障潜力向装备保障实力转化的桥梁，是快速提高军队装备保障能力的重要措施，包括保障人力动员、军民通用装备动员、保障设施动员等。保障人力动员，是指对地方保障人力资源的征用，主要包括预备役保障人员动员和支前保障人员的动员。军民通用装备动员，是指对可以用于执行多样化军事任务的民用技术装备进行征用的过程，主要包括通信、电子、工程、防护、运输等技术装备等。保障设施动员，是指依据保障动员法规，对装备保障所需要的建筑物、场所及其配套设备的征用。

精确保障系统动员机制运行流程如图 10.13 所示。

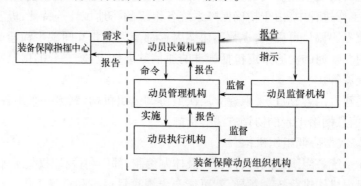

图 10.13 精确保障系统动员机制运行流程图

为了满足处置平时重大突发事件和战时作战的需要，装备保障指挥中心借助通信网络向动员决策机构提出装备保障需求，动员决策机构作为装备保障动员体系中的最高机构，根据装备保障指挥中心提出的需求，确定装备保障动员的总体目标，依据装备保障动员法规，明确具体规定、下达装备保障动员号令。

动员管理机构全面规划和组织领导装备保障动员工作，组织装备保障动员潜力调查，结合未来装备保障的特点及要求，编制装备保障动员预案，组织协调与装备动员相关的各环节、各部门的关系等。

动员执行机构按照动员管理机构的动员预案和相关动员法规,进行装备动员的准备,在收到装备保障动员的号令后,依托信息网络平台,综合运用信息化动员方法和手段,按照动员的实施程序,在规定的时限内,完成装备保障资源的科研、生产和征集任务,并通过信息系统及时将动员情况反馈给动员管理机构。

为了保证战时及应急情况下能够及时、精确地动员各种资源,在动员决策机构的统一领导下,动员监督机构负责对动员管理机构、动员执行机构的监督,检查平时装备保障动员的准备情况是否符合战时及应急情况下的相关要求,并将装备保障动员相关情况反馈给动员决策机构。

2. 动员机制建设内容

建立高效顺畅的精确保障系统动员机制,有利于有效利用和整合装备保障资源,对于装备保障平时准备与战时有效实施意义重大。按照前面叙述的动员机制运行流程,在进行精确保障系统动员机制建设时,应该理顺军内外关系,建立装备保障动员组织机构,实现集中统一调度,建立健全装备动员法规,强化依法动员的意识,严格执法监督,做到有法可依、有法必依、执法必严,指导装备保障动员活动,实现保障动员与动员需求相一致。

(1) 建立有效的保障动员组织机构。根据未来信息化战争的特点,按照"集中统一、平战一体、反应快速"的原则,在总部机关成立或嵌入装备保障动员委员会这一机构,平时指导装备保障动员准备工作,战时领导装备保障动员实施。在动员委员会的领导下,建立与各级动员部门间的协调机制,全面调查与掌握装备保障潜力,负责制定有关动员的行政法规和行政措施,确定国家装备保障动员的方针、政策和审定国家动员计划及有关财政预算,检查督促动员法规的实施和动员计划的执行,协调各战区、诸军兵种以及各级地方的动员工作。

(2) 分析装备保障力量、保障资源动员需求。未来信息化条件下作战,必须对整个军事行动规模、方式、结局进行精确预测,全面分析预备役、民兵装备保障力量、军民通用装备、保障资源的动员需求,以减少装备保障动员的盲目性。各级装备保障动员主管机构要利用计算机模拟技术对保障潜力进行调查统计,掌握战时装备保障的力量来源、科技构成、技术储备、设备物资数质量等情况,形成信息资源共享,并及时进行更新,为保障资源的筹备提供准确科学的依据,避免战时保障资源得不到及时供应或大规模堆积。

(3) 建立完善的装备保障动员法规制度。保障动员法规是平时进行保障动员准备,战时进行保障动员的法律依据。市场经济条件下开展保障动员工作,必须改变过去单纯依靠行政手段动员的做法,保障动员部门和地方各级人民政府要着眼作战需要,紧密结合未来可能的战区与地区实际,尽快出台地方配套性法规,制定各种规定,并要严格遵守动员法律法规。

在保障动员法规中,明确保障动员的目的、原则、任务、手段、动员范围与对象;保障动员的授权、平时和战时实施程序;各级保障动员机构及其职责;战时军民通用装备及装备保障设施的征用原则和方法;装备保障预备役的等级划分和使用原则;预备役装备保障人员与装备参加军事训练、演练和实兵演习,实现装备保障动员的法制化和规范化。

要依据《国防动员法》,制定地方性力量、资源征用价格标准以及补偿办法等细则,使之与《国防动员法》形成上下衔接、相互配套的保障动员补偿体系,维护被征用单位和个人合法权益,保护被征用方参与未来作战装备保障动员的积极性。

（4）落实装备保障动员计划。科学的保障动员计划是指导动员实施、有效利用地方保障力量、保障资源的可靠保证。保障动员计划应在和平时期制定、补充和不断完善,在临战时期紧急修订和落实,可分为《装备保障人才动员计划》、《装备保障资源动员计划》、《装备保障技术动员计划》和《装备保障信息资源动员计划》等计划文件,主要规范保障动员的内容、范围、程序、责任、时限和措施等,并从总体需求上确定人才、资源、技术、信息动员的规模和质量,提出保障动员完成的步骤、方法和时限,统一使用和分配保障动员资源,保证保障动员有组织、有秩序地进行。

（5）开展装备保障动员仿真演练。现代战争的保障动员,专业技术性强,要求高,合成难度大,可以借助模拟仿真和多媒体技术,采用分布式交互仿真训练网络系统,将不同作战样式、作战方向、作战规模的敌我双方作战数据输入计算机,通过人工智能等技术建立不同规模的动员模型,以较低的费用获得近似实战的反复式动员演练,使被动员单位熟练掌握不同规模装备保障动员的基本过程,找出各自的薄弱环节,事先采取有效预防措施,提高装备保障快速动员的针对性,将装备保障潜力转化为装备保障能力。

10.6.5 精确保障系统作业机制建设

1. 供应及维修机制的基本描述

供应和维修是装备保障作业的主体内容。其中,保障资源供应是以资源筹集、储备、配送为具体职能,实施资源在空间上转移而进行的活动,是精确保障系统运行的重要组成部分。精确保障系统中保障资源供应的运行流程如图 10.14 所示。

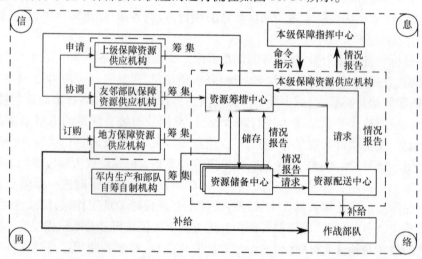

图 10.14　精确保障系统保障资源供应运行流程图

（1）制定保障资源供应计划。保障指挥中心以信息系统为支撑,运用综合集成的方法,充分依托可视网络,根据部队编制装备、作战环境、作战强度及现有资源储备等情况,预计所需资源的品种、数量、时间、地点以及运载资源所需车辆(舰船、飞机)的种类、数量、时间、地点,科学制定供应计划,明确供应保障机构的配置、力量编组、任务区分,明确作战各阶段资源补充的方法。

（2）筹集和储备保障资源。资源筹措中心在接到保障指挥中心的命令后,结合资源储备中心的保障资源储备情况,通过不同的筹措渠道,采用不同的方法进行保障资源筹集,包括从上级请领、友邻协调、地方工业部门订购和军内自筹自制等渠道筹集,根据不同储备机构任务划分,将筹集到的保障资源储存在多个储备地,资源储备中心将保障资源的相关储备信息及时反馈给资源筹措中心,便于资源筹措中心及时、准确地筹集所需的保障资源。

（3）补给配送保障资源。在作战实施中,保障指挥中心通过信息网络、全资可视系统准确掌握战场上各地区、各作战部队保障资源需求及运力情况,向资源供应机构下达保障资源补给命令,资源配送中心将自身的运力情况报告给资源储备中心,按照保障指挥中心的指示将所需的保障资源从资源储备中心补给到部队;资源配送中心还可以将所需的保障资源从资源筹措中心直接补给到部队,从而缩短补给时间,提高资源配送的效率,实现资源"零储备";最后,将保障资源供应机构的配送情况报告给保障指挥中心。

当本级供应机构不能满足作战保障需求时,保障指挥中心进行指挥协调,由上级保障资源供应机构、友邻部队保障供应机构和地方保障资源供应机构进行直接补给(如图10.14 中粗实线所示),形成战略、战役、战术纵向层次一体化、各军兵种左右关系一体化、军地一体化保障资源供应网络,将保障资源从不同地区运送到作战部队,实施点对点补充。

在保障资源供应过程中,保障资源需求预测是供应工作的前提,资源筹集是资源流动的源头,资源储备是资源流动的中间环节,资源补给是资源流向作战部队的最终环节。

装备维修是装备保障活动中的重要工作之一,是指在高技术条件下,通过各种维修技术和手段的运用,实施的各种维修活动,战时包括技术侦察、抢救后送、修理等作业活动,平时包括预防性维修、修复性维修等作业活动。精确保障系统中装备维修的运行流程如图 10.15 所示。

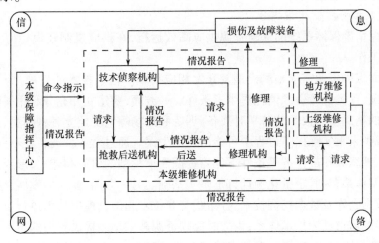

图 10.15　精确保障系统装备维修运行流程图

（1）技术侦察。通过雷达、侦察车、侦察机和各类传感器装置等情报侦察搜集系统,实时、准确地掌握战场上损伤装备位置信息,应用先进的评估手段对装备的损伤等级进行评定,确定装备的损伤程度、损坏部位、损坏影响及危害;对于不需要战场修理的损伤装备,确定其使用是否受到限制;对于需要战场修理的损伤装备,估计修理所需的人力、物力及时间要求,明确修理地点、修理方法、手段以及后送的路线等,并将损伤装备所有信息传输到保障指挥中心。

（2）抢救后送。通过信息网络,保障指挥中心准确掌握各级抢救后送、修理机构的配置、力量编组、任务区分以及相应的抢救后送、修理能力。在技术侦察机构科学评估的基础上,根据抢救后送、修理原则,保障指挥中心组织抢救后送机构将待后送装备后送到指定的作业区域,对于本级抢救后送机构无力抢救后送的装备,可向上级维修机构请求。对于来不及抢救后送或距上级后送机构、损坏武器装备收集点过远无法抢救后送的装备,可与地方维修机构协调,由其负责后送。

（3）修理。战时,保障指挥中心在掌握不同地区修理机构修理能力的基础上,组织修理机构在准确的时间运用装备战场损伤快速检测与评估技术、数字化维修技术、应急维修技术、无人维修技术等先进维修技术,在准确的地点对损伤装备实施换件、拆配、原件修复等抢修活动,还可依托远程维修系统进行维修,保证复杂技术装备及时地修复。修理机构应该及时将修理作业情况报告给装备保障指挥中心。在本级修理机构力量不足时,可向上级和地方维修机构请求支援。平时,各级修理人员结合自身修理任务,充分利用先进的状态监控及故障诊断技术、故障预测技术、寿命预测技术,检测、监控和预测装备的健康状态和退化趋势,实现预测性维修。

在装备维修过程中,快速评估、快速诊断、故障预测、寿命预测是装备精确维修的前提,通过运用各种先进的维修作业手段快速抢修、正确维修,确保装备的战备完好率以及执行任务的成功率,并最大限度地提高维修保障效益。

可以说,保障资源的精确化供应和损伤装备的精确化维修是精确保障系统作业的核心,两者相辅相成才能确保精确保障系统有效运转。因此,应该从这两个方面着手进行精确保障系统作业机制建设。

2. 供应及维修机制建设内容

为了确保精确保障系统的保障资源供应高效运行,在供应机制建设中应该开展以下五个方面的工作。

（1）建立保障资源需求预测模型及开发相应技术。信息技术的发展,为模拟和分析保障资源情况,预测保障资源消耗提供了条件。一方面,要建立并充分利用科学的模型提高需求预测的精确度。按照装备平时战备、训练和战场等情况建立各种模型,进行模拟和仿真试验,减少未来实际保障过程中可能出现的失误。通过对各种装备在不同环境、不同强度的战备、训练和作战任务等条件下保障资源需求模型的研究和建立,形成一整套保障资源需求模型体系,为其定量化预计打下坚实基础。另一方面,要大力发展支持预测的先进技术,对数据仓库及数据挖掘技术、分布式交互技术和仿真模拟技术进行重点研究和突破,形成完善的需求预测技术体系,为战时保障资源需求预测提供有力的技术支持。

（2）创新保障理论,建立完善的保障资源供应法规体系。要紧贴未来信息化战争的特点,围绕保障资源供应的重点难点问题,进行系统、深入的理论研究和探讨,研究具体作战行动的保障资源供应特点、规律,积极探索作战装备战损、弹药和器材消耗规律,研究各作战阶段保障资源供应的组织实施程序、方法、手段,制定相关的程序、法规,并在平时部队的训练、演习中进行综合验证,促进理论成果向实战保障能力的转化。

（3）加强物流配送中心建设。要借鉴世界发达国家的成功经验,把传统的按专业划分的物流模式转变为按功能划分的物流模式,改变保障资源分散存储、分散筹措和临时开设预储基地的做法,集中建设一批大型物流中心,实行模块化组合,搭建分布合理、运转快捷的物流配送网络。打破军兵种界限,开发、应用先进的军事物流技术,充分利用我军物流资源,实行保障资源集中管理和配送,为实施大规模投送创造条件。同时,还可充分借鉴地方物流公司先进的经验和做法,利用强大的地方物流资源,实现保障资源的精确配送。

（4）开展保障资源供应训练。针对信息化条件下保障资源供应时间紧、任务重、保障难等特点,积极开展保障资源筹集、储备、补给训练。在保障资源筹集训练中,要以国家的国防法、战争动员法等法规为依据,加强军地各部门的协调,充分调动一切人力、物力、财力,保证保障资源及时筹集。在保障资源储备训练中,要按照未来信息化战争的要求,合理划分战略、战役、战术各级储备任务,在数量上要适当,在品种上要突出重点,在布局上要适应作战部署的需要,建立网络化储备布局。在保障资源补给训练中,要深入研究战备转换、战前、战中、战后四个阶段的特点,并进行相应的补给训练,还可利用计算机建立保障资源供应仿真模型,优化补给路线,提高保障资源供应的效率。

（5）加强保障资源可视化研究与应用。积极发展可靠的全资可视化技术、自动识别技术和定位跟踪技术。基于上述三种核心技术的全资可视化系统可以及时地为保障资源管理的决策人员提供供应线上保障资源的位置、运动和状态的准确信息以及保障资源的生产、修理、部署、需求和库存量的状况。全资可视化技术、自动识别技术、定位跟踪技术虽已被我军各个部门重视,并投入人力、财力、物力进行研究开发,但还需要全面系统的规划设计和应用。

为了确保精确保障系统中装备维修的有效运行,在维修机制建设中应该开展以下四个方面的工作。

（1）积极开展评估、诊断、预测研究。维修作业的高效实施首先取决于对装备状态及损伤情况的评估和预测。为此,要深化装备状态和损伤装备等级评估研究,针对不同装备确定不同的评估指标,采用科学评估方法建立评估模型,要大力发展损伤评估技术、原位检测技术、无损检测技术、故障及剩余寿命预测技术、嵌入式诊断技术、人工智能检测诊断技术等,使保障人员能够快速、准确地掌握装备故障、损伤部位及装备的健康状况,为装备维修提供决策依据。

（2）合理调整、改革维修等级、维修方式和维修任务。按照"平战一体"的要求,对平时现行的维修等级划分和维修机构任务区分进行科学论证,合理调整大修、中修、小修、项修、巡修的修理任务,实现与战时保障需求尽量一致,缩小平时与战时保障的差距。结合未来信息化战争的特点,要求战略、战役、战术维修机构任务成梯次安排,战术级以跟进伴随保障为主,战役级以区域机动保障为主,战略级以基地支援保障为主,并根据战场上不同方向地域内的战略战役目标对装备的保障要求,适时、适地地组建支援保障分队,实现保障力量的整体联动,提高维修能力。

（3）加强维修作业技术研究,构建维修作业体系。要紧贴未来信息化战争的特点,针对技术侦察、抢救后送、修理等作业的要求,制定相应的维修作业方案,确定各阶段维修作业的具体内容、原则、组织实施程序、方式方法、手段,明确技术侦察、抢救后送、修理等作业规范及其力量编组,并以法规的形式在平时训练和战时行动中加以贯彻,确保维修作业的及时、有效,并积极开展以网络为中心的维修、基于状态的维修、远程支援维修等维修新技术的研究。

(4)加快发展维修新手段。积极贯彻寓军于民、军民结合的方针,要充分利用现有军用和民用技术,抓好高新科技成果的吸收引进和自主创新,以智能化、通用化、系列化和组合化为发展方向,研制高技术、多功能、野战化的保障装备和抢修工具,加快发展数字化维修技术、应急维修技术、虚拟维修技术、维修机器人技术、远程支援技术、智能化 RCMA 技术、无人维修技术、快速制造系统、交互式电子技术手册、便携式维修辅助设备和核心自动化维修系统等,从而提高维修作业的精确性、时效性以及维修信息化水平。

10.6.6　精确保障系统保障训练建设

精确保障系统中的保障训练是生成、保持、提高其保障能力的重要环节,是系统运行不可或缺的组成部分。在新军事变革浪潮的强力推动下,保障训练也应由适应机械化战争向适应信息化战争转型,广泛采用信息技术、网络技术、传感技术、数据处理技术等,遵循信息主导的思想,在训练内容、训练方式、训练方法手段上锐意改革、大胆创新,提高训练水平和训练效益,促进精确保障系统整体保障能力的提升。精确保障系统的保障训练建设框图如 10.16 所示。

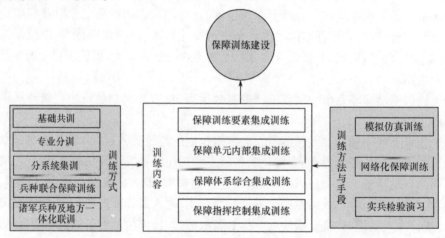

图 10.16　精确保障系统保障训练建设框图

1. 训练内容建设

随着信息技术的快速发展及其在军事领域的广泛应用,战争形态正沿着信息主导的一体化联合作战发展,保障形态也由过去的单一分散式机械化保障转变为以信息主导的一体化精确保障。依据精确保障系统建设目标,着眼一体化综合训练需求,应该及时更新训练内容,在要素、单元、体系、指挥控制等综合集成方面进行训练。

(1)保障训练要素集成训练。保障训练要素是保障训练存在与发展的必要因素,主要包括组训者、受训者、训练内容、训练手段四个基本要素。信息化条件下的保障训练,组训者必须具备较高的科技文化知识和组训水平,善于采用现代化的训练手段,实施高效集成的组织训练。要改变以往组训部门只下达任务,而不注重自身训练和训练改革的局面,要加强保障训练要素之间的集成训练,从组训者开始,自上而下,着眼信息化条件下保障的特点,科学确定训练内容,革新训练方法手段,从提高受训者综合保障能力的目的出发,科学合理的组织自训和集成训练。

(2)保障单元内部集成训练。保障单元内部集成训练,主要是指在要素集成训练的基础上实施的具有独立保障能力的保障单元一体化训练。每个保障单元都通过信息传递、指挥控制、综合保障的一体化技术集成和一体化保障能力集成训练,提高信息化条件下保障单元的实时接收感知能力、保障资源调配能力、快速反应能力、战场生存能力、综合保障能力。

(3)保障体系综合集成训练。不仅要注重保障部分队、人员对装备知识的学习和保障技能的训练,更要适应军兵种合同作战被诸军兵种联合作战所取代的发展趋势,针对体系与体系对抗这一联合作战基本方式,突出保障体系综合集成训练,科学地制定训练计划,突出信息化条件下的保障能力训练,以求最大限度地发挥高技术装备的保障潜能,把信息优势转化为保障优势,进而提高保障体系的整体保障能力。

(4)保障指挥控制集成训练。信息化条件下保障指挥控制集成训练的实质就是要以行动为中心的指挥训练代替传统的以计划为中心的指挥训练模式。信息化条件下保障指挥控制训练要着眼构建信息化联合保障体系,以诸军兵种保障力量的高度融合为目标,按照目标统一、要素齐全、时间同步、行动合拍的要求,依托信息化的训练手段、网络化的训练系统和基地化的训练设施,把相关保障要素和保障单元聚合成一个有机整体,实现训练主体的互联、互控、互动,在纵向上联通战略、战役、战术各层面,在横向上涵盖诸军兵种、各保障单元、包括地方保障力量的各保障要素等。

2. 训练方式建设

在军队建设由机械化向信息化转型的过程中,保障训练内容的调整,必然导致其训练方式的发展变化。信息化条件下保障训练方式应由过去各自分训的方式,通过基础训练、专业训练以及集成训练的方式,达成共训、分训、联训、集训的保障训练格局。

(1)根据信息化的共性,开展基础共训。随着各种信息技术在军事领域的广泛应用,装备保障正在从机械化向信息化转变,而信息化对诸军兵种装备保障而言,都有共同的特性。因此,把信息化基本知识和技能的学习训练纳入各级各类保障人员的共同科目训练内容,开展信息化基础共训。主要采取在一定范围内集中学习的方式,组织保障人员学习信息化战争和以信息技术为重点的高新技术知识,努力培养适应信息化战争的保障军官、保障士兵,建立信息化条件下的保障部队,打牢信息主导的一体化联合作战装备保障的根基。

(2)根据诸军兵种保障的各自特点,进行专业分训。主要是根据诸军兵种保障装备、保障行动、保障方式的不同,进行各自的保障人员掌握保障装备的训练,使保障人员和保障单元形成基本保障能力,实现人与各类保障装备的有机结合;诸军兵种保障分队完成基本保障技术训练,形成分队整体保障能力。

(3)着眼体系集成,进行分系统集训。主要是各军兵种对保障体系内部保障信息、指挥控制、保障协同等进行集成训练。信息化条件下一体化联合作战淡化了战略、战役、战术层次,增强了体系之间的对抗,保障体系功能日趋重要,应着眼于保障体系集成,进行各类分系统的训练。

（4）以兵种为单位，进行军兵种联合保障训练。即在分系统训练的基础上进行的各军兵种联合保障训练。主要以装备机关带实兵演练、演习的方式，以作战使命和各自基本战法为牵引，运用保障指挥系统进行各军种范围内的多兵种、多要素联合保障训练，完成各军种保障单元内部集成训练。

（5）着眼整体系统，进行诸军兵种及地方力量的保障联训。这是保障训练的最高层次，主要是围绕作战使命或可能的行动进行诸军兵种联合保障训练。由总部、战区或授权战役军团以联合保障指挥所的职能组织实施。鉴于一体化装备保障演习涉及的保障力量多、规模大、消耗大，一般很难组织全要素、全过程的一体化装备保障演习，可按照一体化装备保障的整体设计，采取分课题组训的方式实施。诸如按照年度训练计划，以联合指挥机构带通信工具，组织连接信息前端和模拟保障单元末端的网上演练，进行指挥所联训；针对部队一体化装备保障中需要重点训练的问题，围绕统一的一体化装备保障想定，进行单课题实兵综合演练；由最高统帅部或战区层次围绕作战使命或行动，组织一体化装备保障实兵综合演习等。

3. 训练方法与手段建设

信息技术的快速发展为保障训练的发展提供了机遇，先进的训练手段是提高训练效益的"倍增器"。信息化时代的保障训练，要改变传统的"粗放式"的训练方法，引入大量的网络和信息技术，积极利用计算机模拟手段，以最短的时间、最少的消耗取得最大的训练效益。

（1）采用虚拟现实技术和模拟训练器材，进行模拟仿真训练。围绕创造一个贴近信息化条件下装备特点、保障特点实际的训练环境，研制单级、单系统、多系统的保障训练模拟器材。通过模拟仿真训练，使各种不同类型、不同层次的保障人员在十分逼真的三维世界环境中，得到恰如其分的训练，减少保障训练所需的消耗，提高受训者的心理承受能力及保障训练水平。在模拟训练中改进训练程序和模拟软件，进一步拓宽范围、提高层次，实现常规训练手段训练方法难以达到的训练效果。

（2）实施网络化保障训练。运用计算机网络技术进行分布交互式联机保障训练和远程保障教学，进行多级、成建制成系统保障训练的网上演练，实现单件、小范围模拟仿真训练难以达到的全场景、全感知的训练效果。要建立单级单项装备、多级多项装备到成建制成系统综合演练的网络化保障训练体系，建设涵盖各专业、内容丰富、开放共享、形式多样的网络化资源，实现信息收集、分析决策、辅助评估、管理控制训练的自动化，构建从个人自训自评、集体教学考评到远程教学考评的各种网络化训练系统，形成网上练、网上管、网上考、网上评、网上保障演习的保障训练新模式。

（3）进行实兵检验性保障训练演习。实兵检验性保障训练演习，是在想定诱导下进行的近似实战的综合性保障训练活动，是保障训练的高级阶段，一般在分队完成单兵训练和分专业训练后，结合综合作战演习行动同时进行。随着部队信息化程度的不断提高，应充分利用自身的战术训练场以及总部、战区合同战术训练基地和保障基地，更改以前单调的演习训练方式，广泛借助现代科技手段，按照信息化实战要求，尽可能设置逼真的信息化战场环境，组织部队进行实兵、实装、实弹综合演练检验性演习，检验部队战场感知传递处理信息的能力、快速机动投送能力以及装备保障能力等整体能力，检验部队信息化条件下的训练成果。

参 考 文 献

[1] 徐航. 武器装备精确化保障目标体系与系统结构[J]. 国防大学学报,2003(8).

[2] 徐航,陈春良. 通用装备精确保障综合论证[R]. 北京:装甲兵工程学院,2006.

[3] 徐航. 战时装备维修保障系统建模与优化研究[D]. 长沙:国防科学技术大学,2006.

[4] 徐航,朱一凡,陈春良. 战伤装甲装备修理工时仿真及分布规律研究[J]. 系统仿真学报,2006,18(10).

[5] 徐航,张会奇,陈春良. 基于遗传算法的战时维修保障系统优化研究[J]. 装甲兵工程学院学报,2006(5).

[6] 徐航,王维平,陈春良. 战时装备维修保障系统的状态空间建模[J]. 系统仿真学 报,2008,20(5).

[7] 陈春良,王岩磊. 通用装备精确保障建模与运行机制研究[R]. 北京:装甲兵工程学院,2007.

[8] 陈春良,王岩磊,孙盛坤. HTCPN在装备保障业务流程建模与优化中的应用[J]. 系统仿真学报,2008,20(5).

[9] 陈春良,徐航,叶红兵. 装甲装备精确保障系统结构及运行研究[C]. 全军装甲装备保障理论创新研讨会论文集. 北京:装甲兵工程学院, 2008,11.

[10] 赵天彪,徐航,陈春良. 精确保障的理论研究与发展[J]. 装甲兵工程学院学报,2004(1).

[11] 王岩磊,陈春良. 装备保障理论研究现状及发展[C]. 应用高新技术提高维修保障能力会议论文集. 北京:军事科学出版社, 2005,5.

[12] 王岩磊. 基于EI_3PN的装备保障过程建模研究[D]. 北京:装甲兵工程学院, 2007.

[13] 万小元,王卓,等. 战略装备保障学[M]. 北京:国防大学出版社,2002.

[14] 余高达,黄成林. 战役装备保障学[M]. 北京:国防大学出版社,2002.

[15] 孔令茂,牛跃峰,等. 战术装备保障学[M]. 北京:国防大学出版社,2002.

[16] 丁茹. 通用装备保障系统综合集成研讨厅体系框架研究[D]. 石家庄:军械工程学院,2005.

[17] Лазарева Т А. РЕМОНТ ВВТ СОЕДИНЕНИЯ (ЧАСТИ) В ПОЛЕВЫХ УСЛОВИЯХ Часть Ⅱ ОСОБЕННОСТИ ОРГАНИЗАЦИИ И ТЕХНОЛОГИИ РЕМОНТА ВВТ НА СППМ СОЕДИНЕНИЯ (ЧАСТИ)[M]. Москва: Издание академии,1997:29-32.

[18] 龚运生,郭长京. 国外陆军战时技术保障[M]. 北京:解放军出版社,1999.

[19] 张毓森. 信息战概论[M]. 北京:解放军出版社,1999.

[20] 余高达,赵潞生. 军事装备学[M]. 北京:国防大学出版社,2002.

[21] 张最良,李长生,等. 军事运筹学[M]. 北京:军事科学出版社,1993.

[22] 李长生,江敬灼,等. 军事运筹新方法研究与应用[M]. 北京:军事科学出版社,2002.

[23] 李明,刘澎,等. 武器装备发展系统论证方法与应用[M]. 北京:国防工业出版社,2000.

[24] 魏宏森,曾国屏. 系统论[M]. 北京:清华大学出版社,2003.

[25] 徐宗昌. 保障性工程[M]. 北京:兵器工业出版社,2002.

[26] 张庆祥. 装甲装备运用工程手册修理分册[M]. 北京:总装装甲兵装备技术研究所,2002.

[27] 竺南直,朱德成. 指挥自动化系统工程[M]. 北京:电子工业出版社,2001.

[28] 周德旺. 联合战役指挥机构研究[M]. 北京:国防大学出版社,2002.

[29] 许国志. 系统科学[M]. 上海:上海科技教育出版社,2000.

[30] 黄敬仁. 系统分析[M]. 北京:清华大学出版社,2002.

[31] 谭跃进,陈英武,易进先. 系统工程原理[M]. 长沙:国防科学技术大学出版社,1999.

[32] 周容庭. 信息国防论[M]. 北京:军事科学出版社,2002.

[33] 康崇禄. 国防系统分析方法[M]. 北京:国防工业出版社,2003.

[34] 牛新光. 武器装备建设的国防系统分析[M]. 北京:国防工业出版社,2007.

[35] 包富红. 军事系统工程理论创新与实践[M]. 北京:军事科学出版社,2000.

［36］路建伟,等. 军事系统科学导论［M］. 北京:军事科学出版社,2007.

［37］郭齐胜. 系统建模与仿真［M］. 长沙:国防工业出版社, 2007.

［38］郭齐胜,等. 系统建模原理与方法［M］. 长沙:国防科学技术大学出版社, 2002.

［39］王保存. 世界新军事变革新论［M］. 北京:解放军出版社,2003.

［40］汤洪涛. 业务过程管理实施方法理论及应用研究［D］. 杭州:浙江大学,2004.

［41］万麟瑞,骆洪青. 敏捷制造框架体系结构研究［J］. 计算机工程与设计,2001(2).

［42］张云波,武振业,陈旭. 面向敏捷制造的可视化柔性决策支持系统［J］. 系统工程,2003(5).

［43］蒋天超. IDEF 方法在 CIMS 设计中的应用［J］. 计算机辅助工程,2002(4).

［44］王斌. 基于 CPC 虚拟企业的 IDEF 建模方法［J］. 盐城工学院学报(自然科学版),2002(4).

［45］黄陇. 基于 UML 和 IDEF 的装备保障 C^3I 系统体系结构建模研究［J］. 军事运筹与系统工程,2004(6).

［46］应宏. 网格系统的组成与体系结构分析［J］. 西南师范大学学报(自然科学版),2004(8).

［47］袁崇义. Petri 网原理与应用［M］. 北京:电子工业出版社,2005.

［48］林闯. 随机 Petri 网和系统性能评价［M］. 第 2 版. 北京:清华大学出版社, 2005.

［49］薛雷,郝跃. 基于 Petri 网的启发式生产调度［J］. 自动化学报,2002(9).

［50］张扬,马绍力. 嵌入 Petri 网的舰船可靠性仿真模型研究［J］. 系统仿真学报,2006 增刊.

［51］王松山. 基于 Petri 网的维修拆卸规划研究［D］. 石家庄:军械工程学院, 2002.

［52］吴建忠. 基于 SCM 的弹药保障建模与评估研究［D］. 北京:装甲兵工程学院, 2006.

［53］荆德强. 基于信息共享的装备精确保障研究［D］. 重庆:重庆大学,2005.

［54］王胜德. 维修过程模型及其优化技术的研究［D］. 北京:北京理工大学, 2006.

［55］张涛. 装备使用阶段维修保障能力评估建模与分析［D］. 长沙:国防科学技术大学, 2004.

［56］姜晨. 基于 e – EPC 的装备保障方法权衡研究［D］. 北京:装甲兵工程学院, 2006.

［57］中国人民解放军军语［M］. 北京:军事科学出版社,1997.

［58］夏昕,等. UML 业务建模［M］. 北京:机械工程出版社,2004.

［59］范玉顺,等. 工作流管理技术基础［M］. 北京:清华大学出版社,施普林格出版社,2001.

［60］李洁. 产品工业设计网络化信息资源系统研究与构建［D］.西安:西北工业大学,2002.

［61］郭权. CIMS 总体设计及物资管理系统开发［D］. 长沙:湖南大学, 2003.

［62］总参谋部兵种部. 兵种武器装备战时技术勤务概则［M］. 北京:解放军出版社, 1994.

［63］张会奇. 战时装甲装备维修保障需求建模研究［D］. 北京:装甲兵工程学院, 2006.

［64］肖郑进. 面向企业应用的工作流精简建模研究［D］. 杭州:浙江大学, 2006,

［65］柴跃廷,刘义. 敏捷供需链管理［M］. 北京:清华大学出版社,施普林格出版社,2001.

［66］胡锦敏,张申生. 基于 ECA 规则和活动分解的工作流模型［J］. 软件学报, 2002(4).

［67］吴澄. 现代集成制造系统导论——概念、方法、技术和应用［M］. 北京:清华大学出版社,2003.

［68］高嵩,欧阳昱,等. 工作流模型的有向图表示及基于 Petri 网的验证方法［J］. 计算机仿真,2004(6).

［69］庞善臣. 工作流的 Petri 网建模及模型分析［D］. 济南:山东科技大学, 2004.

［70］孙萍. 基于 Petri 网的工作流建模及性质分析［D］. 济南:山东科技大学,2004.

［71］邹宇. 工作流模型仿真及验证技术研究［D］. 南京:南京航空航天大学,2003.

［72］吴继锋. 基于赋时着色 Petri 网的工作流建模技术研究［D］. 南京:河海大学,2005.

［73］张新龙. 基于时间 Petri 网的流程建模及性能分析［D］. 北京:北京航空航天大学,2004.

［74］王斌君. 工作流过程模型的层次研究及其分析［D］. 西安:西北大学, 2002.

［75］冯卫兵. 基于 Petri 网的工作流模型［D］. 西安:西北大学, 2004.

［76］张劲松,等. 基于过程链的产品开发过程建模研究［J］. 华中科技大学学报, 2005 (5).

［77］Bongaerts L, Brussel H V, Valckenaers P. Reactive scheduling in holonic manufacturing systems architecture,dynamic model and co – operation strategy. ASI97,Budapest,1997.

［78］Siegel, Pascale Combelles. Target Bosnia:Integrating Information Activities in Peace Operations. Washington, DC:National Defense University Press, 1998.

［79］Alberts David S. , Garstka John J, Stein Frederick P. Network Centric Warfare:Developing and Leveraging Information

190

Superiority. 2nd Edition (Revised) CCRP Publication series. Washington, DC: National Defense University Press, 2000.

［80］. Peters L, Peters J. Using IDEF0 for dynamic process analysis. Robotics and Automation, 1997. Proceedings, 1997 IEEE International Conference on. 20 – 25 April 1997. 3203 – 3208 vol. 4.

［81］ Raman V, Narang I, Crone C, et al. Services for Data Access and Data Processing on Grids. GGF Document GFD. 14, Global Grid Forum, 2003.

［82］ Antonioletti M, Chue Hong N, Atkinson M, et al. Grid Data Service Specification. Technical report, DAIS – WG, Global Grid Forum, 2003. Draft, June 6, 2003.

［83］ Cherif Tolba. Continuous Petri nets models for the analysis of traffic urban networks ［J］. IEEE 0 – 7803 – 7087 – 210, 2001.

［84］ List George F. Modeling traffic signal control using Petri nets ［J］. IEEE Transaction on Intelligent Transportation System, 2004(9).

［85］ Mandal Abani B. Performance evaluation of a flexible manufacturing cell using colored Petri Nets ［D］, University of Windsor, M. S. Thesis, 2002,4.

［86］军事科学院外国军事研究部. 新世纪美国军事转型计划——美军转型"路线图"文件汇编［M］. 北京:军事科学出版社, 2003.

［87］总装科技信息研究中心. 美军装备保障转型研究［R］. 2007,10

［88］总装科技信息研究中心. 美陆军装备保障转型的进展［J］. 装备维修保障动态,2008(1).

［89］中国兵器工业集团第 210 研究所. 2007 年美国陆军现代化计划［R］. 2007,6.

［90］朱小冬,刘广宇,等. 信息化作战装备保障［M］. 北京:国防工业出版社, 2007.

［91］熊光楞. 并行工程的理论与实践［M］. 北京:清华大学出版社, 2001.

［92］孙成志,孙皓. 管理学［M］. 北京:中国金融出版社, 2004.

［93］总装科技信息研究中心. 世界军事变革条件下美军部队转型与装备发展研究［R］. 2005,12.

［94］宋太亮. 装备保障性系统工程［M］. 北京:国防工业出版社,2008.

［95］总装备部综合计划部. 信息化战争装备维修保障［M］. 北京:国防工业出版社,2007.

［96］Blanchard Benjamin S. Logistics Engineering Management. 6th Edition. Prentice Hall, Inc, Englewood Chiffs, N. J, 2004.

［97］Jones James M. Supportability Engineering HandbooK, SOLE LOGISTICS PRESS, 2006.

［98］ FAA – HDBK – 006A, Reliability, Maintainability, Availability (RMA) Handbook. Federal Aviation Adminatration, 2008.

［99］张宝珍. 自主式保障——信息时代武器装备保障新模式［C］.武器装备综合保障信息化技术研讨会论文集. 湖北宜昌:中国计算机自动测量与控制技术协会,2009.

［100］于晓伟,邢晨光.基于性能的后勤:武器装备的首选保障模式［C］.武器装备综合保障信息化技术研讨会论文集. 湖北宜昌:中国计算机自动测量与控制技术协会,2009.